环境犯罪被害人的法律保护

Legal Protection of Victims of
Environmental Crime

郑 志 著

社会科学文献出版社
SOCIAL SCIENCES ACADEMIC PRESS (CHINA)

图书在版编目（CIP）数据

环境犯罪被害人的法律保护 / 郑志著. -- 北京：
社会科学文献出版社，2018.12
（中国社会科学博士后文库）
ISBN 978 - 7 - 5201 - 1743 - 2

Ⅰ.①环… Ⅱ.①郑… Ⅲ.①破坏环境资源保护罪 -
被害人 - 法律保护 - 研究 - 中国 Ⅳ.①D924.364

中国版本图书馆 CIP 数据核字（2017）第 273182 号

·中国社会科学博士后文库·

环境犯罪被害人的法律保护

著　　者 / 郑　志

出 版 人 / 谢寿光
项目统筹 / 邓泳红　陈　颖
责任编辑 / 陈　颖　周爱民 等

出　　版 / 社会科学文献出版社·皮书出版分社（010）59367127
　　　　　　地址：北京市北三环中路甲 29 号院华龙大厦　邮编：100029
　　　　　　网址：www.ssap.com.cn
发　　行 / 市场营销中心（010）59367081　59367083
印　　装 / 三河市龙林印务有限公司

规　　格 / 开　本：787mm × 1092mm　1/16
　　　　　　印　张：13.25　字　数：223 千字
版　　次 / 2018 年 12 月第 1 版　2018 年 12 月第 1 次印刷
书　　号 / ISBN 978 - 7 - 5201 - 1743 - 2
定　　价 / 79.00 元

第七批《中国社会科学博士后文库》编委会及编辑部成员名单

序　言

　　博士后制度在我国落地生根已逾30年，已经成为国家人才体系建设中的重要一环。30多年来，博士后制度对推动我国人事人才体制机制改革、促进科技创新和经济社会发展发挥了重要的作用，也培养了一批国家急需的高层次创新型人才。

　　自1986年1月开始招收第一名博士后研究人员起，截至目前，国家已累计招收14万余名博士后研究人员，已经出站的博士后大多成为各领域的科研骨干和学术带头人。这其中，已有50余位博士后当选两院院士；众多博士后入选各类人才计划，其中，国家百千万人才工程年入选率达34.36%，国家杰出青年科学基金入选率平均达21.04%，教育部"长江学者"入选率平均达10%左右。

　　2015年底，国务院办公厅出台《关于改革完善博士后制度的意见》，要求各地各部门各设站单位按照党中央、国务院决策部署，牢固树立并切实贯彻创新、协调、绿色、开放、共享的发展理念，深入实施创新驱动发展战略和人才优先发展战略，完善体制机制，健全服务体系，推动博士后事业科学发展。这为我国博士后事业的进一步发展指明了方向，也为哲学社会科学领域博士后工作提出了新的研究方向。

　　习近平总书记在2016年5月17日全国哲学社会科学工作座谈会上发表重要讲话指出：一个国家的发展水平，既取决于自然科学发展水平，也取决于哲学社会科学发展水平。一个没有发达的自然科学的国家不可能走在世界前列，一个没有繁荣的哲学社会科学的国家也不可能走在世界前列。坚持和发展中国特色社会主义，需要不断在实践和理论上进行探索、用发展着的理论指导发展着的实践。在这个过程中，哲学社会科学具有不可替代的重要地位，哲学社会科学工作者具有不可替代的重要作用。这是党和国家领导人对包括哲学社会科学博士后在内的所有哲学社会科学领域的研究者、工作者提出的殷切希望！

中国社会科学院是中央直属的国家哲学社会科学研究机构，在哲学社会科学博士后工作领域处于领军地位。为充分调动哲学社会科学博士后研究人员科研创新积极性，展示哲学社会科学领域博士后优秀成果，提高我国哲学社会科学发展整体水平，中国社会科学院和全国博士后管理委员会于 2012 年联合推出了《中国社会科学博士后文库》（以下简称《文库》），每年在全国范围内择优出版博士后成果。经过多年的发展，《文库》已经成为集中、系统、全面反映我国哲学社会科学博士后优秀成果的高端学术平台，学术影响力和社会影响力逐年提高。

下一步，做好哲学社会科学博士后工作，做好《文库》工作，要认真学习领会习近平总书记系列重要讲话精神，自觉肩负起新的时代使命，锐意创新、发奋进取。为此，需做到：

第一，始终坚持马克思主义的指导地位。哲学社会科学研究离不开正确的世界观、方法论的指导。习近平总书记深刻指出：坚持以马克思主义为指导，是当代中国哲学社会科学区别于其他哲学社会科学的根本标志，必须旗帜鲜明加以坚持。马克思主义揭示了事物的本质、内在联系及发展规律，是"伟大的认识工具"，是人们观察世界、分析问题的有力思想武器。马克思主义尽管诞生在一个半多世纪之前，但在当今时代，马克思主义与新的时代实践结合起来，愈来愈显示出更加强大的生命力。哲学社会科学博士后研究人员应该更加自觉坚持马克思主义在科研工作中的指导地位，继续推进马克思主义中国化、时代化、大众化，继续发展21世纪马克思主义、当代中国马克思主义。要继续把《文库》建设成为马克思主义中国化最新理论成果的宣传、展示、交流的平台，为中国特色社会主义建设提供强有力的理论支撑。

第二，逐步树立智库意识和品牌意识。哲学社会科学肩负着回答时代命题、规划未来道路的使命。当前中央对哲学社会科学愈发重视，尤其是提出要发挥哲学社会科学在治国理政、提高改革决策水平、推进国家治理体系和治理能力现代化中的作用。从2015年开始，中央已启动了国家高端智库的建设，这对哲学社会科学博士后工作提出了更高的针对性要求，也为哲学社会科学博士后研究提供了更为广阔的应用空间。《文库》依托中国社会科学院，面向全国哲学社会科学领域博士后科研流动站、工作站的博士后征集优秀成果，入选出版的著作也代表了哲学社会科学博士后最高的学术研究水平。因此，要善于把中国社会科学院服务党和国家决策的大智库功能与《文库》的小智库功能结合起来，进而以智库意识推动品牌意识建设，最终树立《文库》的智库意识和品牌意识。

第三，积极推动中国特色哲学社会科学学术体系和话语体系建设。改革开放30多年来，我国在经济建设、政治建设、文化建设、社会建设、生态文明建设和党的建设各个领域都取得了举世瞩目的成就，比历史上任何时期都更接近中华民族伟大复兴的目标。但正如习近平总书记所指出的那样：在解读中国实践、构建中国理论上，我们应该最有发言权，但实际上我国哲学社会科学在国际上的声音还比较小，还处于有理说不出、说了传不开的境地。这里问题的实质，就是中国特色、中国特质的哲学社会科学学术体系和话语体系的缺失和建设问题。具有中国特色、中国特质的学术体系和话语体系必然是由具有中国特色、中国特质的概念、范畴和学科等组成。这一切不是凭空想象得来的，而是在中国化的马克思主义指导下，在参考我们民族特质、历史智慧的基础上再创造出来的。在这一过程中，积极吸纳儒、释、道、墨、名、法、农、杂、兵等各家学说的精髓，无疑是保持中国特色、中国特质的重要保证。换言之，不能站在历史、文化虚无主义立场搞研究。要通过《文库》积极引导哲学社会科学博士后研究人员：一方面，要积极吸收古今中外各种学术资源，坚持古为今用、洋为中用。另一方面，要以中国自己的实践为研究定位，围绕中国自己的问题，坚持问题导向，努力探索具备中国特色、中国特质的概念、范畴与理论体系，在体现继承性和民族性，体现原创性和时代性，体现系统性和专业性方面，不断加强和深化中国特色学术体系和话语体系建设。

新形势下，我国哲学社会科学地位更加重要、任务更加繁重。衷心希望广大哲学社会科学博士后工作者和博士后们，以《文库》系列著作的出版为契机，以习近平总书记在全国哲学社会科学座谈会上的讲话为根本遵循，将自身的研究工作与时代的需求结合起来，将自身的研究工作与国家和人民的召唤结合起来，以深厚的学识修养赢得尊重，以高尚的人格魅力引领风气，在为祖国、为人民立德立功立言中，在实现中华民族伟大复兴中国梦征程中，成就自我、实现价值。

是为序。

中国社会科学院副院长

中国社会科学院博士后管理委员会主任

2016 年 12 月 1 日

序

　　环境保护是功在当代利在千秋的大事。社会在进步，人民群众对优美环境的需求日益增长，生态意识逐渐提高，对环境污染破坏造成的权益侵害更加重视。随着号称"史上最严"环保法及《刑法修正案（八）》的颁布实施，以及各项配套环境保护规范性法律文件相继推出，中国特色生态文明法律保障制度体系进一步完善，环境执法更加严格，环境权的司法保障取得重要进展，公民环境诉权的实现更加便利，我国的环境保护开始纳入法治轨道。

　　现行《刑法》对于环境犯罪与其他普通刑事犯罪采取同等对待的刑事处罚措施，对遏制犯罪起到了一定的威慑作用，但一个不得不面对的现实问题是：在现行的司法环境和司法制度下，环境犯罪案件中被害人的权利尚无法得到有效的保障。查办环境资源刑事犯罪也还存在着办案取证难、证据鉴定难、事实认定难和法律适用难等问题。环境犯罪刑事立法的完善是环境犯罪被害人法律保护的前提。没有完善的环境犯罪刑事立法，环境犯罪行为人不能得到有效的打击震慑，环境犯罪被害人的权利也就无从实现。有一些深层次的问题没有解决。首先是被害人的代理权和被告人的辩护权不对等，只在非涉及附带民事诉讼部分才会在刑事诉讼程序实施发言权和陈述权。其次，除非在具有群体事件发生时，司法机关会主动披露相关信息，大多数环境犯罪案件中被害人无从知晓司法程序进展和犯罪人情况，知情权得不到保障，难以有效保障自身权益。此外，环境违法犯罪案件通常对被害人权利的损害是多方面的，且影响较大，但办案实践中被害人获得赔偿的范围小，被害人民事赔偿权利不能真正落实，合法权利没有足够保障；由于刑事抗诉的决定权在检察机关，而检察机关较少真正由于被害人原因而提起抗诉，因此环境犯罪被害人即使对一审判决不服时，上诉权也无法保障。

以上问题的解决，需要多方面的努力。诸如提高被害人自身的法律意识和权利意识，提高司法人员素质和转变司法观念，更要靠完善立法予以制度上的保障。对于刑诉法已有相关规定的部分，加以补充完善，对于还没有覆盖到的部分，加快立法修法予以详细规定，让环境犯罪被害人的权利真正有法可依。据我所知，相关的工作一直在推进中。最高人民法院审判委员会第 1698 次会议、最高人民检察院第十二届检察委员会第 58 次会议通过了《关于办理环境污染刑事案件适用法律若干问题的解释》（法释〔2016〕29 号），2017 年 1 月 1 日起已开始施行，取证难、证据鉴定难、事实认定难和法律适用难的问题初步得到解决。但在环境犯罪被害人实体和程序上知情权保障、被害人的国家补偿和救济制度等方面，还需要进一步努力，做到程序性权利保护和实体性权利保护并重，切实解决好环境犯罪被害人的法律保护问题。只有以最严格的司法措施落实生态文明建设的各项任务，对污染环境破坏生态的违法犯罪行为做到零容忍，才能为保护青山绿水、遏制环境资源类刑事案件高发提供强有力的司法保障。

郑志博士撰著的本书针对环境犯罪被害人权利保护展开研究，对环境犯罪被害人法律保护不足的原因进行了剖析，提出从诉内和诉外两个角度来构造环境犯罪被害人法律保护的体系。书中提出，在审判的过程中，要充分保障环境犯罪被害人的诉讼权利，使环境犯罪被害人能够依法享有立案监督权、起诉权，并赋予环境犯罪被害人量刑参与权和附条件的上诉权。立足于构建广义的环境犯罪被害人救济制度，通过挖掘环境犯罪被害人被害预防和救济措施，弥补保护环境犯罪被害人过程中的不足，还探讨了环境犯罪被害人国家补偿制度的构建，对环境被害人国家补偿救济立法进行了探索。从而达到保护自然环境资源和保障公民合法权利的双重目的，促使刑事诉讼的公正，最终推动我国环境法律制度的发展。

环境犯罪是复杂的，涉及的问题很多，正如书中所言，其解决不能仅仅靠一部法律，而是需要多个部门法相互配合，在环境犯罪问题上，我们需要完善的环境刑法、环境民法，环境保护法等相关法律、法规，无论既有的制度还是其他配套的机制，均仍存在巨大的努力可用空间。虽然要做的工作还有很多，但我们也欣慰地看到，国家的立法机关在行动，专家学者乃至社会各界都投入了相当的精力，有关状况已经大为改观，并可以预见环境犯罪被害人权利保护制度体系会越来越系统、完备、完善。

应作者之邀，以九秩之年，赤子情怀，欣然命笔。是为序。

高铭暄

2018 年 8 月 8 日

摘　要

　　2015 年 3 月 6 日，习近平总书记到十二届全国人大三次会议江西代表团参加审议时强调，环境就是民生，青山就是美丽，蓝天也是幸福。要像保护眼睛一样保护生态环境，像对待生命一样对待生态环境。对破坏生态环境的行为，既不能手软，更不能下不为例①。社会经济的发展导致了环境的恶化和资源的耗竭，环境问题逐渐成为经济社会发展中的突出问题。进入风险社会之后，环境问题显得更加突出，稍有不慎就会酿成大案要案，给自然资源和人们的生产生活带来巨大的威胁。自然环境作为人类赖以生存的基础，其重要性不言而喻，从法律上保护环境免遭破坏成为各国立法者的共识。然而，在人类社会的发展过程中，对环境的破坏从未停止，并且有愈演愈烈之势，环境犯罪由此而生。环境犯罪作为一种新型犯罪，受到世界各国的重视，不断完善环境相关民事、行政、刑事立法，对环境犯罪制定严格、明确的定罪量刑标准，严厉打击环境犯罪是当前立法者面临的重大问题。但是，立法在保护环境免遭破坏的同时，对于环境犯罪中的被害人却关注不够，存在理论及实务上的争议。

　　作为打击犯罪最有力的武器，环境犯罪刑事立法一直是学者们关注的重点。可以说，在《刑法修正案（八）》实施之后，环境犯罪刑事立法日趋完善，对打击环境犯罪行为人起到立竿见影的作用。但遗憾的是，理论界、实务界尤其是法学界并没有给予环境犯罪行为人的相对人——环境犯罪被害人过多的关

---

① 《环境就是民生，青山就是美丽，蓝天也是幸福》，《中国青年报》2015 年 3 月 7 日，第 1 版。

注。当前，在环境犯罪领域，学者们关注的焦点大多集中于环境犯罪刑事立法的环节，建议增设新的环境犯罪罪名，提出环境犯罪刑罚适用原则，以及完善环境犯罪刑罚适用种类，等等。

环境犯罪刑事立法的完善是环境犯罪被害人法律保护的前提。没有完善的环境犯罪刑事立法，环境犯罪行为人就不能被绳之以法，环境犯罪被害人的权利也就无从实现。因此，构建完善的环境犯罪刑事立法是保护被害人权利的首要任务。自《刑法修正案（八）》修订以来，我国环境犯罪刑事立法已经取得了很大的进步，"发生重大环境污染事故，致使公私财产遭受重大损失或者人身伤亡的严重后果的"已经不再是污染环境罪的入罪条件。这不仅降低了污染环境罪的入罪标准，也更有利于保护环境犯罪被害人。但是，现有的环境犯罪刑事立法还需要进一步完善，包括危险犯的设立、严格责任的引入以及环境犯罪类型和环境刑罚制度的完善。

诚然，完善环境犯罪刑事立法，的确是保护环境犯罪被害人权利的必要前提条件之一，必须指出的是，仅仅依靠加强打击环境犯罪，还不能够给予环境犯罪被害人以更全面的保护。在犯罪被害人研究领域，学者们的焦点始终集中在暴力犯罪、金融犯罪等犯罪类型上。环境犯罪被害人一直扮演着"门外人"的角色，在很长时间都处于被遗忘的角落。随着环境犯罪问题的日益严重，更好地保护环境犯罪被害人的权利开始引起学者们更深刻的关注。但是由于环境犯罪本身的独特性，在被害人权利逐渐被承认的今天，环境犯罪被害人权利的保护依然面临着许多挑战。之所以有这种挑战，主要是因为环境犯罪自身的特殊性。环境犯罪带来的危害后果具有持续性，环境犯罪行为本身具有隐蔽性，相比起传统的犯罪类型，环境犯罪被害人更难得到公平公正的对待。随着被害人权利逐渐被认可，环境犯罪被害人的权利也应该得到承认和保护。目前，我国对如何加强环境犯罪打击的研究重点主要放在了刑事立法方面，关注的焦点都是如何进一步完善环境犯罪刑事立法。但是仅仅完善刑事立法是不够的，我们还需要积极帮助环境犯罪被害人走出困境，包括给予环境犯罪被害人经济上的援助，积极帮助其恢复到受害之前的生活状态。在诉讼的过程中也要充分保障环境犯罪被害人的权利，为被害人补偿和救济提供应有的保障。

因此，本书围绕环境犯罪被害人权利保护这个核心概念，从诉内和诉外两个角度来构造环境犯罪被害人法律保护的体系，使环境犯罪被害人能够依法享有并行使自己的合法权利，获得应有的补偿。首先，针对诉内环境犯罪被害人法律保护的不足，以保障环境犯罪被害人诉讼权利和完善环境犯罪刑事司法为目标，构建环境犯罪被害人诉内保护体系。环境犯罪刑事司法是环境犯罪被害人法律保护的基础，审判的结果在很大程度上决定着环境犯罪被害人的诉求是否能够实现。环保法庭的设立，翻开了环境犯罪刑事司法的新篇章。但是由于环境犯罪的特殊性，并不是设立环保法庭后所有的问题就迎刃而解了。环境犯罪取证难、因果关系证明难、专业知识不够等问题依然困扰着司法人员。因此，针对这些问题，我们有必要健全环境污损司法鉴定机构、综合运用多种因果关系并进一步提高司法人员专业素养。同时，在审判过程中，要充分保障环境犯罪被害人的诉讼权利，使环境犯罪被害人能够依法享有立案监督权、起诉权，并赋予环境犯罪被害人量刑参与权和附条件的上诉权。另外，针对诉外环境犯罪被害人法律保护的不足，从完善环境犯罪刑事立法和构建环境犯罪被害人国家补偿制度出发，构建环境犯罪被害人诉外法律保护体系。

立足于构建广义的环境犯罪被害人救济制度，对相关理论基础进行必要阐述，借鉴国际经验，结合相关调研结果，设计适应我国国情的环境犯罪被害人救济制度，挖掘环境犯罪被害人被害预防和救济措施，弥补保护环境犯罪被害人过程中的不足，体现人文关怀。本文还探讨了环境犯罪被害人国家补偿制度的构建，对环境犯罪被害人国家补偿救济立法进行了探索。希望通过完善环境刑法、环境民法、环境保护法等相关法律、规定，促使环境犯罪被害人拿起法律武器，从实体上、程序上、制度上，全面维护自己应有的合法权益。

关键词：环境犯罪；被害人；法律保护；权利救济；国家补偿

Abstract

On March 6, 2015, General Secretary Xi Jinping attends the meeting with Jiangxi delegation during the 3rd Session of 12th NPC and emphasized that environment is the people's livelihood, green hills are beauty and blue sky is happiness. Ecological environment should be protected like our eyes and be treated like our lives. Those who caused environmental damage should be severely punished without giving them any excuses. As the development of economy and society, our natural environment continues to deteriorate and the environmental problem becomes an outstanding issue. As we are entering the risk society, environmental problem is becoming more and more important. Any carelessness will cause serious environmental pollution accident, which brought great threat to natural resource and people's normal life. Natural environment is the basis for human life, it is very important. Use the law to protect the environment from destruction became the consensus of legislators. However, in the course of development of human society, damage to the environment never stops, and becomes more and more serious. At last, environmental crime resulting. As a new crime, environmental crime and has brought worldwide attention. Continue to improve environment-related civil, administrative and criminal legislation on the environment developed a strict, clear standards of conviction and sentencing of the crime, crack down on environmental crimes are the current major issues facing lawmakers. However, the legislation on the protection of the environment from destruction at the same time, not enough attention to environmental crime victims. Theory and practice are controversial.

As the most powerful weapon to fight crime, great attention has been paid to environmental crime legislation. We can say that after the implementation of the 8 th criminal law amendment, environmental criminal legislation is becoming more complete and has been played an immediate role in fighting environmental crimes. But unfortunately, theorists, practitioners especially jurisprudence does not give too much attention to the counterpart of environmental perpetrator, which are the environmental crime victims. As previously said, scholars in the field of environment crime are concerned about the improvement of environmental crime legislation, which included adding new environmental crimes, improving applicable principles of penalty and penalty types of environmental crime and so on. Indeed, the improvement of environmental crime legislation can provide the necessary preconditions for the protection of the rights of environmental crimes victims. But relying solely on combating environmental crime cannot give adequate protection to victims. In the field of crime victim research, scholars have always focused on violent crime, financial crime and other types of crime. Environmental crime victim has been playing "outside" role and has been forgotten for a very long time. With the increasingly serious environmental crime, protection of the rights of environmental crime victims began to attract the attention of scholars. However, due to unique of environmental crime, although the rights of victims are gradually being recognized today, protection of the rights of environmental crime victims is still facing many challenges. The reason of challenge is mainly because of the special nature of environmental crime itself. For example, the consequence of environmental crime is much more sustainable and the environmental crime itself is hard to be discovered. Therefore, compared to traditional types of crime, environmental crime victims are more difficult to get fair and equitable treatment. As the rights of victims are gradually being recognized, the rights of environmental crime victims deserve our recognition and protection. At present, the focus is on how to further improve the environmental criminal legislation.

The improvement of environmental crime legislation is a precondition for protecting the rights of environmental crime victims. Without perfect legislation, environmental perpetrator cannot be brought to justice and the rights of victims are impossible to be realized. Therefore, to build a sound environment criminal legislation is the primary task of protecting the rights of victims. Since the implementation of the 8th criminal law amendment, our environmental criminal legislation has made great progress and "a major environmental pollution accident, causing serious consequences for public and private property suffered heavy losses or human casualties" is no longer the incriminating condition of environmental pollution crime. The amendment not only reduces the incriminate standard of environmental pollution crime, but also more conducive to protect the environmental crime victims. However, there is a need to further improve the existing environmental crime legislation, including the establishment of potential damage offence, the introduction of strict liability, the improvement of environmental crime types and environmental penal system.

Of course, the improvement of environment criminal legislation is very important, because the criminal legislation is the precondition for the protection of the rights of environmental crime victims. However, criminal legislation is not enough, we also need to help environmental crime victims to get out of predicament, which include giving them economic assistance and actively help them to restore their lives. In the course of the proceedings, the rights of environmental crime victims should also be fully guaranteed which provide proper protection for the relief of victims.

Therefore, this paper focuses on the protection of rights of environmental crime victims and constructs protection system for the rights of environmental crime victims from two angles. This protection system allows the environmental crime victims to enjoy and exercise their legitimate rights legally as well as to obtain due compensation. On one hand, we focus on the lack of protection in the course of proceeding and construct the protection system of rights of environmental crime victims by improving criminal justice and protecting their procedural rights. Environmental criminal justice is the basis of protecting the rights of environmental crime victims and the results of the trial determine whether the victim's demands can be realized. With the establishment of environmental courts, the environment criminal justice opened a new chapter. However, due to the special nature of environmental crime, the establishment of environmental courts cannot solve all problems. As we all know, evidence is hard to obtain in environmental crime and it is difficult to prove causality. All those problems lack are still plaguing the judiciary. Thus, to solve these problems, we need to build the environmental offset forensic institutions, use a variety of causal relationships and further enhance the professionalism of the judiciary. Meanwhile, in the course of the trial, we must fully protect the procedural rights of victims of environmental crimes, including fully guarantee the right of victims of environmental crime, giving environmental crime victim discretionary right to make recommendations and conditional right to appeal. On the other hand, we focus on the lack of protection outside the course of proceeding and construct the protection system of rights of environmental crime victims by improving environment crime legislation and building compensation system for environmental crime victims.

We will build a broader environmental relief system of victims of crime, provide necessary information on basic theories, use international experience for reference, according to the relevant research results, design environmental crime victim relief system in China, discuss the environmental crime victims compensation system and to explore environmental victims compensation legislation. Mining environmental crime victims' prevention and remedy measures, make up the lack of protection in the process of environmental crime victims, reflect the Humanities concern. Perfection of environmental criminal law, environment, civil law, environmental protection law-related laws and regulations, through the construction of the relief system of victims of crime, environmental crime victims take legal weapon, from the entity, procedures, system to protect their due legal rights.

Keywords: Environmental Crime; Victims; Legal Protection; Right Remedy; State Compensation

目　录

Contents

第一章　导论

第一节　研究的背景、目的及意义

一、研究的背景

科学技术的迅猛发展给人类的生产生活带来了极大的便利，人类社会也因此得以不断前进。社会的发展是建立在一定的环境基础上的，经济的发展、社会的进步往往依赖自然资源的破坏和消耗。自然资源的耗竭、污染物质的排放，都给自然生态系统造成了严重的危害。如果我们在发展的同时忽略了自身行为对于环境的破坏，就会导致极其严重的后果。在自然资源的开发过程中，不尊重自然、不遵守自然规则，自然资源被过度地开发，环境污染事件频频发生，给我们敲响了警钟。如 1952 年英国伦敦由于大气污染，好几天被毒雾笼罩，在这一段时间里有 5000 多人相继死亡，毒雾散去后两个月有 8000 人相继死亡；还有轰动世界的日本水俣病事件，工业污水不加处理地排放，导致水俣湾附近居民脑中枢神经和末梢神经被侵害，进而引发一系列身心疾病。另外，还有马斯河谷烟雾事件、北美死湖事件、墨西哥湾井喷事件等。在我国也出现过许多的环境污染事件，如 2010 年松花江事件，中国石油吉林石化公司发生爆炸，苯类污染物流入河中导致水体污染，使得河流两岸居民的正常用水受到严重影响；还有 2010 年的紫金矿业污染事件，污水池发生泄漏，使得附近河水受到严重污染。这些事件都是由人类对自然环境的污染造成的，最终受害的还是人类自身。造成污染事件的原因有很多，有可能是当时的技术或知识水平无法预知、预测到污染事件的发生，也有可能是因为天灾、不可抗力使得污染物得以扩散，导致环境污染。但是不可否认的是，一些企业或组织违法违规排放污染物行为的存在不仅影响到经济的发展，也对我们的身心造成了严重损害，因而成为当前国际社会重点关注的对象。

在一定程度上说，我们现在进入了风险时代，环境污染事件的发生越来越没有征兆，很多时候是我们人类所不能控制的。自然资源是有限的，只有对其进行合理使用，在自然资源可承受的范围内优化配置，才能达到发展经济、保护环境的双重目标，实现人与自然和谐相处的社会。在这种情况下，我们更要积极应对、共同应对。

只有具备了完善的法律制度，才能够积极有效地规制人们的行为。为了应对日益严重的环境问题，各国都制定了严格的法律制度，包括现在倡导的"环境犯罪危险犯"、"环境污染行为犯罪化"、"环境犯罪严格责任"等，都是为了惩罚环境犯罪，更好地保护自然环境。

为了防止人们的生产活动对环境造成破坏，许多国家在刑法中规定了环境犯罪。工业革命诞生较早，西方发达国家对于环境污染问题十分重视，也有自身一套成熟的治理经验，尤其在环境犯罪问题上的研究走在前列。如美国早在1899年就颁布了《废物法》，对环境犯罪行为做出了规定，随后也相继出台了其他相关法律，但是直到20世纪80年代，美国司法部门也很少提起环境刑事诉讼，原因在于当时的规定使得环境犯罪只是轻罪，即使提起了诉讼，犯罪人也很少会被监禁，采取诉讼这一方式不但没有达到应有的目的，反而耗费了太多的精力，得不偿失。但是80年代后，由于环境污染问题日趋严重，这一现象正在发生改变，环境犯罪的法定刑级在逐步提高，如1980年颁布的《固体废物处置法修正案》、1990年颁布的《清洁空气法修正案》中对于环境犯罪都加入了重罪条款。日本在"二战"之后也迎来了经济的高速发展，但是当时政府只重视经济而忽略了环境问题，导致环境污染事件频繁发生，如上面所谈到的日本水俣病事件，就是一个缩影。水俣病是最早出现的由污水排放而导致的公害疾病，但是即使如此，日本政府也是在发现该问题12年之后才明令禁止该企业继续排放污水。随着污染的加剧，环境问题逐渐成为日本的一个重大社会问题，对此，日本相继出台了《空气污染防治法》、《噪音管制法》等法律法规，其中《关于危害人体健康的公害犯罪制裁法》是惩治环境犯罪最重要的法律之一，其作为特别法，与刑法典、附属刑法一起，形成了一主两辅的治理模式。可见，美、日等发达国家对于环境犯罪均做出了极其详尽的规定。

相比发达国家而言，我国的环境犯罪研究起步较晚。20 世纪 80 年代改革开放之后，我国工业飞速发展，城市化水平不断提升，人民生活质量不断提高，随之而来的是环境污染、生态环境遭到破坏等问题日益凸显。面对环境污染日益严峻的状况，随着绿色发展理念的兴起和可持续发展的需要，生态文明建设日益受到国家的重视，有效遏制环境污染的发生，打击导致环境污染产生的违法企业和个人，保护公民的人身、财产和环境权益不受损害，逐渐成为我国环境领域的重要课题。党的十八大明确提出建设生态文明，加强生态文明制度建设，健全生态环境保护责任追究制度和环境损害赔偿制度，完善环境保护法律法规。在此之后，国家从立法、司法上都加大力度惩治环境犯罪行为。但是，对于环境犯罪被害人，我们的关注却很少，也存在许多理论和实务争议。如环境犯罪被害人能否在公检法均不立案的情况下拥有刑事自诉的权利？环境犯罪被害人在何种限度内行使权利才是合乎规定的？环境犯罪被害人的行为能否被视为一种正当防卫？在企业无法完全赔偿对被害人所造成的损失时国家是否应当承担起偿付责任？像这类问题还有很多。可见，我国对于环境犯罪被害人的保护和相关问题研究仍然处于一个初级阶段，这一领域亟待我们去拓宽和完善。

除了环境刑事立法的完善，针对环境犯罪被害人的社会救济制度也逐渐完善。美国、日本等国家都为环境犯罪被害人提供了社会救助，建立了环境犯罪被害人公益基金等。在完善事后惩罚制度的同时，各国也建立了环境污染责任保险制度，为环境犯罪被害人的救济提供了保障。

随着工业化进程的加快，环境问题也逐渐超越了国界，成为一个全球性的问题。各国不仅制定了严格的法律规制环境犯罪，还在积极探索有效的国际合作方式，共同应对国际环境污染事件。

尽管各国在打击环境犯罪方面做出了很大的努力，但是不足之处依然很多。相比起其他犯罪类型，如暴力犯罪、金融犯罪而言，环境犯罪无论是在立法，还是司法上都还存在很多需要完善之处，尤其是在环境犯罪被害人权利的保护方面。究其原因，我们认为，传统观点中，有害的环境犯罪行为并未被视为像针对个人和财产的犯罪那样具有道德谴责性。我们这个时代的现实就是，经济的发展大都是建立在对自然资源的剥削之上。管理体制的建立都是为了支持工业发展，即便有人实施了侵害环境的行为，但是只要是在法律允许的范围之内就不被关注，也不会将犯罪被害人考虑在内，或者提供清晰的指导，告知哪些行为是应受惩罚的行为。但是从犯罪被害人的角度看，河里的污染物是由犯罪组织从实验室非法排出的还是由某个公司通过合法排污排出的，有什么区别吗？

尽管环境犯罪越来越受到人们的关注，但是环境犯罪并没有得到政府、执行机构以及公众所需要的回应。因为长期被视为"无犯罪人"，环境犯罪一般并不会造成立即的不良后果。这种危害在很长一段时间内可能很难被发现。此外，大部分的环境破坏都是依法实施的，是得到社会许可的。区分什么是环境犯罪是一个复杂的过程，需要在人们对工作以及收入的利益需求和生态系统维护、生物多样性和可持续之间寻求平衡。

在环境犯罪中被忽视的另外一个群体也在逐渐发声，即环境犯罪的被害人。美国其实很早就开始对犯罪案件中的被害人予以保护，如美国国会于2004年制定了《犯罪被害人权利法》，该法赋予了犯罪被害人极大的诉讼权利并且明确了其在法庭中所处的地位。但是，环境犯罪被害人又与普通犯罪被害人存在许多不同之处，是否适用《犯罪被害人权利法》存在分歧，但是无论探讨结果如何，环境犯罪被害人的权利都将不断得到完善。

本文将从构建广义的环境犯罪被害人法律保护和救济制度方面加以研究。对相关理论基础进行必要阐述，借鉴国际经验，结合相关调研结果，对我国环境犯罪被害人法律保护和救济制度进行设计，对环境犯罪被害人国家补偿制度进行论述，并对环境被害人国家补偿救济立法进行探索。

二、研究目的

世界各国对环境犯罪都有不同的定义，主要是因为各国对于环境的理解和认知不同。一种观点认为，环境犯罪是指犯罪行为人为了某种目的，违反了自然与人类和谐发展的原则，过度利用自然资源，给自然的生态和谐发展造成了破坏与污染，或者对他人身体健康和财产造成侵害的犯罪。这个定义主要是从刑法保障人权的角度进行的，只有保护了人的生命健康和财产安全，才可以谈保护环境。另一种观点认为，环境犯罪仅仅是指人在社会生产和生活过程中，为了获取更多的利益，滥砍滥伐，使得自然资源的使用超出了本身和谐发展所能承受的最大限度，进而危害生物界生态系统，从而给人类的生产、生活造成不可逆转的影响，达到刑法犯罪的程度①。

环境犯罪的出现不是毫无缘由的，它与人类社会发展的程度息息相关。随着经济高度发展，以危害环境为代价的犯罪活动日渐猖獗，使得立法部门把环境犯罪作为刑法犯罪的一部分。在我国的环境犯罪刑事诉讼中，追究环境犯罪行为人的刑事责任、惩罚犯罪行为人以及保护犯罪被害人的合法权益是环境犯罪刑事诉讼的三大重要责任。在环境犯罪的案例当中，环境犯罪所侵害的人群往往是极广泛的，有些案例涉及的是个人，但绝大部分涉及的是群体的生命财产安全和合法权益。环境犯罪被害人由于法律知识薄弱，以及在经济地位、信息获取等方面处于明显的弱势地位，从而较难保护自己的合法权益，所以必须要有国家法律作为强有力的后盾，尽最大可能保护公民应有的权利。尽管国家可以采用法律手段来保护环境犯罪被害人、惩治环境犯罪行为人，但并不能完全弥补环境犯罪给被害人带来的经济损失和人身、精神伤害。主要因为：环境犯罪往往造成经济损失金额较大，犯罪行为人本身无力承担赔偿责任或者采用财产转移等方式逃避法律制裁。考虑到环境犯罪过程中，环境犯罪被害人是犯罪行为最直接的受害者，在实现惩治罪犯、保护公民人权的法律下，必须考虑对犯罪被害人着重加强保护和施加法律援助②。

在与环境犯罪相关的研究中，目前我们国家并没有形成以保障人权为基础理论的研究思路。我们在保障人权及确保被害人得到实体性权利等方面还需要进一步研究。在环境犯罪刑事诉讼改革过程中，我们必须汲取国外好的经验并使之中国化，以保证我国的环境犯罪被害人能够得到法律保护。但是由于目前国内对于环境犯罪和由此产生的法律救济缺乏深入、透彻的研究，阻碍了我国对环境犯罪被害人的有效救助。鉴于国内环境犯罪研究存在的问题，本文仅仅从环境犯罪被害人法律保护的角度进行研究。

三、研究意义

1. 理论意义

第一，对于环境刑法、环境民法、环境保护法相关法律、法规的融合

---

① 程诗莉：《论环境侵权损害赔偿社会化制度》，《企业经济》2010年第12期。
② 李印：《环境侵权损害赔偿及其社会化制度建设思考》，《法学杂志》2010年第8期。

贯通、相辅相成形成理论上更深刻的理解与认识，为环境犯罪被害人提供法律援助增加了法律依据，能够更好地促进国家经济、文化发展，有利于国家和社会的和谐稳定。

第二，有利于实现法律层面的公平公正。从我国目前环境犯罪被害人所处的状况来看，进行有效的法律救助是十分必要的。可以在环境立法之中体现国家法律层面的公平公正，同时还体现保护弱势群体的人文关怀，有利于维护和促进社会稳定和谐、维护公民的合法权益。

第三，促进法律生态系统的和谐健康发展。所谓法律生态化，是指在促进社会主义法治建设过程中，以生态文明为导向，以当代生态学原理为理论基础，将社会中可以起到作用的、有规律性的、普遍性的法律法规，以生态文明的发展为理念，以此来实现维护环境权益和促进可持续发展，最终达到人与人、人与自然、人与社会处于一个和谐、共同发展的生态系统。法律生态化的提出主要是对已经产生的违背法律生态的现象进行修复和弥补，以便促进社会的可持续、和谐发展。

2. 现实意义

一方面，能够有效地保障环境犯罪被害人的合法权益得以实现。通过对环境犯罪行为人的惩治及环境犯罪被害人的救助，使环境犯罪被害人能够拿起法律的武器，保护自己应有的权益，同时也对犯罪行为起到震慑作用。另一方面，有利于实现环境法律效应，保护我国的环境资源，同时进行合理配置，尽量避免因为无知或者钻法律的空子而对环境资源造成不必要的损害。如果我们能够将时间和精力放在有效预防环境犯罪上，就能够更好地保护自然环境，避免犯罪被害人遭受侵害。

第二节　研究现状

一、国内研究动态

1. 环境犯罪被害人的相关理论

被害人学研究最早开始于西方国家，我们国家在 20 世纪 80 年代开始对被害人学进行研究，主要是对国外被害人学的作品进行翻译和介绍。在80年代后期，国内学者开始对被害人学给予极大的关注，被害人学研究也成为国内研究的热门领域。到90年代，国内开始出现了对被害人学进行研究的著作，但只是在其中的一些章节中对环境犯罪被害人有所提及。随着社会的进一步发展，法治的进一步完善，作为弱势群体的犯罪被害人越来越被社会所关注，学者们对被害人学的研究也取得了新的进展。除了对被害人学整体进行研究外，我国学者还开始关注各类犯罪的被害人，例如暴力犯罪被害人、强奸犯罪被害人，也有对被害人进行分类研究的，例如女性犯罪被害人、未成年人犯罪被害人等。在这些研究中，或多或少涉及了环境犯罪被害人，但是由于环境犯罪并不如其他犯罪类型影响面大，因此对环境犯罪被害人的研究相对少。只有少数学者有所涉及，如汤啸天的《犯罪被害人学》（1997年版），该书在第六章中第一次使用了"环境犯罪被害人"的概念。赵可的《被害者学》（1989年版）也专门对环境犯罪被害人做出了解释，特别对环境犯罪被害人的特征进行了探讨。陈泉生的《环境法原理》（1997年版）中没有提及环境犯罪被害人，但是对环境侵害进行了阐述。这段时期对环境犯罪被害人的研究并不系统化，比较零散，相关论述均有待完善。

与传统的被害人学相比，环境犯罪被害人有其自身的特点。研究环境犯罪被害人，除了要掌握被害人学、犯罪学等相关知识外，还需要结合环境科学、环境工程学等领域的知识。可以说，环境犯罪被害人的研究横跨文科和理工科两个领域。目前，对环境犯罪被害人的研究主要集中在文科领域，没有很好地结合理工科领域的知识。实际上，环境科学领域中很多新的技术和工艺，都可以被用在自然环境的改善、环境污染的防治等方面。文科领域的学者也很少关注环境科学等学科的发展，一般都是着眼于法律法规的完善。两个领域的学者在环境犯罪被害人研究上并没有很好地进行沟通交流，缺少互动。当然，跨学科的研究存在一定的难度，需要研究者具有文理两个学科的知识。在以后的研究中，应当致力于犯罪学、被害人学和环境科学等学科的合作，结合文理两个领域的知识，进一步推进环境犯罪被害人的研究。

2. 环境犯罪被害人法律救济制度

目前，学者们的研究重点主要放在了环境犯罪和被害人这两个领域。关于环境犯罪的研究可以说已经较为成熟。不管是专著还是学位论文，数量都相当可观。例如赵秉志、王秀梅、杜澎的《环境犯罪比较研究》（2004年版），付立忠的《环境刑法学》（2001年版），徐平的《环境刑法研究》（2007 年版），刘仁文的《环境资源保护与环境资源犯罪》（2004 年版），杨春洗、向泽选、刘生荣的《危害环境罪的理论与实务》（1999 年版），王秀梅的《破坏环境资源保护罪》（2003 年版）、赵秉志的《环境犯罪及其立法完善研究》（2011 年版）等。尽管学者们对环境犯罪展开了较为深入的研究，但是并没有对环境犯罪被害人给予过多的关注，关于环境犯罪被害人法律救济的专著也很少。其中，刘文燕、高路等学者对环境犯罪被害人的救济进行了相关论述。两位学者指出，环境犯罪被害人的救济目前存在很多不足之处，包括法律救济权利缺失、法律救济规定不完善、法律救济的请求得不到实现、法律救济的方式较为单一等。在实体法规定或者程序法规定方面，环境犯罪被害人的救济都面临着较大的挑战。为环境犯罪被害人提供更好的救济，保证环境犯罪被害人的权利得到保护，这是今后我们研究的重点内容。王伟也对环境犯罪被害人的救济进行了研究。王伟指出，我们国家对环境犯罪被害人的救济不完善，环境犯罪被害人很难维护自身的合法利益，是发生环境群体性事件的重要原因。目前我们国家环境污染救济的重点主要在环境侵权领域，对环境犯罪被害人这个特殊群体未能给予过多的关注。[①]

环境犯罪的主体多是公司和企业，较少的情况下是自然人。在一些严重的环境污染事故中，犯罪的责任主体可能有很多个。相对于环境犯罪被害人，这些公司、企业处于强势的地位，不管是在经济上还是在人数上。这些因素都对环境犯罪被害人自身权利的维护造成了很大的障碍。加之现有环境犯罪刑事立法还存在需要完善之处，如果环境犯罪行为人不能被绳之以法，被害人的权利更难得到保障。一旦环境犯罪被害人的诉求得不到满足，很可能会寻求其他的方式进行解决，给社会安定和谐带来隐患。为了防止这种局面的出现，建立健全环境犯罪被害人法律保护体系，为环境犯罪被害人寻求正当的救济方式，势在必行。

二、国外研究动态

被害人学最早来源于西方国家，国外很多学者都对被害人学展开了深

[①] 王伟：《环境类群体性事件的特点、成因及对策分析——基于大连 PX 事件的案例研究》，《今日中国论坛》2013 年第 10 期，第 212 页。

入的研究。其中，最具有代表性的是汉斯·冯·亨蒂的专著《犯罪人及其被害人》（1948 年版）以及亨利·艾伦伯格在《国际犯罪学及警察技术评论杂志》上发表的《犯罪人与被害人之间的心理关系》（1954 年）一文，加上之后本杰民·门德尔松发表在《国际犯罪学及警察技术评论杂志》的《生物—心理—社会科学的一个新分支：被害人学》（1956 年）一文，这些论著标志着被害人学的产生。

国外对环境犯罪被害人的研究比国内要成熟，像美国、德国、日本等国家，不仅在理论研究成果方面较为丰富，而且在环境犯罪被害人保护的实践方面也较为完善。德国是被害人学产生最早的国家之一，学者们对被害人这个群体给予了大量的关注。在环境犯罪被害人法律保护方面，德国也是走在世界的前列。在德国，对环境犯罪被害人的保护主要依靠的是刑法典。刑法典中明确规定了环境犯罪被害人享有的权利，包括诉讼参与权、上诉权等。这与我们国家目前的刑事立法规定有很大的区别。美国对犯罪被害人的保护主要集中在暴力犯罪被害人保护方面，对于环境犯罪被害人这个特殊群体应当享受的权利，美国学界存在一定的争议。美国在犯罪被害人保护方面最具代表性的是 2004 年的《犯罪被害人权利法》，该法案被写入了美国联邦法律，目的在于加强对犯罪被害人的保护，扩大被害人在联邦犯罪起诉程序中的角色，在法庭审判过程中给予了犯罪被害人更加明确的地位。但是当环境犯罪被害人逐渐进入联邦法院系统时，美国法庭和法律学者才开始意识到权利法案下的环境犯罪被害人问题异常复杂。特别是与被害人权利法案有关的三起影响较大的环境犯罪案件①得到法庭和法律界广泛的关注。针对这三起环境犯罪中的被害人是否应该适用《犯罪被害人权利法》，法院及法律界至今仍未得出一致意见。日本对环境犯罪被害人的保护起步较晚，主要依靠的是环境污染补偿制度。与西方发达国家相比，日本在环境犯罪被害人的保护方面存在一定的不足之处，特别是在救济内容、救济标准等方面。韩国对环境犯罪被害人也给予了较多的关注，国家补偿制度中针对环境犯罪被害人进行了专门设计。此外，环境犯罪被害人还能从机构和团体获得补偿，包括物质补偿、医疗救助和心理疏导等。但是，由于并没有针对环境犯罪被害人的自诉制度进行规

---

① 美国 V. 英国石油公司（United States V. BP products）、美国 V. 格雷斯公司（United States V. W. R. Grace & Co.）、美国 V. 雪铁戈石油公司（United States V. CITGO）事件。

定，因此在韩国环境犯罪被害人还难以在程序上获得更好的救助。对于环境犯罪被害人的概念，国外学者并没有具体的界定，也没有形成较为完整的环境犯罪被害人保护体系。

第三节　研究方法、基本框架和创新之处

一、研究方法

1. 文献分析法

要做好科研工作，最重要的就是对文献资料进行收集和整理。目前关于环境犯罪被害人的文章并不是很多，因此对与其相关的文献资料也进行了收集，包括与犯罪被害人相关的专著和期刊、与环境犯罪相关的专著和期刊，还有部分博士学位论文和会议论文。此外，还对网络上的相关资料进行了收集，例如百度文库、道客巴巴等资料库中的相关资料。除了国内关于环境犯罪被害人的资料，还对国外的资料进行了收集，特别是国际人权保护机构关于被害人权利的研究报告等。通过对上述资料的整理归纳，对环境犯罪被害人的概念、环境犯罪被害人法律保护的基础理论、环境犯罪被害人法律保护的现状以及国外对环境犯罪被害人的保护情况就有了较为全面的把握。

2. 比较研究方法

比较研究方法是研究中必不可少的方法之一。通过比较研究方法，可以对具有相似特征的事物进行比较，包括事物之间的相同点和不同点。这些比较得出的结论能够为下一步的研究奠定很好的基础。在环境犯罪被害人的研究中，比较研究方法也至关重要。通过对国内外环境犯罪被害人法律保护情况进行比较研究，能够借鉴国外好的做法和理念，为我国环境犯罪被害人权利的保护添砖加瓦。但是我们要意识到，每个国家的实际情况并不相同。除了考虑环境犯罪被害人的救济情况外，我们还要综合考虑各国的经济水平、文化背景和政治体制。只有在借鉴国外环境犯罪被害人保护制度的同时，充分考虑国内的情况，才能最好地

借鉴国外经验，取长补短。

3. 实证研究方法

任何犯罪都不是凭空产生的，社会是犯罪发生的根源。我们研究环境犯罪被害人，除了收集理论知识外，还一定要深入社会，探求环境犯罪产生以及环境犯罪被害人法律保护缺失的社会根源。只有了解了社会根源，才能把握环境犯罪被害人权利缺失的真正原因，寻求合适的对策。为此，我们对江苏、福建、贵州等地的法院进行了实地调研，包括案件的收集、案卷的分析等，对我国环境犯罪被害人法律保护的现状以及存在的问题有了全面的了解。这为后文提出环境犯罪被害人法律保护的措施对策提供了实践基础。理论与实践相结合，论文也显得更有说服力。

4. 案例研究方法

作为最常用的方法之一，案例研究方法几乎在所有的法学论文中都有涉及。没有案例就没有依据，没有说服力。环境犯罪被害人的实体权利和程序权利都在法院的案例里有所体现。环境犯罪是否有被害人，环境犯罪被害人是否享有相应的权利、是否得到应有的赔偿等，这些问题都需要通过对法院实际审判的案例进行剖析才能得出。因此，收集案例、解析案例尤为关键。除了到法院进行实地调研收集相关的案例外，各地法院的官网以及中国裁判文书网、北大法宝等网站还有充分的案例资料可以下载。最高人民法院也对环境犯罪的典型案例进行了发布，这些资料都为环境犯罪被害人的法律保护奠定了基础。

二、基本框架

本书由八个章节组成。

第一章，导论，主要对研究的背景、目的及意义，研究现状，研究方法、基本框架和创新之处进行了介绍。

第二章，对环境犯罪被害人法律保护的前提性基础进行研究，是对与环境犯罪被害人法律保护密切相关的一些基础问题的前序性交代，如界定环境犯罪和环境犯罪被害人的概念，分析环境犯罪被害人的特征，阐述环境犯罪被害人法律保护的基础理论等。其中有两个最主要的问题急需解决。一是对环境犯罪被害人的界定。犯罪被害人的概念极为重要，是确定环境犯罪被害人的关键。二是对环境犯罪被害人权利保护的基础理论的阐述，包括社会保险理论、国家责任说、社会福利说等，这是证明环境犯罪被害人权利保护合理性的基础。

第三章，通过实地调研，搜集与环境犯罪被害人相关的实证资料，对我国目前环境犯罪被害人法律保护的现状及不足进行阐述。具体分为三个部分，一是环境犯罪被害人所面对的环境危机，二是司法实践中环境犯罪被害人法律保护的基本情况，三是环境犯罪被害人法律保护存在的不足，具体又分为诉内环境犯罪被害人法律保护存在的不足和诉外环境犯罪被害人法律保护的不足，为下文中环境犯罪被害人法律保护体系的构建奠定现实基础。当前环境犯罪被害人救济包括公力救济和私力救济两种形式。其中，公力救济的不足表现为环境污染案件鉴定存在困难、环境犯罪因果关系难以证明、相关环境犯罪法定刑较低、环境行政公益诉讼数量较少、环境犯罪被害人自诉权存在争议等问题。私力救济的不足表现为行为的合法性存疑和政府未让公众事前积极参与两个方面。

第四章，是对国外环境犯罪被害人法律保护的考察。主要分为五个部分：一是对美国环境犯罪被害人法律保护现状，尤其是对美国《犯罪被害人权利法》进行介绍；二是对德国环境犯罪被害人法律保护现状进行介绍；三是对日本环境犯罪被害人法律保护现状进行介绍；四是对韩国环境犯罪被害人法律保护现状进行介绍；五是对国外环境犯罪被害人法律保护情况进行总结并得出对我国环境犯罪被害人法律保护的启示。

第五章，针对环境犯罪被害人诉内法律保护的不足，提出了相应的完善建议，主要包括环境犯罪刑事司法的完善和环境犯罪被害人诉讼权利的保障。与传统的犯罪类型不同，环境犯罪有着自身的特殊性。环境犯罪取证难、因果关系难以确定等问题一直困扰着司法人员，为环境犯罪被害人权利的保护带来了阻碍。因此，应当建立专业的环境污损鉴定机构，综合适用多种因果关系理论，并在设立环保法庭的同时提高司法审判人员的专业素养。在完善环境犯罪被害人诉讼权利方面，我国《刑事诉讼法》中规定的刑事自诉制度容纳了公民对于环境犯罪享有的自诉权。但是从环境权的复合性、环境侵害的社会性以及刑事自诉制度自身的逻辑来看，我国目前的环境犯罪被害人享有自诉权的制度设计在理论和实现上存在着多种弊端与障碍，甚至会引致负面的制度效应。此外，环境犯罪被害人在立案监督权、起诉权、量刑参与权及上诉权方面都存在一定的不足，需要进一步完善。构建环境犯罪被害人救济制度包括完善环境污染举报制度和环境项目立项听证程序，提升环境犯罪的法定刑，完善因果关系的证明理论，将部分环境犯罪确定为严格责任的犯罪，赋予环境犯罪被害人更多的诉讼权利，建立国家补偿制度等方面。

通过对环境犯罪被害人立案侦查阶段和审理执行阶段权利实现的现状分析，提出环境犯罪被害人自诉权存在的问题。在环境犯罪被害人自诉权行使方面，指出现行刑法及刑事诉讼法还缺失对于环境犯罪被害人自诉权的专门规定，环境犯罪中被害人自诉权的行使还存在诸多障碍，面临环境犯罪被害人举证困难和环境犯罪侵犯法益的多重性等困境，难以实现制度预期。在环境犯罪公诉转自诉案件中，存在难以有效制裁犯罪，被害人难以提供证据，公诉转自诉制度本身逻辑混乱等问题。提出立案侦查阶段应明确立案标准，畅通控告渠道；完善救济机制，增强可操作性；规范回避程序，防止"权力照顾"。在审理执行阶段，将被害人委托诉讼代理人的时间提前至侦查阶段，赋予被害人有限上诉权。

第六章、第七章和第八章，针对环境犯罪被害人诉外法律保护的不足，提出了相应的完善建议，主要包括环境犯罪刑事立法的完善、环境犯罪被害人国家补偿制度的构建和我国环境犯罪被害人救济制度设计。《刑法修正案（八）》自实施以来，对环境犯罪的惩治卓有成效。但是环境犯罪刑事立法依然存在危险犯缺失等不足之处，需要进一步对环境犯罪刑事立法予以完善，包括设立环境犯罪危险犯、引入严格责任等。在构建环境犯罪被害人国家补偿制度方面，第六章对环境犯罪被害人国家补偿立法进行了探讨。通过对环境犯罪被害人国家补偿的实际情况进行述评，第七章对环境犯罪被害人国家补偿的可行性及必要性进行了分析，并结合环境犯罪被害人自身的特殊性，对国家补偿立法的可行路径进行了探索。此外，第八章对环境犯罪被害人国家补偿制度的立法设计进行了具体构想。包括国家补偿的原则、国家补偿的对象、国家补偿的路径、国家补偿的来源等。环境犯罪被害人救济制度的价值包括正义价值、公平价值、效率价值。环境犯罪被害人救济制度的原则包括理念与社会相适应的原则、救济与损害相平衡的原则、合法性与合理性相兼顾的原则。环境犯罪被害人救济制度的构建包括事前、事中、事后三个阶段。其中，在事前阶段，要确立环境犯罪社会预防型的救济制度，形成环境犯罪情境预防型的救济制度，完善环境犯罪法律预防型的救济制度；在事中阶段，要进行观念层面、诉权层面、赔偿层面及执行层面的改革；在事后阶段，须明确环境犯罪被害人社会援助的主体，限定环境犯罪被害人社会援助的对象，规范环境犯罪被害人社会援助的程序，完善环境犯罪被害人社会援助的方式及实现社会援助资金来源的多元化。

最后是结论和对未来研究的展望。

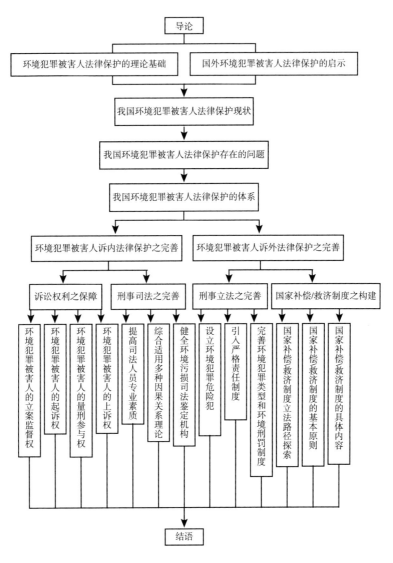

图 1-1 全文结构框架

三、创新之处

（1）以人权保障理论为基础，以环境犯罪行为人的相对方——环境犯罪被害人为出发点研究环境犯罪。现有的文献资料多研究的是环境犯罪刑事立法，而对环境犯罪被害人研究较少。从被害人的角度出发，不仅能够弥补环境犯罪研究的片面性，也能够体现法律的公正性，达到保障环境犯罪被害人人权、惩罚环境犯罪行为人的双重目的。

（2）以环境犯罪被害人法律保护为目的，构建环境犯罪被害人法律保护体系。目前我们国家对犯罪被害人的保护主要集中在暴力犯罪被害人身上。而在环境犯罪被害人法律保护方面尚属空白。可以说，作为特殊的被害群体，环境犯罪被害人的合法权利得不到有效保障，不仅救济请求难以实现，很多时候正当的赔偿请求都得不到满足。随着环境犯罪数量的逐渐增多，环境犯罪被害人逐渐从幕后走到台前。构建完善的环境犯罪被害人法律保护体系，切实保障环境犯罪被害人的合法权利显得尤为重要。

（3）提出应确立由国家作为主导力量推动社会生活共同体来对环境犯罪被害人国家补偿进行风险共担的模式。环境犯罪被害人国家补偿制度立法应遵循及时性原则、补充性原则、相当性原则，对于环境犯罪被害人国家补偿立法，应选择单独立法模式。在微观方面，我国未来的国家补偿立法的补偿对象应限定为因环境犯罪而遭受严重人身伤害者，该伤害具体包括身体伤害（重伤或死亡）和精神伤害（精神障碍或心理障碍），同时补偿的损失范围应为直接损失。

（4）给出了我国环境犯罪被害人救济制度设计。包括事前、事中、事后三个阶段。其中，在事前阶段，要确立环境犯罪社会预防型的救济制度，形成环境犯罪情境预防型的救济制度，完善环境犯罪法律预防型的救济制度；在事中阶段，要进行观念层面、诉权层面、赔偿层面及执行层面的改革；在事后阶段，须明确环境犯罪被害人社会援助的主体，限定环境犯罪被害人社会援助的对象，规范环境犯罪被害人社会援助的程序，完善环境犯罪被害人社会援助的方式及实现社会援助资金来源的多元化。

第二章　环境犯罪被害人
法律保护概述

社会的发展是建立在一定的环境基础上的，但是我们在发展的同时却忽略了自身行为对于环境的破坏，导致了极其严重的后果。为了防止人的生产活动对环境造成破坏，许多国家在刑法中规定了环境犯罪。西方发达国家在环境犯罪问题上的研究和司法实践走在前列，我国的相关研究起步较晚。为更好地开展环境犯罪被害人保护研究，本章将对环境犯罪被害人法律保护进行概述，对有关概念进行界定，分析相关研究的意义，并对相关理论基础进行梳理。

第一节　环境犯罪被害人的概念和特征

一、环境犯罪被害人的概念

1. 环境犯罪的概念

要保护环境犯罪被害人，必须确定环境犯罪被害人的范围，首先要确定如何定义环境犯罪。什么行为属于环境犯罪呢？环境犯罪应该着眼于犯罪、异常行为、反社会行为、违反规定的行为、危害社会的行为还是对危害做更广义的理解？要解决这些问题，就要解决下列问题：一是如何定义环境？二是如何定义犯罪？三是何种损害行为能够造成犯罪被害者？在决定何种定义被使用时，应该考虑到其能够被所有参与者接受，有意义并且实用。

随着人们环保意识的增强，将对环境造成危害的行为认定为犯罪越来越被人们所接受①。但很多国家都未对环境犯罪做出准确的定义，造成了对概念的随意使用，使得概念的含义更加混淆。一些学者认为环境犯罪只包括那些被现行刑法所禁止的行为。一些学者则认为鉴于商业利益对法律法规的影响，环境犯罪还应该包括那些虽然不构成犯罪，但是违反法律的行为。还有学者认为环境犯罪包括那些合法但是有害的行为。对于社会如何定义犯罪，由于受政治、经济、社会和文化因素的影响，很难区分什么是非法以及什么应该是非法。这些争论的背后是不同的哲学立场，包括人类和自然的关系、环境犯罪的原因、如何解决环境犯罪问题等。

法学家对环境犯罪进行了狭义上的解释，认为环境犯罪是违反那些旨在保护人类、环境或者两者安全的刑法规定的行为。但是这就要牵涉到环境犯罪是否包括危害职业和健康安全的犯罪。环境的定义有多么广呢？除了自然环境，是否也包括建筑环境呢？环境犯罪是否包括野生动物犯罪和动物虐待呢？从法社会学的角度看，环境犯罪的定义更广，包含了一切违反法律法规以及行政规章的行为。这把犯罪同任何非法活动或违法行为等同起来了。绿色犯罪学家认为研究犯罪行为太过于狭窄，因为很多环境危害案件都是通过民事法律等其他方式解决的。在一些国家，环境危害行为是典型的行政违法行为，包含在各种各样的环境法中，而不是刑法中。

批评者认为法学以及法社会学都被认为是以人类为中心。这种观念将非人类的自然看作人类的工具。一些生态中心主义学者甚至认为动物也享有和人一样的权利。即便是被害人仅仅被限定于人类，那么，还有一部分非传统意义上的被害人的存在，即群体性的被害人。因为环境犯罪不只是侵害了个人利益，而且是对整个社区或者一个群体造成损害。甚至有的学者提出被害人还应该包括后代人，我们需要对今天的行为进行反思，思考其对未出生的后代人所带来的影响。一些学者认为环境犯罪的性质是抽象的，缺少具体的可识别的被害人。这些观点都是以人类为中心的。相关文献涉及被害人时往往是用消费者、工人、社区或者群众等字眼来将其概念

---

① Samantha Bricknell, "Environmental Crime in Australia", Australian Institute of Criminology Reports, *Research and Public Policy Series No. 109.* Canberra: Australian Institute of Criminology, 2010, p. 2.

化。犯罪学家和被害人研究专家对环境犯罪采取了广义的解释，因此环境犯罪被害人也有更广的范围：个人、社区；非人类生物；环境本身（地区和全球）和未来的人类。①

"自然被人类以最有利于其眼前利益的方式占有、处理、使用和丢弃。"② 尽管社会学"合法但有危害"赋予了环境犯罪更广的定义，但是如果合法只是针对更广的人类利益而言，那么还是以人类为中心。这个原则其实也可以被说为代际公平原则。即为了将来的人类，为了可持续发展，现在的人类应该保证环境的质量、多样性和生产力得到保持或者提高，也就是说，现在发展的需要必须建立在不损害将来人类满足其需求的基础之上。

以生态为中心的观点将环境犯罪定义为造成可辨认的环境危害后果的行为，而不论其是否违反了现行法律法规的规定。以生物为中心的观点则将任何使生物系统紊乱的行为视为环境犯罪。包括故意和过失而对地球生物、非生物自然资源造成负面影响，导致立即的、可见的或者不可见的自然资源危害的人类行为。这些观点将生态系统的固有价值优先于人类的利益。环境犯罪和其他犯罪一样是社会结构，受到社会权力关系的影响，反映了社会对不道德行为的观点。因此，经济利益在确定什么是环境损害，以及环境损害行为是否被视为犯罪时至关重要。很多环境损害都是合法行为引发的，得到社会的认可。环境损害只是在违反法律规定时才被认为是犯罪。例如，法律允许一小部分污染物的排放，将其视为无害或者易掌控的。如果对合法排污和非法排污难以区分，那么对被害人也难以区分。那些受到小部分合法污染物积累效果所致伤害的个人和社区，恐怕不能被视为地方法律保护下的被害人。

环境犯罪被认为是国际犯罪中最有利可图也是犯罪数量增加最快的领

---

① Also worth nothing is the fact that States can be victims too. A good example is the small island States in the pacific that will be submerged due to climate change; see http：//www. sidsnet. org/aosis/. See also Massachusetts v. Environmental Protection Agency, 549 U. S. 497（2007）where Americans States tried to force the EPA to regulated greenhouse gases and alleged that climate change would make them lose coast lines and thus territory.

② Mark Halsey & Rob White, "Crime, Ecophilosophy and Environmental Harm," （1998）2 Theoretical Criminology 345, p. 349, argue that human beings continue to be placed at the centre even when discussing climate change and sustainable development.

域之一，并且形成了大量的有组织的犯罪网络。① 媒体也关注到为了经济利益而造成的几起严重的环境犯罪案件。② 2010 年，联合国大会第十二次关于犯罪预防和刑事司法会议召开，国际社会认识到新型犯罪兴起所带来的挑战，对环境造成了严重的危害，需要各成员国携手共进，共商对策。

与一般类型的犯罪相比，环境犯罪在各方面都有所不同。我国学者也对环境犯罪的概念进行了不同的界定。一种观点认为环境犯罪的概念应当按照刑法的规定去界定，也就是必须从规范刑法学的角度来进行。这种观点认为环境犯罪就是按照刑法规定构成犯罪，并依法应当接受惩罚的、对环境资源造成危害的行为。具体来说又分为两个层面。广义层面的环境犯罪比刑法学规定得更广，主要是从犯罪学的角度进行界定。除了违反刑法规定的行为之外，只要对环境资源造成破坏的一切行为都是环境犯罪，即使没有达到刑法规定的程度。这里对环境犯罪的界定突破了规范刑法学的范围。狭义层面的环境犯罪则仅仅限于刑法学的规定，具体来说就是违反《刑法典》第六章第六节规定的 15 种罪名的行为。这两种观点都有一定的道理。从广义的层面进行界定，可以涵盖更多的破坏环境资源的行为，但是这种界定过于宽泛，将大多数达不到入罪标准的违法行为也纳入了刑事制裁的范围，入罪标准过低，容易造成很多问题。从狭义的层面进行界定，尽管不能很好地规制轻微的违法行为，但是能够起到较好的惩罚犯罪的作用。在今后的立法中，应当进一步完善环境犯罪刑事立法，从环境犯罪的特点出发，为打击环境犯罪行为起到更好的威慑作用。

综上所述，本文中环境犯罪概念的界定包括两个方面：一是环境犯罪不仅包括对自然环境资源造成实质侵害的行为，也包括对自然环境资源造成危险的行为；二是环境犯罪是对自然人和自然环境资源造成侵害的行为。因此，本文所称环境犯罪，是指自然人、法人违反环境保护法规，造

---

① 根据国际犯罪威胁评估，非法倾倒有毒废物、走私有毒物质和滥用稀缺自然资源每年大约造成的经济损失为 22 亿—31 亿美元。国际刑事警察组织估计，全球野生动物犯罪造成的损失每年约100 亿美元。世界银行的数据表明，非法伐木每年给发展中国家造成了约 150 亿美元的损失。在20 世纪 90 年代中期，每年约有 38000 吨氯氟烃被非法交易，占到全球氯氟烃产量的 20%。2006年，大约 14000 吨、价值 5 亿美元的制冷剂被走私到发展中国家。见 http://www.fas.org/irp/threat/pub45270index.html。

② The most recent example is the Deepwater Horizon oil rig explosion, killing 11 workers and triggering oil gushing uncontrollable for nearly three months into the Gulf of Mexico. See Campbell Robertson and John Collins，"Cleanup and Questions Continue，" *New York Times*，November 3，2010.

成或有可能造成环境污染或破坏，或致使他人的生命健康、公私财产遭受严重损失的行为。

2. 环境犯罪被害人的概念

犯罪被害人学是舶来品，最早产生于西方国家，并于 20 世纪 80 年代左右传入我国。最初，国内学者对犯罪被害人的研究并不深入，只是简单地翻译国外的作品。随着研究的逐渐深入，我国学者开始对不同类型的被害人进行研究，包括暴力犯罪被害人、强奸犯罪被害人、财产犯罪被害人等。这个时期对环境犯罪被害人的研究还处于起步阶段，只有一两部著作中有较少的段落进行了阐述。国内外对犯罪被害人概念的界定并不统一，各家都有自己的说法。这主要是由于被害人学跨越了几个学科，没有统一的划分标准。目前，对被害人的界定主要有两种观点。一是从法律规定的角度来界定。这种界定依据《刑事诉讼法》的规定，将被害人界定为公诉案件的被害人。这种界定是最狭义的界定方法。还有一种广义的界定，将被害人界定为所有犯罪行为的被害人。这不仅包括公诉案件的被害人，还包括自诉案件的被害人、反诉成立的部分反诉人以及刑事附带民事诉讼的原告。可以看出，这种界定范围更广，几乎涵盖了刑事诉讼中所有的被害人。第二种概念的界定不是从《刑事诉讼法》的规定出发，而是从犯罪学的角度出发。这种界定比第一种界定要范围更广，任何受到犯罪侵害的个人、团体、机关、企事业单位等都可以是被害人。这两种界定从不同的角度出发，表现出的是不同的侧重点。从犯罪学的角度界定被害人，主要强调的是被害的这个事实，只要是遭受侵害，就是被害人。而从法律规定的角度界定被害人，主要侧重的是被害人在刑事诉讼中的法律地位。这两种界定都有其合理之处，就本文而言，以上两种界定都过于宽泛。因为本文研究的被害人主要是自然人和法人，而根据以上两种界定，被害人还可以包括国家。但是很显然，国家并不在本文的研究范围之内。

传统意义上的被害人，诸如人身伤害或者盗窃等刑事案件的被害人，都是具体的、清晰可见的。我们所说的"被害人"，是指刑事犯罪的受害者，即刑事被害人，不包括民事法律中的受害人，更不包括自然灾害等方面的受害人。汤天啸认为，犯罪被害人是正当权益遭受犯罪侵害的自然人、法人（单位）以及国家①。郭建安则认为，犯罪被害人是因他人的犯

① 汤天啸：《犯罪被害人学》，甘肃人民出版社 1998 年版，第 210 页。

罪行为（一般也包括尚不构成犯罪的违反刑事法律的行为）而受到伤害、损失的个人和实体①。赵可等人提出，犯罪被害人可以是由于犯罪行为而其合法权益（包括人身权、民主权、财产权）及精神等方面遭受到损害的个人、单位（公司、企业、事业单位、机关、社会团体等），以及因为犯罪而受到严重危害的国家，甚至可以是整个社会②。一般来说，传统犯罪被害人包括个人、团体、社会、民族和国家这几个类型，但在环境犯罪案件中，被害人包含了非传统意义上的被害人类型，对传统被害人的定义提出了挑战。一些学者认为，由于其抽象的本质，环境犯罪没有被害人或者缺少具体的、可辨认的被害人。在人类中心主义的视野中，人类是唯一享受权利的主体，而在生态中心主义的视野中，权利的主体不仅仅是人类，还包括动物和无生命的物体，例如石头、森林。生态中心主义强调人和自然之间的关系，将环境本身或者整个生态系统看作被害人。因此，生态系统是一个功能单位，人和动物都是其中的一部分，不法行为所伤害的是一个整体。

被害人是犯罪行为的承受者，因此，环境犯罪被害人的界定取决于环境犯罪的界定。很多国家都未对环境犯罪做出准确的定义，造成了对概念的任意使用。有的学者认为环境犯罪只包括那些被现行刑法所禁止的行为。有的学者认为，鉴于商业利益对法律法规的影响，环境犯罪还应该包括那些虽然不构成犯罪，但是违反法律法规的行为。还有的学者认为环境犯罪包括那些合法但是对环境有害的行为。由于犯罪的定义受到政治、经济、社会和文化因素的影响，我们很难确定哪些行为是犯罪和哪些行为应该与犯罪区分开来。不同的哲学立场代表了不同的结论。法学家对环境犯罪进行了狭义上的解释，认为环境犯罪是指违反那些旨在保护人类、环境或者两者健康与安全的刑法规定的行为。从法社会学的角度看，环境犯罪包含了一切违反法律法规以及行政规章的行为。但是有的学者认为这些观点都是以人类为中心，将非人类的自然看作人类的工具。"自然被人类以最有利于其眼前利益的方式占有、处理、使用和丢弃。"③ 以生态为中心

① 郭建安：《犯罪被害人学》，北京大学出版社1997年版，第150页。

② 赵可、周纪兰、董新臣：《一个被轻视的群体：犯罪被害人》，群众出版社2002年版，第50页。

③ Mark Halsey & Rob White：Crime, Eco-philosophy and Environmental Harm. （1998）2. Theoretical Criminology 345, at p.349, argue that human beings continue to be placed at the centre even when discussing climate change and sustainable development.

的观点则将环境犯罪定义为造成可辨认的环境危害后果的行为，而不论其是否违反了现行法律法规的规定。以生物为中心的观点将任何使生物系统紊乱的行为视为环境犯罪，包括故意或过失而对地球生物、非生物自然资源造成负面影响，导致立即的、可见的或者不可见的自然资源危害的人类行为。这两种观点均将生态系统的固有价值优先于人类的利益。

总的来说，"环境犯罪被害人"这一概念，从狭义上理解，是指因已被确认为环境犯罪的行为而遭受损失的受害者，而本文采取其广义理解，即"环境犯罪被害人"是指因环境被严重破坏而遭受到损失的受害者，破坏环境的行为虽有犯罪的嫌疑但还未被有关司法机关认定为犯罪行为。结合环境犯罪的概念，本文对环境犯罪被害人进行界定：环境犯罪被害人指的是合法权益遭受环境犯罪侵害的自然人和法人，即本文中的环境犯罪被害人不包括国家。

二、环境犯罪被害人的特征

被害人研究学者需要对环境犯罪被害人进行更多的研究，区别他们和传统犯罪被害人的不同。从目前的文献可以得出几个特点：一是被害人通常不知道自己是被害人；[①] 二是被害人身份得到承认往往被推迟了，因为被害人在犯罪行为完成很久之后才意识到自己是被害者；三是被害人不确定谁是负责主体；四是环境犯罪被害人遭受的危害通常更严重，不只是因为哪一个个体受到严重的危害，更是因为被害人的人数往往众多；五是环境犯罪被害人经常遭受反复的伤害。环境犯罪被害人这种集体性质的特征需要被理解，特别是在被害人寻求帮助、补偿等方面，传统犯罪被害人的研究已经相对成熟。对其他具有这种集体性质的犯罪被害人进行研究可以对其提供帮助，像是对反人类罪或是大量身份盗窃案件的研究。具体来说，环境犯罪被害人具有以下几个特征。

1. 环境犯罪被害人难以证明自身受到的损害

对环境犯罪危害性的认定比传统的犯罪更难，因为环境犯罪所带来的危害并不如传统犯罪那么明显。暴力犯罪、财产犯罪等犯罪类型有着明显

---

① The offender is often a corporation which can devote huge resources to prevent people from knowing that they were victimized or hide their own responsibility for the crime. See Korsell, supra note 71.

的被害人，而由于环境犯罪的特殊性，其危害后果往往经过较长时间才显现，特别是对被害人身体造成的损害。很多被害人在数年之后才出现身体的不适。此外，除了对自然人的身体造成损害外，对自然环境造成的损害也具有特殊性。因为很多损害是不可逆的，不能简单用金钱来衡量①。

在收集到的一起环境犯罪案件②中，被告人尚鹏飞利用辽宁省抚顺市×有限责任公司危险废物道路运输经营许可证同×中硅高科技有限责任公司签订四氯化硅运输服务合同，为了获取更大利润，被告人尚鹏飞违反《危险化学品安全管理条例》和《中华人民共和国固体废物污染环境防治法》相关规定，与被告人宋国平商定，让宋国平为非法排放危险物品四氯化硅寻找地方，每倾倒 1 吨付给宋国平 180 元。后被告人宋国平和被告人高同乾、任趁文预谋利用任趁文位于濮阳县×镇的棉浆厂，从其下水道非法排放四氯化硅，并合伙购买一个铁罐放置在该厂。2011 年 6 月中旬，被告人尚鹏飞通过宋国平、高同乾、任趁文将两车四氯化硅共 60 余吨加水稀释后，非法排放至附近的幸福渠内。2011 年 6 月 17 日凌晨，被告人尚鹏飞安排被告人韩云、张立新驾驶罐车将四氯化硅（33.9 吨）运至该棉浆厂内，当被告人宋国平、高同乾、任趁文、韩云、张立新非法排放时，因罐车的管子脱落造成四氯化硅泄漏，致使路经此处的王×敏受伤，任趁文及任×红被烧伤，该厂南侧的养猪场 300 余头生猪及家畜全部死亡，周边 1400 余棵树木死亡，500 亩庄稼减产甚至绝收，损失共计 240 余万元，周围环境受到严重污染。本案中的环境犯罪被害人周×国向法院提起了附带民事诉讼，请求法院依法判令被告人赔偿因污染环境给其造成的财产损失差额 100058 元并追究被告人的刑事责任。但是被告人尚鹏飞对起诉书指控其犯罪事实持异议，辩解只是泄漏了一部分四氯化硅，没有影响那么大的面积，农作物及树木毁损没有那么多，经济损失估价过高，未提交证据。最后，法院判定附带民事诉讼原告人周×国提供证人证言与证人李×琴证言、赔偿协议、现场勘查笔录、濮阳县畜物局关于该镇发生化学品泄漏事件引起畜禽死亡的报告、濮阳县价格认证中心鉴定结论书、濮阳县环境保护局关于该镇四氯化硅泄漏案件处理情况报告记载死亡猪的数量不符，其提供证人蔡×亮收其家废品清单也不足以证实其损失，证据不

---

① 金瑞林：《环境法学》（第二版），北京大学出版社 2007 年版，第 145—146 页。

② 参见《河南省濮阳县人民法院〔2012〕濮刑初字第 101 号刑事判决书》。

充分，没有支持周×国的诉求。

可以看出，在该起环境犯罪案件中，环境犯罪被害人的损失事实难以得到证实。化学品泄漏引起的危害后果具有扩散性，污染物质有可能经过大气、河流、土壤进行传播。这些危害后果在短暂时间内是检测不到的。环境犯罪被害人很难证明犯罪行为和危害后果之间的联系。

2. 环境犯罪被害人被害原因较为复杂

2006 年 8 月 9 日，美国西铁古石油公司旗下的炼油和化工有限公司以及科珀斯克里斯蒂东厂的环境经理被起诉违反了《清洁空气法》和《候鸟协定法》。2007 年 6 月 27 日，陪审团一致认为，1994 年 2 月至 2003 年 5 月，炼油和化工有限公司在明知没有排污装置的情况下操作作为油水分离器的敞顶式储罐（储罐 116 和 117）。结果，九年间，储罐一直在排放有挥发性的有机化合物，包括苯——一种广为人知的致癌物。2008 年 4 月、5 月及 6 月分别召开了判决前的听证会，确定政府所声称的被害人是否属于《被害人权利法》中所规定的被害人，以及由储罐 116 和 117 所释放出的怪味是否为造成居民身体不适的直接和近似原因。在听证会召开前，300 多名居民在市民大会上填写了被害人影响陈述。16 名被害人（被害人代表），作为政府和西铁古石油公司的专家证人出庭作证。被害人证明他们所患的病与化学成品侵蚀所造成的病痛一致，包括眼睛和鼻子的灼痛、异味、喉咙痛、呼吸急促、呕吐、眩晕、恶心、头痛。一名国家环境侦查员证实，她所调查的三种有关异味的投诉都追溯到储罐 116 和 117。

三年之后，2011 年 4 月 5 日，Rainey 法官做出一项决定，将本案的被害人排除在了被害人权利法案之外，主要理由是缺乏直接的证据证明被害人所出现的症状是由储罐 116 和 117 直接或近似引起的。法官认为，双方专家证人的证词在量刑阶段都会被考虑，但是被害者的症状是普通症状，只能归结于年龄大或者是吸烟所致。2011 年 4 月 19 日，政府做出决议，要求重新予以考虑，认为法院排除和忽视被害人证言是滥用自由裁量权。2011 年 7 月 27 日，法官否认了重新予以考虑的提议，并于 2012 年举行量刑听证会。

在这个案例中，300 多名被害人都认为自己遭受了侵害，但是最终法院并没有给予其被害人的资格。因为被害人没有足够的证据证明自身受到的伤害是由储罐泄露引起的。在很多情况下，个人身体的疾病可能由很多因素引起，加之环境犯罪中的化学因素涉及很多领域，如医学领域、物理化学领域、生物领域等。环境犯罪被害人没有这个能力进行取证。加之诉讼程序通常较为冗长，这个时间内污染源早就被稀释或者消失了，取证会变得更加困难。不仅是在国外，国内很多环境污染的案件也都面临这个问题。在淮河流域的"癌症村"，大量的村民接连患病去世，但是直到去世，很多人也不知道，也没有办法证明自身的癌症是由河水污染所致。

3. 环境犯罪被害人被害结果具有累积性

环境犯罪的危害后果没有即时性。这点与传统的犯罪类型有很大区别。传统的犯罪如暴力犯罪，危害后果随着犯罪行为的产生而出现，随着犯罪行为的结束而结束。因此，在这类案件中，犯罪被害人是显而易见的，危害后果也很容易被证明。但是环境犯罪的犯罪手段极为隐蔽，大多数企业采取掩埋管道的方式排污，这些污染物质被偷偷排入河道，经过河水稀释，很难被发现。人们少量摄入这些污染物质并不会产生很大的反应，但是当这种污染物质逐渐在人体内积累后，对身体产生的副作用就开始逐渐显现。化学物质铬离子就是典型的例子。少量的铬离子不会有太多危害，积累到一定数量，被害人的骨头才会开始疼痛。但是这个过程持续的时间很长。一起案件中，犯罪被害人发现自身遭受侵害的时间间隔了 15 个月[①]。

4. 环境犯罪被害人具有群体性

传统犯罪中，犯罪带来的危害后果不会扩散，很多时候都发生在封闭的空间内，例如房屋内、火车站内或者汽车内等。而且传统犯罪中，危害后果不会通过介质得到传播。因此，传统犯罪的被害人都是较少的。但是环境犯罪的危害后果会通过大气、河流等介质进行传播，因此犯罪被害人会呈现数量多、受害面积广的特征。2010 年 4 月 20 日，英国石油公司租赁的"深水地平线"海上石油钻井平台在墨西哥湾水域发生爆炸并沉没，导致 11 人死亡，大量的石油泄漏，影响了成千上万的居民，成为美国历史上最严重的漏油事件。2005 年 3 月 23 日中午一点二十分左右，英国石油公司（BP）美国得克萨斯州炼油厂的碳氢化合物车间发生了火灾和一

[①] 参见《浙江省奉化市人民法院〔2014〕甬奉刑初字第 439 号刑事判决书》、《浙江省瑞安市人民法院〔2013〕温瑞刑初字第 2174 号刑事判决书》、《河北省深州市人民法院〔2013〕深刑初字第 142 号刑事判决书》、《福建省晋江市人民法院〔2013〕晋刑初字第 3464 号刑事判决书》、《浙江省温州市鹿城区人民法院〔2014〕温鹿刑初字第 762 号刑事判决书》、《安徽省合肥市中级人民法院〔2013〕合刑终字第 00360 号刑事裁定书》、《浙江省宁波市鄞州区人民法院〔2014〕甬鄞刑初字第 332 号刑事判决书》、《上海市金山区人民法院〔2014〕金刑初字第 131 号刑事判决书》、《浙江省嘉兴市秀洲区人民法院〔2014〕嘉秀刑初字第 122 号刑事判决书》、《浙江省余姚市人民法院〔2014〕甬余刑初字第 815 号刑事判决书》。

系列爆炸事故，15 名工人当场被炸死，170 余人受伤，在周围工作和居住的许多人成为爆炸产生的浓烟的受害者。同时，这起事故还导致了严重的经济损失，这是过去 20 年间美国作业场所最严重的灾难之一。① 1984 年 12 月 3 日凌晨，印度中央邦博帕尔市的美国联合碳化物属下的联合碳化物（印度）有限公司设于贫民区附近的一所农药厂发生氰化物泄漏，引发了严重的后果。大灾难造成了 2.5 万人直接致死、55 万人间接致死，另外有 20 余万人永久残废的人间惨剧。

5. 环境犯罪被害人面临诸多挑战

犯罪被视为与国家作对的行为。国家具有代表社会利益，包括被害人利益起诉犯罪的职责。传统意义上，诸如人身伤害或者盗窃等刑事案件都有具体的被害人和清晰可见的犯罪者。被害人也被定义为受到犯罪行为直接或间接伤害的人。主要的一个挑战在于刑事司法系统的个人主义本质，即司法系统的建立针对的是个体被害人和个体犯罪人。而在环境犯罪案件中，被害者遭受的是集体性质的伤害，例如整个社区的伤害，或者大量潜在被害人。如果伤害不是很明显或者并不直接，或者在犯罪行为人被起诉很久之后伤害才显现出来，那么这些被害人是否为刑事司法系统中的犯罪被害人呢？犯罪被害人所面临的挑战包括：证明伤害确实发生，将受伤的程度和级别进行量化，特别是伤害的累积效应，证明伤害与非法行为之间的因果联系。此外，现行刑法是否适用于环境犯罪的集体被害人呢？应该进一步对刑事法庭如何应对集体被害人进行研究，可以考虑被害人基金或者允许社区代表的产生。

第二节　环境犯罪被害人法律保护的意义

一、进一步推动我国人权保障

保障公民人权一直是国内外法律进行刑事立法的重要目标，也是当今

---

① BP 得克萨斯炼油厂隶属于 BP 北美产品公司，是 BP 公司最大的综合性炼油厂，每天可处理 46 万桶原油，日产 1100 万加仑汽油。

世界法律界的主旋律之一。保障人权在不同国家法律中有不同程度的体现，这点也成为国际上不断推动各国法律健全的关键因素。我国于 2004 年开始在宪法中明确规定人权需要受到保护，在刑事案件中，保护人权不仅仅要保护环境犯罪人的人权，更要着重保护环境犯罪被害人的人权，这才是人权保护的全面内涵，但是现实情况不容乐观。国家法律对环境犯罪人的惩处大部分因为环境犯罪人经济能力有限或者财产转移，使得环境犯罪被害人只能得到精神上、心理上所谓的安慰，常常要自己承担环境犯罪所带来的财产损失、人身伤害，这种结果会加剧环境犯罪被害人的心理压力和再次的心理创伤，也会使得受害人的经济水平再次下降，而受害人由于技术水平和法律常识的不足，很难靠自己的力量使问题得到解决[1]。

因此，国家要通过健全环境犯罪方面的法律、法规来保障环境犯罪受害人的正当权利，帮助受害人得到应有的支持、救助和补偿。环境犯罪被害人是环境犯罪事件中的弱势群体，国家必须建立健全相关的法律来帮助其实现人权。环境犯罪受害人的权利的保障举步维艰，很大一部分原因在于环境犯罪当事人没有能力承担应有的赔付金额，这时，国家就要承担对此类案件中受到伤害的被害人的补偿责任，国家采取适当手段和适当方式进行财产、人身、精神补偿。这是国际社会对人权重视的一大方式，同时也是体现文明社会、和谐社会所应有的人文关怀和以人为本的基础，对我国建设法治社会也提出了新要求。

二、避免二次犯罪的发生

在以往的环境犯罪事件中，常常由于环境犯罪人无力承担赔付责任，又缺乏相应的法律救援，环境犯罪被害人应有的权益得不到保障，造成双方矛盾升级，过激者还可能产生仇视社会、报复犯罪人的想法和行动，产生新的社会暴力和犯罪，妨碍和谐社会的建设，加重了社会矛盾，给社会的安全稳定造成了极大的隐患。因此，通过法律手段建立环境犯罪受害人法律救济制度，可以有效地减少上述报复行为的实施，大大减少了二次犯罪的可能性，保护了被害人合法权利的同时也维护了社会的安全稳定发展。

---

[1]　苗梅花：《论我国刑事诉讼被害人权利保护之现状及其完善》，《黑龙江社会科学》2008 年第 3 期。

社会稳定一直以来都是各国经济、文化发展的前提和保证，我国一直十分重视社会稳定，努力构建和谐社会。环境犯罪受害人权利保障体系构建起来后，就可以保障受害人的合法权益，极大地降低和消除环境犯罪被害人因为得不到相应赔偿而产生的怨恨和不满，增加他们对社会主义法治的信心和希望，更好地服务于社会。当生活上困难的环境犯罪受害人合法权益得不到保障时，他们就会由无奈转变为愤恨和抵触，由此而不信任国家、不信任国家的法律能够带来公平正义，极有可能是造成日后社会不稳定的隐患。因此，对环境犯罪受害人的权益保护应引起法律界甚至全社会的关注和重视，从现在起采取相应措施，保护受害人的合法权利，也就是维护公民对司法和国家的信任，保护社会的和谐、稳定发展。

三、完善中国环境法治建设

党的十八大报告中明确提出我国要全面推进依法治国，加快建设社会主义法治国家。可见，法制在我国近期建设中的重要性。近年来，由于我国对人权的重视，法律上对于原告和被告的保护取得了一些进展，在环境犯罪中，对于被害人的合法保护有部分地方也开始了初步的探索。我国目前仍然处于并将长期处于社会主义初级阶段，这要求我们在建设法治国家的道路上要继续前进，包括逐步实现法律上的公平正义和合法权益得到保障，维护司法在人民群众中的威信和威严，使人民相信法律，依靠法律手段维护自己的权益。而目前的状况是，环境犯罪中环境犯罪受害人处于很大的劣势，合法权益经常因为种种原因不能得到有效保障，使得群众对于环境相关法律失去信心，使法律的威严大打折扣，不利于社会主义法治国家的建设。

因此，在环境犯罪中，如果受害人得不到应有的合法补偿，国家和法律就要建立相关法律救援制度，让环境犯罪受害人能够得到有效补偿，能够相信法律的公平正义。在建设社会主义法治国家的道路上，要尽力减少不利于社会和谐稳定的因素，调动一切可能的力量来保证法律的威严和人民的安居乐业。当公民应有的合法权利在环境犯罪中受到损害时，有相关法律法规可以保护或者救济他们的合法权利，不用担心环境犯罪人的经济条件约束了自己合法权利的实现。

第三节　环境犯罪被害人法律保护的理论基础

一、环境犯罪被害人诉讼权利保护之理论基础

1. 程序正义理念

关于程序正义有一句名言，"正义不仅要得到实现，还要用人们看得见的方式实现"，英文为"Justice must not only be done, but must be seen to be done"。可以说，这句名言成为程序正义的代言词。尽管程序正义起源于英美法系国家，但是它的价值得到全世界人民的认同。一起案件，如何去判断是否得到公平公正的裁判，不仅要看其结果是否公平公正，更要看其裁判的过程是否公平公正。如果结果是公正的，但是过程不公正，我们说程序正义并没有得到很好的体现。反之，如果一个案件的最终结果并不符合大多数人的预期，但是裁判的过程做到公平公正，那么程序正义在这个案件中就得到保证。在"辛普森杀妻案"中，即使最后的结果不如人们所预期的那样，但是在整个审理过程中对非法收集的证据进行了排除，整个过程体现了程序正义的价值，人们感受到公平公正的判决。那么，为什么过程比结果更重要呢？为什么要强调程序的正义呢？我们知道，程序的制定和遵守对于法律的实施是非常重要的，它保证了法律能够被正确地运用到案件的审判之中。不仅在法律运用过程中，即使是在日常生活中，程序的制定和遵守也起着至关重要的作用。我们购买一种新的产品，首先会去看产品的使用指南，按照指南的要求去安装、使用产品。我们出去旅游，也会事先制定好路线，定好宾馆等，这些都体现出了程序的重要性。在某些场合，程序往往比结果更重要。

从以上分析我们可以看出，程序正义的价值目标不是通过法律运用的结果体现，而是体现在法律运用的过程之中。但是需要注意的是，我们不能将程序正义极端化。在英美法系国家，很多学者认为，只要法律运用的过程是正义的，是合理的，那么其裁判结果也一定是公平正义的，而忽略了案件的主要事实、主要依据以及其他重要的因素。这种观点被很多英美

法系国家的学者所接受。但是这种观点本身是存在诟病的。程序正义极端化忽视了法律运用过程中其他因素的重要作用，一味将程序正义和结果正义联系在一起。也许在某些领域，公平公正的程序可以必然得出公平公正的结论，但是在法律实施过程中并不是必然的。诚然，程序正义本身有其独立的价值，或者说重要的价值，但是我们不能将程序正义和实体结果完全等同起来。在一个案件的审理过程中，即使法官完全按照规定的程序严格审判，如果不能很好地运用法律或者存在疏忽的地方，其裁判结果也不能体现出正义。这就是为什么在各个国家都设立了相应的救济程序，为的是避免这种情况的发生。我们国家规定的审判监督程序便是如此。在这类案件中，法官也许没有违反程序规定，但是由于其他原因，做出了不公正的裁判。

尽管存在程序正义极端主义，但是不可否认，程序正义在各国都产生了很大的影响，体现出了很高的价值，是法律理论中不可或缺的一部分。甚至有的学者将程序正义的价值等同于结果正义的价值。在我国，程序正义的价值理念并未得到很好的体现，结果正义的价值往往凌驾于程序价值之上。程序正义理念的引入，可以很好地提醒人们，不仅要重视裁判的结果正义，也要注重裁判的程序正义。只有具备这种观念，才能改变目前中国"重实体轻程序"的现状，才能真正彰显司法公正的价值。可以说，引入程序正义的理念，强调审判过程中的公正性，对于中国的司法具有重要意义。那么具体来说，程序正义在刑事审判过程中有怎样的体现呢？首先，我们要避免程序正义极端化，也就是说，不能将程序正义和结果正义必然联系起来。其次，没有绝对的、百分之百的程序正义。任何事件都不是一成不变的，不同国家的法律各不相同，不同国家人民的认知也各不相同。他们都具有各自的特色，对法律文化、法律运用都有自己不同的理解。我们不可能找到一种绝对的、适合每个人的程序正义。同样的审判过程，对于一些人来说是公正的，但是对于另一些人来说可能是不公正的。即便是一个案件的被告和原告，对同一审判过程也可能持有不同的观点。因此，没有绝对公正的程序。我们只能在审判的过程中尽量满足各方的最低要求，达到程序正义的最低标准。这种最低标准往往能够符合大众共同的心理预期，能够避免明显不公正情形的存在。这也许不是保证程序正义实现的充分条件，却是保证程序正义实现的必要条件，也是我们目前能够达到的最佳效果，能够被大多数人所接受和认可。如果一个案件满足了程序正义的最低标准，那么我们可以说这次审判活动基本符合了程序正义的要求，但是这并不代表审判结果的公正性。如果一个案件没有满足程序正义的最低标准，我们可以说这次审判活动的结果肯定是不公正的。

程序正义的理念与我们的生活息息相关。在我国刑事诉讼过程中，检察院作为公权力的代表，能够强行介入案件的起诉审理过程。相比之下，公民在整个审判过程中的地位和权利都受到极大的限制。1979年的《中华人民共和国刑事诉讼法》第58条第4项规定："诉讼参与人是指当事人、被害人、法定代理人、辩护人、证人、鉴定人和翻译人员。"可以看出，犯罪被害人在刑事诉讼中的地位是参与人，而并非当事人。这是一种可有可无的尴尬地位。尽管犯罪被害人是犯罪行为的直接被害者，但他没有直接上诉的权利，也不能作为一般意义上的证人。如果犯罪被害人的权利得不到实现，那么程序正义要如何体现呢？从目前的司法现状看，犯罪被害人在多大程度上能够行使自身的权利，完全取决于检察机关对其诉求的认同。可以说，尽管是犯罪的直接被害者，但是能够指控犯罪的权利却名存实亡。因此，从程序正义的角度出发，赋予犯罪被害人诉讼权利显得尤为重要。正是因为存在诸多诟病，在修改后的《刑事诉讼法》中，借鉴了国外相关的立法经验，在第82条第2款规定："当事人"是指被害人、自诉人、犯罪嫌疑人、被告人、附带民事诉讼的原告人和被告人。修改后的《刑事诉讼法》赋予了犯罪被害人作为当事人的权利，给予了其当事人的地位。对于犯罪被害人权利保护而言是迈出了历史性的一步。这不仅体现了我国刑事诉讼立法能够紧随世界潮流，也体现了程序正义的理念。从此之后，犯罪被害人的地位得到显著提升，对今后犯罪被害人权利的保护具有重要意义。

程序正义理念要求必须保障犯罪被害人追求自身利益的权利。在刑事诉讼过程中，公权力的强行介入表面上是代表国家惩治犯罪，为犯罪被害人伸张正义。但是就其实质而言，这种行为实际上剥夺了犯罪被害人追求自身利益的权利，取而代之的是国家利益。尽管公权力介入能够在某种程度上满足犯罪被害人的利益诉求，但是其主要的目标还是保障国家利益的实现。犯罪行为对社会机体造成了伤害，给社会安全造成了危害，刑事诉讼就是用来确保这一行为得到有效约束的手段。尽管国家利益的实现在某种程度上能够体现个人利益，但是其终究不是个人利益。每个人都有追求自身利益的权利，国家利益不能等同于个人利益。有的学者认为，犯罪行为侵犯的是社会利益，应当由国家作为起诉方进行起诉，而不是由个人提起诉讼。这种观点并非没有道理，但是尽管如此，个人的利益也不能够因此而被忽视。如果仅仅因为社会利益高于个人利益，而牺牲个人利益，那么公平何在？正义何在？检察机关可以代表国家利益进行起诉，但是犯罪被害人的利益也不能够被忽视。这两者并不是非你即我的关系，而是并存的两种利益。在保证国家利益的同时，也要充分维护被害人的利益。最好的解决办法便是在确认检察机关诉讼地位的同时，也要确立犯罪被害人的独立地位，使犯罪被害人能够和检察机关一起行使控诉权利，实现各自的利益。

程序正义理念还要求确保犯罪被害人的独立诉讼地位。这是保证犯罪被害人权利得以实现的前提。没有独立的诉讼地位，权利的实现便失去了基础。作为国家的代表，检察机关行使诉讼权的依据主要是鉴于其自身的职能，而犯罪被害人参与诉讼主要是因为其与刑事案件有着直接的利害关系。这是确立犯罪被害人独立诉讼地位的主要依据。被告人作为诉讼的一方，享有诉讼地位无可争议，如果其相对人不享有相同的诉讼地位，就会造成诉讼中的不平等。而这种不平等是极不合理的。在人类社会最早期的时候，部落之间、人与人之间的矛盾纠纷都是通过双方的参与得以解决的。不管是决斗还是复仇，都体现了矛盾双方在争议解决过程中的重要地位。现代社会采取了更为文明的解决方式——刑事诉讼，这种双方参与的解决形式具有其存在的正当性。人们也许不再有着原始的报复观念，不再崇尚于暴力解决的方式，但是这并不意味着人们放弃了解决争端的权利。作为犯罪行为的直接被害方，被害人参与犯罪案件的审理过程是无可争议的。作为犯罪人的对立方，从诉讼的平等性看，犯罪被害人的缺席无疑会使案件审理的正义性受到质疑，更无从体现程序正义的理念。因此，在刑事诉讼中，除了要保证国家利益得以实现之外，也要赋予犯罪被害人应有的地位，在审判过程中体现公平正义的价值理念。

2. 报应理念

"人不犯我，我不犯人；人若犯我；我必犯人"，"以牙还牙，以眼还眼"等俗语体现了传统的报应思想。很多时候，报应理论被当作实现公平正义的唯一方式。包括现在很多人还具有这样的观念，杀人必须偿命，否则就认为不能实现公平正义。可以看出，报应理念在人类的历史长河中有着举足轻重的地位，影响了一代又一代的人。不仅在生活中，在我们的法律文化中，报应理念也体现得淋漓尽致。刑法理论中的报应刑论至今还影响着现代的刑法和刑罚制度。不管立法如何改变，报应刑的思想始终体现在其中。老百姓们习惯了这种思维方式和理念，发生犯罪行为时，如果他们是犯罪行为的被害方，他们理所当然地认为要对犯罪人进行严惩。这是自然正义观最朴素的一种体现。为什么人们会有这种观念呢？在英文中，报应指的是通过对被害者所遭受侵害进行补偿，从而满足被害者想要报复的要求。这种想要报复的要求是一种本能要求，是一种自然的反应。在马斯洛的需求层次理论中，报应理论得到很好的解释。人之所以要报复，是因为人有保护自己的本能。根据马斯洛的理论，人类的各种需求可以分为七个层次，最高的层次是自我实现的需要，其他依次为审美需要、求知需要、尊重的需要、归属和爱的需要、安全需要，最低的层次是生理需要。在这七个层次中，尽管安全需要和生理需要是最低的层次，但是人们需求最强，或者说是最重要的两个方面。这是最基本的生活需求，如果这两个层次不能满足，人们的基本生活就得不到保障。其中，安全需要就和我们所讲的报应理念息息相关。这种报应理念其实就是人们在安全需求得不到满足时的自然反应。一旦安全需求受到侵犯，人们本能地会产生一种报复的心理。而这种心理一旦得不到满足，人们就会受到强烈的心理刺激。

可以说，犯罪被害人报应心理的产生有很多原因，安全需求得不到满足是其中之一。除此之外，动机也是造成犯罪被害人报应心理的主要原因。这里说的动机不仅包括内在动因，还包括外在诱因。这两种因素与个人自我调节相互作用，共同形成了个体的社会动机。具体来说，通过自我学习，个人产生了某些需要，这些需要在内因和外因的作用下，与自我调节相互作用，最终形成了某种动力。该动力能够调动个体自身的能量，并使其产生一系列的情感反应，驱使个体朝着某个方向努力前进，去追求其自身需求的目标。在这个过程中，外因逐渐转化为内因。这个过程完成之后，下一个循环又继续开始。新的需求，新的动力，新的目标，如此反复。该理论同样适用于犯罪被害人的报应心理。这种报应心理实际上是犯罪被害人的一种动机。人的最首要的需求是生存，一旦生存受到威胁，个人自然会产生消除这种威胁的动力。这也是报应心理的内在原因。可以说，生存的需求是被害人报应心理的最根本原因。

报应理念的表现形式并非一成不变，在不同的时代有着不同的表现形式。在国家还未产生的时期，复仇是报应理念最主要的形式。人与人之间的纠纷往往通过武力复仇的方式解决。通过这种方式，人们认为正义得到伸张，复仇的心理得到满足。当国家产生之后，犯罪行为不再被视为个人之间的纠纷，而是对国家和社会造成严重危害的行为。个人尽管是犯罪行为的直接受害者，但是并没有资格和权利来惩罚犯罪人。纠纷的解决开始由个人之间的私事变为国家与犯罪人之间的公事。国家开始以公权力的形式全面介入犯罪行为的追诉当中。这种变化最直接的结果是犯罪被害人复仇观念的改变。最开始武力复仇的方式逐渐被人们所摒弃，取而代之的是较为文明的复仇方式。在《十二铜表法》中就规定，体罚并不是唯一的受罚方式，在某些情况下，根据伤害情况的不同，可以用赔偿的方式来解决纠纷。但是，这是否意味着人们放弃了报应理念呢？其实不然。国家公权力的介入只是改变了被害人复仇的形式，但是并没有减弱被害人复仇的意识。在早期的立法中，我们还是可以看到明显的复仇痕迹。"倘自由民损毁任何自由民之眼，则应毁其眼"，这是《汉谟拉比法典》中对伤害行为的规定，"以眼还眼"的方式依然带有浓重的复仇色彩。报应的方式必须要与被害人受到的伤害成正比。只要惩罚手段的严厉性与伤害程度相一致，只要犯罪人所受到伤害与自身伤害一致，那么就认为是正义得到伸张。此外，原始武力复仇的方式之所以被人们所逐渐摒弃，不仅是因为国家公权力的介入，更是因为这种武力解决的报复方式与社会的进步格格不入。但是一种新的报应理念也应运而生。这种观念认为，报应方式并非越残酷越严厉越好。惩罚只是一种手段，而不是最终的目的。被害人认为，惩罚犯罪人的目的并不一定是报复，而更多的是维护社会的安定和秩序。从这个意义上说，尽管报应观念是一种复仇心理，但其存在也具有一定的正当性，在某种程度上是与国家的刑罚观念相一致的。

从报应观念的产生及发展我们可以看出，尽管被害人的这种报应观念存在消极的一面，与我们所提倡的人类文明格格不入，但是这种报应观念是人之常情，是一种正常的需求。如果我们一味地否定这种需求，使其得不到满足，那么只会使被害人产生挫败感，更坏的结果就是产生报复社会的心理。因此，承认被害人的报应心理并给予其合适的引导和满足，才能积极化解被害人的这种消极情绪，避免引起极端事件的发生。这不仅是针对个人而言，对于整个社会也是如此。消极的情绪会带来一系列的副作用，甚至给社会造成新的危险。文明社会不允许武力复仇行为的存在，即便是对犯罪人进行惩罚，往往也达不到被害人的心理预期。加上刑罚轻缓化的趋势，被害人的报应心理很可能得不到满足。为了避免被害人消极情绪的产生，让其参与整个审判过程显得尤为重要。参与刑事诉讼过程，意味着被害人能够清楚地知晓审判的细节，能够将自身的诉求、不满表达出来。即使最后的结果与预期不符，这个过程也能够使被害人的复仇情绪得到一定的缓解和宣泄。综上所述，在刑事诉讼中，被害人的参与至关重要。被害人的这种报应心理不可能自己排解，既然国家剥夺了个人起诉的权利，那么就要通过制度设计来保障被害人享有参与的权利。通过参与诉讼，被害人的不满得到宣泄，诉求得到倾诉，不管最终审判结果如何，这个过程对于缓解报应心理将起到举足轻重的作用。

3. 平等权

人人生而平等。平等权是被大家最为认可，也是最为熟悉的一项权利。在《联合国宪章》以及其他重要的国际公约中都对平等权进行了规定。在诉讼领域，平等权也有着重要的体现，最突出的表现是在诉讼地位的保护上。大家最熟悉的"法律面前人人平等"不仅指实体法，也更多体现在程序法上。从现有的规定来看，平等权在诉讼领域多表现为对被告一方的保护，强调公权力机关与被告一方的平等地位。究其原因，主要是因为公诉机关代表的是国家公权力，而被告一方往往是自然人，因此为了保护被告一方的权利，避免其遭受不正当的侵害，不管是在中国还是在外国，均对其权利进行了保护。中国宪法第 33 条规定：中华人民共和国公民在法律面前一律平等。平等即为基本权，即平等权，为宪法平等权之保障。德国基本法中也明确规定：法律之前人人平等。日本宪法第 14 条规定，全体国民在法律面前一律平等。

但是正如前文所说，尽管平等权在各国法律包括国际公约中都得到明确的保障，但是其所体现的"有权受法律平等保护"、"法律之前人人平等"等原则多用在对被告人的保护上。我们认为，平等权既适用于被告方，也应适用于被害方。只有适用于诉讼程序的双方，才能真正体现平等权的含义。被告人和被害人同为诉讼当事人，具有平等的诉讼地位，均为法律所保护的对象，理应适用平等权的规则。《联合国宪章》、《世界人权宣言》都明确规定了人民所享有的平等权。这种平等性是一种普遍存在的权利，在诉讼程序中也理应得到表现。如果因为没有使被害人在诉讼程序中得到应有的保护，而使被害人在刑事诉讼过程中受到伤害，未能行使法律规定的权利，那么就是违背了法律的初衷，违反了"法律之前人人平等"的原则。因此，我们说的"平等权"，体现在刑事诉讼程序中，就是法庭之内的任何一个人都要受到平等的对待。不管是在法庭之中还是法庭之外，在法律程序的任何方面都要做到不偏不倚。只有这样才符合

"法律之前人人平等"的真正内涵。

尽管各国在宪法中并没有明确规定诉讼程序中平等权的具体内涵,但是正如我们前面所讲的,任何在诉讼程序中受到不公正对待的被害人,不仅可以主张基本的权利,更应当以平等权为基础,禁止诉讼程序中的差别对待,不仅在诉讼程序中如此,在刑事诉讼法的制定过程中也应当如此。这是因为我们所说的平等权是实质的平等,而不是表面上的平等。这是犯罪被害人依据平等权所应当获得的权利。

正如上文所说,宪法中所保障的平等权是实质的平等,要如何保障这种平等权不流于形式呢?这就要求我们在必要的时候采取差别对待,而不是在形式上保证完全平等。在刑事诉讼中,被告一方是被起诉的一方,并且公权力作为国家机关,相对被告一方来说是处于强势地位。因此,在诉讼中要切实保障被告人的权利。就目前的审判实践来看,被害人虽然处于追诉一方,但是现有的刑事诉讼法并没有对其权利进行充分的保护。因此,从实质上说,被害人也是处于弱势地位。为了保证实质的平等,我们必须充分考虑被害人在诉讼中的地位和角色,对其给予差别对待,保证其权利得到平等的保护。

二、环境犯罪被害人国家补偿之理论基础

国家补偿制度可谓由来已久。在西方发达国家和地区,犯罪被害人的国家补偿制度已经初见雏形。综观各国立法,不管是形式还是内容,都存在着较大的差距。立法所依据的理论也是众说纷纭。

补偿,依照《现代汉语词典》的解释为抵消、补足之意。从法律层面上来看,主要与国家或行政词语相连。日本行政法的个别学者指出国家补偿是由国家或团体提供金钱予以弥补的制度。[①] 在我国,有学者也主张补偿是对损害的弥补。[②] 从法律视角来看,环境犯罪被害人国家补偿概

---

① 杨建顺:《日本行政法通论》,中国法制出版社1998年版,第591—592页。"国家补偿,是指因国家或公共团体的活动给私人造成直接或间接的损害或损失时,原则上由国家或公共团体以金钱予以弥补的制度。"
② 司坡森:《论国家补偿》,中国政法大学博士学位论文,2007,第1页。"国家补偿是指国家通过国家补偿义务机关依法对自然人、法人或者其他组织的正当权益非因公权力主体违法侵害所遭受的损害予以弥补。"

念，指对于遭受环境犯罪侵害而身受生命、健康或者严重精神损害却没能从犯罪人或其他途径获得刑事损害赔偿的被害人，由国家有关机关依照法定权限、程序对环境犯罪被害人进行物质性给付以弥补其因环境犯罪而遭受的损害的制度。探究环境犯罪被害人的国家补偿制度，必须了解其理论基础，通过梳理，我们发现主要存在六种学说，下面分别论述之。

1. 国家责任说

国家责任说认为，国家垄断了被害人的救济权，取而代之的是国家的公诉机关，个人也因此丧失了提起诉讼的权利。既然国家接管了所有的起诉行为和惩罚行为，那么国家理所当然应当负责保护公民的安全，保护其生命和财产免受犯罪人的侵害。如果发生了侵害事件，那就说明国家没有尽到保护公民的义务。这也成为被害人获得国家补偿的主要依据，即被害人取得国家赔偿是国家未尽到保护义务的结果。国家既然没有做到预防犯罪，避免犯罪被害人受到侵害，那么其必须给予被害人相应的赔偿。否则，这个国家就不是一个负责任的国家。可以看出，该理论的论点在于国家没有尽到保护被害人的责任，所以又称之为"国家责任说"。

该学说认为国家作为对外具有独立性，对内具有独立管辖权的主权组织，当被害人遭受犯罪侵害时，其有义务对犯罪被害人遭受的损失或伤害给予适当补偿。围绕国家责任说，理论上主要存在两大主张，一是社会契约理论。社会契约观点主要来源于古典自然法学，它是在理论假设和理性思辨过程中产生的。该理论认为，国家产生的途径便是社会契约，即全体社会民众通过协议的方式让渡部分权利给国家，由国家通过制定法律来规范人们的行为，保护社会民众的正当权益，维持应有的社会秩序[1]。在诸多研究社会契约理论的典型代表里，卢梭认为应将权利许可的和利益要求的相结合[2]；洛克主张政府应保障民众的权利、化解犯罪带来的冲突，以便更好地维护社会秩序[3]；霍布斯强调安全应被视为一种人们所过的幸福

---

① 严存生：《西方法律思想史》，法律出版社 2004 年版，第 126 页。

② ［法］卢梭：《社会契约论》，何兆武译，商务印书馆 2003 年版，第 3 页。卢梭认为"在这一研究中，我将努力把权利所许可的和利益所要求的结合在一起，以便使正义与功利二者不致有所分歧。

③ 洛克亦指出："政府存在的目的是保障人们的权利。作为一种特殊的与社会直接相冲突所造成的后果——犯罪，其实就是对既存的受国家法律保护的社会秩序的一种蔑视和破坏。国家有义务也有权力尽快地化解社会矛盾与冲突，恢复业已遭受破坏的、原有相对稳定的社会秩序，给社会公众以安全感。"

生活①。该理论是从自然正义中生发而来，被害人补偿仅提供了间接的指导作用，其理论本身并不足以作为其学说的理论根据。另一个是保护失败理论，有学者主张"即被害人取得国家补偿的理论依据是，国家有义务为公民提供保护，被害人的存在说明国家未能保护其公民免遭犯罪的侵害"②。该理论认为犯罪发生的主要缘由在于国家没有履行好阻却犯罪发生的职责。这种说法强调犯罪的发生归因于国家未尽保护义务而给予被害人以"补偿"，本身亦存在赔偿之嫌。正如台湾学者谢协昌将其称为"犯罪被害人国家赔偿制度"，是因为犯罪的发生是国家失职的表现，进而可以与请求国家赔偿的理论一致。③

法律实践中，以国家责任说为核心进行相应的立法活动推动。特别是国际组织的大力推动进一步强化了国家责任的重要性。比如，1985年11月29日，联合国大会通过的附件——《为罪行和滥用权力行为受害者取得公理的基本原则宣言》中规定，如果被害人无法从犯罪行为人或者其他途径得到充分的补偿时，联合国的成员国应为那些遭受严重罪行导致重大身体伤害或者身心健康损害的被害人，以及基于这种伤害致使被害人死亡或者身心面临残疾或其他障碍的家属、抚养人提供物质性补偿。其中，《宣言》十三条也鼓励国家加强以国家基金的方式，并拓展其他基金的渠道向被害人因遭受犯罪而招致损害提供补偿。④ 根据这一原则，我们知道，补偿因犯罪行为而受到侵害的被害人已明确界定为国家的职责。国家层面，如新西兰的被害人国家补偿制度和被害人国家救助制度正是建立在这一学说基础之上。

环境犯罪被害人获得来自国家的救助，制度本身的合理性便是国家对犯罪被害人施予救助，体现出国家对被害人的一种"恩恤关怀"，彰显人

① [英]霍布斯：《论公民》，应星、冯克利译，贵州人民出版社2003年版，第133—134页。霍布斯也强调"我们不应该把安全仅仅理解成在任何条件下的求生，而应该把它理解成尽可能过一种幸福的生活。因为人们愿意进入他们按约建立的国家中，是为了能过人类条件所允许的幸福生活。"
② [日]大谷实、齐藤正治：《犯罪被害给付制度》，东京：有斐阁，1982，第51—53页。
③ 谢协昌：《犯罪被害人保护体系之研究》，中国政法大学博士学位论文，2007，第52页。谢协昌认为："若将所有犯罪之发生完全视为国家之责任，则和一般国家赔偿请求之理论相同，依现行之国家赔偿法已可作为补偿之依据，实无另行制定'犯罪被害人补偿法'之必要。"
④ 《为罪行和滥用权力行为受害者取得公理的基本原则宣言》第十三条规定："应鼓励设立加强和扩大向受害者提供补偿的国家基金的做法。在适当的情况下，还应为此目的设立其他基金，包括受害者本国无法为受害者所遭受伤害提供补偿的情况下。"

道主义精神。加之，现代社会国家垄断了公权力形式机制，因而国家对公民人身和财产安全的保护负有一定职责，应减少、降低犯罪侵害的概率。但犯罪并非能完全根除，特别是环境犯罪的产生，引发被害人的存在，需要国家出面，对犯罪被害人予以救助。从国家利益角度而言，犯罪给国家、社会增加了不安因素，破坏了社会的稳定性、安定性，而安全与稳定是国家利益的重要内容，有必要消除犯罪给被害人带来的负面影响。从经济、审核发展角度而言，伴随国力的上升、人权观念的发展，个人的利益和诉求开始得到重视和关注，需要国家以一定的财力、物力来对"治下"的社会民众予以"体恤"、"关怀"，在尽可能削减矛盾的情况下，促进经济的发展和社会的稳定。

从表面上看，"国家责任说"并无不妥。该理论也与卢梭的社会契约理论不谋而合。在社会契约理论中，公民向国家缴纳税款，国家负责保护公民的安全。如果犯罪行为发生了，而被害人没有任何过错，那就说明国家没有履行契约所约定的义务。如果犯罪人无力赔偿被害人遭受的损失，那么国家有义务对其进行赔偿。可以说，"国家责任说"中体现了社会契约的思想，是具有合理性的理念。但是这只是"国家责任说"的含义之一。我们仔细理解，"国家责任说"除了可以引申出社会契约理论之外，还包含着另外一层意思，那就是"保护失败理论"。该理论将公民受到犯罪侵害的原因归结于国家保护行为的失败。只要公民受到犯罪行为的伤害，国家就必须承担保护失败的责任。

对于社会契约理论，学者们的观点都比较一致。但是该理论并非"国家责任说"的主要支撑理论，而"保护失败理论"才是"国家责任说"的核心理论。但是该理论存在诸多弊端。首先，犯罪是不是可以被消灭的？我们知道，犯罪活动是社会发展的一个必然产物，无论是在哪个时代，无论是过去还是将来，我们都不可能完全消灭犯罪活动，将其控制在"零发生率"。犯罪学领域的学者们也早已肯定了这种观点。因此，要想国家完全消灭犯罪活动，本身就是一件不可能的事情。因此，保护公民不受犯罪侵害，预防犯罪的发生也成为空想。如果防止犯罪的绝对发生是不可能实现的事情，那么我们就不能将犯罪行为的发生归结于国家。在现实生活中，很多犯罪行为是临时起意，毫无预兆，即使国家再怎么预防和保护，总有人会成为犯罪行为侵害的对象。所以有的学者指出，所谓的"保护失败理论"毫无依据，国家无法控制罪犯的思想，无法预知罪犯的行为，导致被害人受到侵害的不是国家，而是罪犯。这种观点完全无视罪犯在整个过程中的作用，而将所有的过错归结于国家的失败。这种理论本身就是站不住脚的。

如果将"国家责任说"作为犯罪被害人补偿的理论依据，那么犯罪被害人的国家补偿更像是国家赔偿。因为国家没有尽到保护其免受犯罪侵害的责任，因此需要向其进行赔偿。有的学者就指出，如果依据这个理论，现有的国家赔偿法就完全可以替代国家补偿法，没有必要专门研究国家补偿法。这种观点也逐渐得到更多学者的认同。可以说，这种观点并非没有依据。未尽保护义务而进行的补偿，更像是一种赔偿。因为国家存在过错，没有预防犯罪的发生，所以要进行赔偿。

依据"保护失败理论"，国家由于未能保护被害人免受犯罪侵害，因而需要承担补偿责任。那么所有的犯罪被害人都应当无一例外地受到补偿。但是从国内外现有的立法司法实践看，并非所有犯罪类型的被害人都受到国家补偿。在很多国家立法中，只有暴力犯罪的犯罪被害人才能够获得补偿。这种立法结果就与我们的"保护失败理论"相违背。只要国家保护失败了，那么就应该一律进行补偿，而不是根据自身的经济能力或者被害人的受害情况来区别对待。我们知道，如果国家对所有的被害人一律补偿，不仅在理论上行不通，在现实中也缺乏可操作性。有的学者就对此观点进行了批判："根据国家责任说，公民的被害可以视为国家对其公民未尽到保护职责的一种反映……如果依此逻辑，那么不单是犯罪被害人，就是其他的任何非正常现象的发生，国家都有一定的责任，因为完全可能认为这种现象的发生是由国家制度不够完善和维护秩序的措施不够到位造成的，这样的话，犯罪人实施了危害社会的行为之后，也可以反过来因为国家没有尽到其教育或诱导职责而要求补偿。"[1]

除了"保护失败理论"的诸多诟病，"国家责任说"还存在其他的漏洞。国家如果应当对犯罪行为的发生完全承担责任，那么犯罪人就不应当再承担相应的责任。但是在现有的立法和司法中，犯罪被害人不仅享有向犯罪人追诉的权利，其补偿也基本都是通过向犯罪人追诉而获得的。立法和司法中的这些规定和做法也与我们所提到的"国家责任说"存在矛盾之处。因此，我们可以得出结论，"国家责任说"主要依赖于"保护失败

---

① 赵国玲：《中国犯罪被害人研究综述》，中国检察出版社 2009 年版，第 67 页。

理论"，而该理论存在着诸多不能自圆其说的地方，不能成为犯罪被害人补偿的理论依据。事实上，目前也几乎没有学者赞同此种观点①。我们认为，国家之所以向犯罪被害人承担补偿责任，绝非因为国家未能尽到保护犯罪被害人免受侵害的责任。与保护失败之后承担责任相比，对被害人的补偿更像是国家对其的一种保护。

2. 社会福利说

这种学说主要认为被害人遭遇犯罪行为人的犯罪侵害，却没能从犯罪人处获得相应的赔偿而导致其处境凄惨，社会地位上逐渐趋向于弱势群体，进而国家从人道主义视角出发，对被害人伸出援助之手，给予一定的人道援助，以期增进社会的整体福利。

关于社会福利说，有两种不同的理论。一种理论认为犯罪被害人的补偿是一种福利制度。公民向国家缴纳税收，国家取之于民用之于民，将这一部分钱通过补偿的形式返还给公民。这只是一种国家行为，是一种消除两极分化、帮助弱势群体的手段，补偿的来源最终还是公民自身。另一种理论则认为犯罪被害人的补偿并非普通的社会福利，而完全是国家出于人道主义，对犯罪被害人给予的人道主义关怀。该种理论认为，犯罪被害人是弱势群体，受到犯罪的侵害，处境往往较为凄惨。如果被害人无法从犯罪人处获得赔偿，那么国家有义务对其进行人道关怀。这里的国家补偿体现的完全是一种施舍行为，并未体现出被害人应有的权利。目前，持第二种观点的学者较多，特别是在英美法系国家。这种人道关怀的社会福利说得到极大的推崇。在韩国，甚至我国的台湾地区，相类似的理论也开始出现。

该说的支持者认为，社会福利制度主要是保障全体民众的基本生活需求，关注由于遭遇犯罪变成弱势群体或处于生活贫困的被害人，对其进行补偿不是在承担国家责任，而是国家福利政策惠及对象或范围的延伸。因而，有些英美学者认为"犯罪被害补偿是国家对国民的施舍、优惠，最多是帮助被害人的道义责任。"

尽管如此，社会福利说还是存在不少问题，该学说的反对者多于支持者。反对者认为，将社会福利说作为向被害人进行补偿的理论依据，便于将补偿的对象限定在经济遭遇窘境之群体，但经济窘境判断的决定性因素

---

① 许启义：《犯罪被害人保护法之实用权益》，台北：永然文化出版公司2001年版，第28页。

是经济能力，如此判断有可能加重国家负担，难以发挥补偿的有效性。日本学者宫泽浩一认为，社会福利说的问题在于福利的推行适合那些福利政策完备、经费充分的国度，对于福利配套措施缺乏的国家，有可能加剧国家财政负担，达不到应有的效果。台湾学者许启义认为若主张社会福利说，只须修改福利法规，无须以专门立法的方式保护因犯罪遭遇损害的被害人。另外，还有学者直指要害，认为社会福利说的主要问题是国家供给一般性社会福利的理由不充分，特别是对国家供给社会福利的同时，导致其权力扩张缺乏规制难以进行有效解释。也有学者谈到，若将犯罪被害人的救济看成一项公共援助的话，没有必要通过建立专门的积极制度予以调整。

如果将犯罪被害人的补偿仅仅视为一种施舍，那么其存在就是可有可无的，没有任何的保障，更不存在被害人的求偿权一说。一旦国家将犯罪被害人补偿定位为一项社会福利，那么只有生活陷入困境的人才能够享受到这项福利。究竟哪些被害人符合生活陷入困境的标准呢？国家除了要制定相应的标准外，更要对这些被害人的具体情况进行调查。这个过程无疑对犯罪被害人造成了二次伤害，也为国家徒增了许多负担。美国政府就曾经在立法过程中对犯罪被害人的经济状况进行调查，遭到许多被害人的反对和批判。

将被害人的国家补偿界定为一种福利，则会因为各个国家的国情不同而存在区别。在社会福利好的国家，由于各项福利措施已经十分完备，例如保险制度、医疗制度等都已经十分健全，那么规定被害人补偿显得画蛇添足，十分多余。例如在德国，其完善的医疗保险制度保证了90%的被害人能够获得足够的赔偿，因此被害人补偿机制只是徒有其名。相反，在社会福利不健全的国家，由于经济水平落后，这种福利根本得不到实现。即使被害人申请补偿，由于经费供给不足，往往也是流于形式。有的学者就指出，如果将被害人补偿作为一种福利，那根本无须再立法规定被害人补偿，只要修正现有的福利法即可。此种说法并非没有道理①。

将社会福利说作为被害人国家补偿的理论基础无法解释一个非常重要的问题，那就是为什么国家有权力为犯罪被害人这个特殊群体提供福利。因为我们理解的福利应当是针对一般公众的，而并非针对特定的群体。这

---

① 许启义：《犯罪被害人保护法之实用权益》，台北：永然文化出版公司2001年版，第28页。

种理论从根本上说是缺乏法律基础的。

综上所述，社会福利说不能作为犯罪被害人国家补偿的理论基础。该种理论过多地淡化了被害人的权利性质，而将这种补偿视为一种人道主义的福利。没有任何的保障，也没有任何的约束。如果以该种理论来建立犯罪被害人国家补偿制度，那么犯罪被害人的这项求偿权就会如同镜中月水中花一般虚无缥缈。我们认为，建立被害人国家补偿制度的理论基础，关键在于不能割裂被害人与犯罪人的关系，不能忽视刑事司法制度在犯罪人国家补偿中的地位和作用。一旦脱离了刑事司法制度，犯罪被害人国家补偿就不能切实有效地保护被害人。我们所建立的国家补偿制度必须围绕司法审判，以审判结果为基础，这样才能做到有据可依，有法可依。而这些都是社会福利说所不能满足的。社会福利说将犯罪被害人的国家补偿权利架空，将其完全视为与司法审判无关的一项福利，不管是在理论上，还是在实践中都是行不通的。①

3. 利益恢复理论

利益恢复理论，顾名思义，就是对犯罪被害人受损的利益进行恢复。这种恢复最主要的是经济上的补偿，而这个补偿主要由国家负责支付。为什么被害人的利益受损，国家却要承担补偿责任呢？"利益恢复理论"认为，当犯罪行为发生之后，国家作为公权力机关介入犯罪的调查、审判和惩罚，剥夺了犯罪被害人的权利。有的犯罪人在刑事审判之后被剥夺了生命，或者被判无期徒刑失去了自由，这种情况下，犯罪被害人很难从犯罪人处获得补偿。即使犯罪人有机会回归社会，他的补偿能力也非常微弱，而且这种补偿对于犯罪被害人来说也是事后性的，不能解决被害人的燃眉之急。迟到的正义不是正义。因此，从这个意义上说，国家对犯罪被害人进行补偿也具有一定的合理性。更有学者指出，犯罪人实施犯罪行为，侵害了犯罪被害人的利益，但是在服刑期间，犯罪人通过劳动改造所创造的价值却归国家所有。从这一点出发，国家也应当为

---

① 英国施行的 1964 年《刑事损害补偿方案》采用的就是以被害人为中心的福利模式，该方案独立于现行刑事司法制度而运作，而没有做出任何提升犯罪人责任的努力，没有关注复杂犯罪场景中被害人自身的行为，也没有考察单纯的经济补偿是否能够减轻痛苦、恢复道德价值感、克服与刑事司法制度配合的厌恶感等多方面情势；而且，被害人还可以当然享受传统意义上的各种福利。因此，该《刑事损害补偿方案》被批评为具有"家长式作风"，完全忽视了被害补偿对于刑事司法具有的修复性价值与意蕴。

犯罪被害人支付补偿。

利益恢复理论着眼于国家对犯罪被害人权利的剥夺，认为国家既然行使了追诉犯罪、惩罚犯罪的权利，就要对被害一方受损的利益进行恢复。从表面上看，该理论也具有一定的合理性。但是实际上，国家虽然享有追诉犯罪的权利，但是在实际的审判过程中，犯罪人的财产首先是用来弥补被害人的损失，而不是归为国家所有。即使国家不行使这项权利，而由犯罪被害人自行行使起诉权，其所能获得的结果也不过如此。因此，国家虽然行使了权利，但是并没有从中获得利益，所以没有义务对犯罪被害人进行补偿。至于劳动改造所获得的利益是相当少的，而且监狱的运行也需要大量的成本，所以国家并没有从犯罪人处获得利益，也就没有补偿义务这一说。

4. 社会保险理论

该说认为国家对犯罪被害人进行补偿本质上属于社会保险的一种，从损失风险分担的视角来看，可将社会保险进行广义理解，因为国家补偿制度的部分资金来源于国家税收的支持。该说还强调社会中每一个成员都是潜在的被害人，诚如法国社会学家杜尔克姆认为犯罪是必然性和正常现象，每个人都存在被害的潜在性。[①] 被害人被害的原因实际上在于他在生活中面临的诸多因素促成犯罪行为的发生，而遭遇这种致害的被害人，理应得到社会的同情与关注，由社会全体成员共同承担被害人所遭受的损害。具体而言，对被害人进行补偿实际上是国家作为全体社会成员的代表，以从社会民众那里获得税收形成保险契约关系来对被害人进行补偿。正如大谷实强调借鉴保险理论，将犯罪导致的损害视为保险事件的发生，由社会民众来分担犯罪所导致的损害，进而由代表全体社会民众的国家进行赔偿。[②] 对于社会保险说，英国刑事古典学派的代表人物边沁是该理论的最早阐述者。对于被害人遭受的犯罪侵害，边沁不但认为国家应该建立起对犯罪被害人的公费补偿制度，而且主张公费补偿是由众人分担，相比个人和少数人承担而言，每位捐献者的负担微小，从而达到"众人拾柴

---

① 谢瑞智：《刑事政策原论》，台北：文笙书局 1978 年版，第 57 页。杜尔克姆认为："对于社会而言，犯罪是一种必然性与正常现象，犯罪是在社会之复杂化与个人之自由下无法避免之结果。"

② ［日］大谷实、齐藤正治：《犯罪被害给付制度》，东京：有斐阁 1982 年版，第 51—53 页。他强调："运用保险之原理，将税金作为保险费，而待犯罪发生时，将损害转嫁到社会全体，故应由国家予以补偿，此谓'保险说'。"

火焰高"的目的。① 社会保险说的支持者认为，国家作为最大的保险者，有足够的财力补偿犯罪所造成的危害，能够起到承担风险的作用。特别是在现代工业社会时期，环境犯罪侵害对象具有广泛性，社会群体之间行为互动更加紧密，社会连带性明显。因而，由国家出面承担风险具有现实可能性。但反对者则不以为然，他们大多认为如果被害人的国家补偿属于保险责任，那为什么国家应成为保险人？既然主张社会保险，社会保险的保险人应是社会性的保险单位或组织，那如何解释国家与社会性的保险单位或组织之间的关系？与此同时，社会保险亦属于保险的一种，保险发挥作用的群体应是缴纳保险金的组织或个人，而对于那些没有缴纳保险费却又获得补偿的情形该如何解释？另外，既然主张社会保险说的国家补偿资金来源于税收，但有些国家的补偿资金来源中存在监所劳动收入、罚金、没收的财产，那这些资金来源该如何解答？与国家税收又存在什么关系？

社会保险理论将国家视为所有公民的保险人，公民向国家缴纳税款，由国家负责建立起安全广泛的社会保险体系。这种关系有点类似于"国家责任说"中的社会契约理论，不同的是社会保险理论并没有采取"保护失败理论"。社会保险理论中，国家实际上就是一个庞大的保险公司，公民为了自身的安全向其投保，出现事故或者灾难时，由保险公司，也就是国家给予补偿。因此，社会保险理论又被称为风险分担理论。西方很多国家就设立了刑事伤害保险，专门针对犯罪行为造成的伤害。一旦被害人遭到犯罪行为的侵害，该保险为其提供一定数额的补偿。我们不可能完全消除犯罪，我们也无法预知犯罪将发生在谁的身上。可以说，每一个公民都有可能受到犯罪行为的侵害。保险费大部分来自税收，实际上本身就是公民收入的一部分，理应取之于民用之于民。每个犯罪被害人都有权从中获得补偿。一旦我们将国家视为保险公司，公民缴纳税款实际上就是购买保险，国家和公民之间是存在保险合同的。该合同约定，国家负责保护公民的人身安全，一旦其遭到犯罪的侵害，那么国家应当按照合同的约定向

---

① ［英］吉米·边沁：《立法理论——刑法典原理》，李贵芳等译，中国人民公安大学出版社1993年版，第61—62页。他指出："这种公费补偿责任建立在一条公理之上：一笔钱款分摊在众人中，与在一个人或者少数人身上相比，对每个捐献者而言，实在微不足道。犯罪所造成的灾难与自然灾难别无两样。如果由于房屋火灾被保险，房屋主人可以安心的话，如另外又能对抢劫损害保险，他会更为高枕无忧。"

其支付补偿。这不是一种福利，不是一项责任，而是一种义务。"社会保险理论"得到许多学者的支持，包括刑事古典学派的代表边沁。他指出，犯罪侵害实质上与其他自然灾害等并没有区别。如果房屋的主人可以为自己的房屋投保，防止遭受火灾、洪灾等带来的损害，那他也可以为自己的人身投保，使自己免受抢劫杀害犯罪的伤害。尽管一旦被害人遭受侵害，国家必须向其支付数额较大的补偿，但是这一部分钱分摊到所有的公民身上，数额是非常小的①。蔡墩铭认为："须进一步考虑1992年《犯罪被害人补偿法草案》为社会保险立法，如何与过去和未来的相关社会保险法配合的问题。譬如汽车强制保险……应避免与本法有相抵触之情形。"②

社会保险理论之所以得到众多学者的支持，是因为其确实存在一定的合理性。特别是在自然灾害频发的现代社会，工业化的进程带来更多不确定的因素。人们越来越感到不安全，这种不安全要求人们必须紧密团结在一起，才能抵抗住外来的风险。"社会保险理论"正好符合人们抵御风险的这种心理预期。犯罪侵害就是一种风险，一个人的力量是微弱的，但是如果分担到每一个人身上，这种风险就不是那么可怕了。但是该种理论也并非完美的。"社会保险理论"虽然认为是由国家作为保险机构向公民支付保险金，但是该理论也强调公民必须向其缴纳保险费。那如果没有缴纳保险费的公民呢？是不是这一部分公民就无权获得国家补偿呢？而在现实生活中，遭受犯罪侵害的大部分人都是社会当中的弱势群体，他们往往都没有缴纳保险费，也就是纳税的能力。此外，国家作为保险公司，一旦被害人遭受犯罪侵害，只要其缴纳了保险费，那么国家必须向其支付保险金，无论其获得赔偿与否。但是在我们具体设计国家补偿制度时，并非所有的被害人都会获得国家补偿。如果被害人能够从犯罪人处获得赔偿，或者其他的社会机构已经为其提供了相应的补偿，那么国家补偿就并不是必要的。这就与我们的保险理论相违背。因此，"社会保险理论"也遭到一部分学者的反对。

5. 刑事政策理论

该理论将被害人国家补偿视为一种国家刑事政策。这项刑事政策着眼

---

① [英]吉米·边沁：《立法理论——刑法典原理》，李贵芳等译，中国人民公安大学出版社1993年版，第61—62页。

② 许启义：《犯罪被害人保护法之实用权益》，台北：永然文化出版公司2001年版，第28页。

于保障犯罪被害人的权利，是国家整个犯罪预防体系的一部分。长期以来，被害人都处在一个无人问津的位置，大多数的刑事政策和刑事立法都侧重于保护犯罪人的权利。许多学者指出了这一失衡现象，认为只关注犯罪人而忽视被害人是有违公平公正的。为了保证刑事政策的公正性，减轻犯罪被害人的报复心理，避免给犯罪被害人带来更多的伤害，刑事政策中应当体现出国家对犯罪被害人的补偿。与刑事政策说大致相同的还有"犯罪预防说"等，其核心理论认为，对犯罪人和犯罪被害人应当一视同仁，将两者置于平等的地位之上。这样不仅能够避免犯罪被害人寻求极端的方式发泄不满，也更有利于犯罪人重新回归社会，达到"特殊预防"的目的。因此，在犯罪被害人受到犯罪侵害时，国家应当给予其一定的补偿。

刑事政策说主张在保护犯罪人权利的同时也要保护犯罪被害人的权利，要在两者之间达到平衡，从理论上来说是完全站得住脚的。但是该理论将国家对犯罪被害人的补偿视为一种政策规定的结果，而并非一项法律赋予的权利。尽管具有一定的可行性，但是没有从根本上解释清楚被害人求偿权的来源及正当性。将国家补偿作为一项刑事政策，虽然能够达到应有的效果，但是由于缺少强有力的论证，并不能给予犯罪被害人相应的保障。这也是刑事政策理论的一个弊端。

6. 政治利益说

政治利益说表明从国家利益角度出发，国家向被害人提供补偿的目的主要在于维护社会秩序和稳定政权统治。美国学者 Susan Kiss Sarnoff 认为国家对被害人进行补偿可以使被害人对国家的政治制度得以认可，特别是司法制度，而且能赢得其他民众对国家现有制度的支持。[1] 在当前以被告人的权利维护为中心的视角下，法律制度更多地向被告人倾斜，忽略了被害人权利的维护与救济，确立犯罪被害人的国家补偿制度，有利于缩小被害人与被告人之间的保护差距，尽可能赢取被害人的信任，有利于更好地践行"惩治犯罪、保障人权"的立法目的与宗旨。国家补偿利于社会民众形成对刑事司法的信赖，支持司法制

---

[1] Susan Kiss Sarnoff, *Paying for Crime: The Polices and Possibilities of Crime Victim Reimbursement*, Praeger Publishers, 1996, pp. 12 – 13. 具体讲述："国家之所以提供补偿，是因为补偿本身非常流行，国家补偿不仅赢得了被害人对司法制度的支持，而且赢得了那些未被现行犯罪侵害、不需要国家补偿，但因知道该项制度的存在而感到很安全的公民的支持。"

度的持久性运作。①

　　该说的支持者认为从政治视角看待被害人的补偿问题，有利于形成潜在被害人与国家的良性互动关系，利于社会民众形成对国家政权的信赖。进而对解决纠纷的司法制度亦会产生良性偏好。"反过来，便有利于法律制度的运行，法律实施应然效力与实际效果之间的差距定然会缩小。日本大谷实也认为该制度的本质能够使得社会民众对国家司法制度产生信赖，对被害人进行补偿，能够有效缓和社会矛盾，平复"报应"的心态。② 但反对者强调政治利益说主要是从国家政权的作用和效益视角来考虑对被害人进行补偿立法所带来的益处，而这些并不是对被害人遭受犯罪给予国家补偿的内在法律基础，其仅仅是政治视角的考虑，过分追求国家利益，往往易导致政治与法律难以界分，政治目的掩盖法律应有的意旨。还有人认为在实际立法过程中，对于国家利益过分注重，往往易形成对政策角度考量问题的偏好而忽略立法的法律基础，存有政策性立法之嫌。就此，学界基于现实政策考虑，提出了被害人补偿根据的"刑事政策论"、"现实观察论"等，但都不能独立地作为被害人国家补偿的理论根据③。

　　除了上述几种理论学说之外，目前还存在命运说和社会防卫说等。命运说揭示了犯罪是人类社会难以彻底根除的顽疾这一没法回避的客观现实，指出在一个特定社会中总会有部分社会成员成为犯罪行为的牺牲品，而其他社会成员因此而降低了被害的概率。该说虽然合乎人类社会发展的客观规律，具有积极的现实意义。但某些犯罪是基于被害人自身主观上存在过错，被害人本身亦应承担责任。但该说主张的被害人遭受犯罪损失由其他成员予以担负缺乏一定的理论与现实依据。社会防卫说则认为，国家对犯罪被害人遭受犯罪损害进行救济主要存在两方面的功用：一为通过安抚刑事被害人，可以阻止犯罪被害人出于"同态复仇"的心态予以报复

----

① Peggy. M. Tobolowsky, *Crime Victim Rights and Remedies*, Carolina Academic Press, 2001, p.159. "国家补偿作为政治工具可以赢得公众和被害人对刑事司法制度的支持和在预防、追诉犯罪中的更广泛的合作。"

② ［日］大谷实：《犯罪被害人及其补偿》，黎宏译，《中国刑事法杂志》2000 年第 2 期。"被害人国家补偿制度的本质是为维持确保对刑事司法的信赖，通过对一定的重大犯罪的被害人进行补偿，以缓和社会的报应感情。因此，它是通过确保国民对刑事司法的信赖以防止犯罪，从而为维护社会秩序做出贡献的制度。"

③ 杨正万：《刑事被害人问题研究——从诉讼角度的观察》，中国人民公安大学出版社 2002 年版，第 336 页。

而走上犯罪之路；二乃犯罪被害人得到救济以后会积极配合公安机关破案，利于打击犯罪行为。该说与国家责任说存有相同之处，却未解决为什么应对犯罪被害人进行救济的问题。

通过梳理犯罪被害人国家补偿的理论基础，可以发现，每个学说本身都存在时代性局限。国家责任说，强调国家基于犯罪形成的伤害承担责任，这已突破"补偿"的边界，实乃蕴涵"赔偿"的意味，虽然含有社会契约理论的思想，但是其最主要的论断在于"保护失败理论"，犯罪的不可避免性否认了保护失败责任的存在。社会保险说主张对于被害人所受犯罪侵害的不幸，应以"保险"名义由纳税人对其进行分担，这与被害补偿制度对补偿对象是否纳税根本不做要求存在矛盾。社会福利说旨在强调国家对被害人进行补偿体现的是人道主义责任，是社会福利政策的落实与延伸。但是将犯罪被害人的国家补偿制度纳入社会福利的保障体系，有可能存在影响犯罪被害人国家补偿制度独立发挥法律作用的危险。"社会福利理论"和"刑事政策理论"将犯罪被害人获得补偿的权利仅仅视为国家的一项福利或一项政策，是国家单方面的一种行为，并没有为这种补偿提供很坚实的依据。但是我们并不是说这两种理论没有其存在的必要。将对犯罪被害人的补偿视为一种福利或是一项政策，体现出了国家对犯罪被害人这个弱势群体的支持和保护。在犯罪人权利保护相对完善的今天，对犯罪被害人的这种倾斜具有重要的意义。政治利益说坚持用对被害人的国家补偿来换取"政治利益"的回报。透过该学说，我们看到政治考量的程度已然超过法律层面的思考。因此，很难从法律角度清晰定位被害人的国家补偿制度，从而导致区分法律与政治前提下研究被害人国家补偿制度的愿景难以实现。因此，针对被害人国家补偿制度，应在制度生发、流变的社会语境中围绕现状进行理性考察。环境犯罪属于犯罪的一大类别，本身存在一定的特殊性。相比较而言，我们认为，"社会保险理论"虽然也存在一定的诟病，但是其中的一些理论还是相当合理的，尤其是对本文所论述的环境犯罪被害人权利的保护而言。前面我们说过，环境犯罪被害人存在着受害面积广、受害人数多的特点。不管是对自然环境的修复，还是对受害人人身的恢复，都需要大量的财力和物力。如果采取福利说或者政策说，根据我们国家目前的经济实力，并不可行。"社会保险理论"强调了公民在国家补偿中应尽的责任，对于犯罪一方多为企业公司的环境犯罪类型来说，采取该种理论更具有可行性。实际上，保险理论运用在环境犯罪领域已不是第一次。西方很多发达国家早已建立了环境保险制度。例如德国的《环境责任法》就明确规定存在环境风险的公司企业必须缴纳一定的保险费，对可能发生的环境事故提前进行预防。我们国家也早在2006年就提出了"环境污染责任保险"的概念，并于2007年首次启动环境污染责任保险政策的试点。之后的政策文件中也反复强调了健全环境污染责任保险制度的重要性，并在2013年发文规定对一些高危产业，如重金属行业进行强制缴纳保险。但是由于没有法律的规定，在现实中，愿意缴纳环境污染责任险的企业少之又少。因为环境犯罪具有很大的隐蔽性，企业往往都抱着侥幸的心理，希望不被发现。所以推广起来存在很大困难。这种情况下，"分散风险"的目的就没有办法实现。充分发挥环境污染责任险的作用，实现环境风险的分担，我们在后文国家补偿制度的构建中再详细阐述。

通过上文分析能够发现，环境犯罪已超越了对个体的人身、财产法益的侵害，具有对公共、社会法益侵害的特质。同时，在工业化、现代化社会带来的环境风险下生活的群体之间联系更加密切，体现出很强的社会连带性。制度的更新、变革使得规范有效切合变动的社会，是法律现代化的主流。在一定程度上讲，风险社会主导下的流行文化是一种担心与渴望群体安全、社会安宁基础之上的预防主义。正如有学者所言以贯彻责任主义为前提条件，确立谴责与惩罚兼具的社会控制机制，进而充分实现刑法体系多重预防的目的。[①] 鉴于在风险社会的时代背景下，我们对环境犯罪被害人的关怀，亦便是对自身命运的关照。全体社会成员在工业化、现代化的社会下已成为利害关联者，这便要求我们以"共生"理念为指导去追求社会命运共同体下的自由生活。因此，应确立由国家作为主导力量推动社会生活共同体来对环境犯罪被害人国家补偿进行风险共担的模式。

[①] Sanford Kadish, Fifty Years of Criminal Law, California Law Review, 1999, p. 87. "在坚守个人的可谴责性作为责任条件之要求的同时，又将一套兼具谴责与惩罚的体系制度化为社会控制的手段，实现刑法体系的多重预防目的。"

第三章 中国环境犯罪被害人
法律保护现状及不足

在国家的政策指引下，我国的环境刑事立法也不断发展。2006 年，最高人民法院出台了《关于审理环境污染刑事案件具体应用法律若干问题的解释》，其中，对刑法所规定的环境犯罪制定了明确的量刑标准，这对依法惩治环境犯罪起到了重要的作用。随后，面对日益严重的环境形势和新的环境破坏行为，立法机关在《刑法修正案（八）》中将 1997 年刑法中的"重大环境污染事故罪"调整为"污染环境罪"，并对其构成要件进行了修改，将之前的结果要件"造成重大环境污染事故，致使公司财产遭受重大损失或者人身伤亡的严重后果"改变成"严重污染环境的"，通过修改降低了相关环境犯罪的入罪门槛。为了配合新修改的罪名，妥善处理好相关环境刑事犯罪，2013 年最高人民法院和最高人民检察院发布了《关于办理环境污染刑事案件适用法律若干问题的解释》，该解释规定"严重污染环境"不以造成实害结果为必要，若曾因违反国家有关规定，倾倒、排放放射性等物质受到过两次以上行政处罚又实施前列行为的，可以认定为"严重污染环境"，以污染环境罪论处。可见，对于环境污染行为的刑法打击力度在不断增强。最高人民检察院检察长在最高检工作报告中说，2015 年，检察机关加大生态环境司法保护力度，构成污染环境罪、盗伐滥伐林木罪和非法采矿罪的人数已达到27101 人。①随着环境刑事立法的发展，我国对于环境犯罪的研究也在不断深入。不过现有的研究多数是从犯罪人的行为入手，研究环境犯罪行为应以何种罪名进行规制，很少会从环境犯罪被害人的角度去探

---

① 《2015 年最高人民检察院工作报告》，http：//www.jcrb.com/xztpd/dkf/dfgg/ZGJBG/index.html.，访问时间：2016 年 7 月 1 日。

讨环境犯罪被害人的救济问题。在刑事诉讼中，被害人的诉讼权利和自身诉求的加强与保护问题亟待解决，特别是近些年来在世界各国兴起和发展的被害人权利运动与被害人研究，使得这一问题已经成为实务和理论界研究的热点问题。其实在我国立法中，对于被害人也在逐渐给予重视，如新《刑事诉讼法》在第五编中新增了公诉案件中的当事人和解制度，被害人与加害人进行协商，就民事赔偿、赔礼道歉等问题达成和解，司法机关可以根据情况给予加害人宽缓化处理。本章将在对我国环境犯罪被害人要面对的环境危机进行分析的基础上，对我国环境犯罪被害人法律保护现状进行梳理，并分析其存在的不足，找出改进的方向。

第一节　中国环境犯罪被害人面对的环境危机

一、环境危机原因的综合化

目前的环境危机已经超出了 20 世纪五六十年代的人们对于"三废"污染理解的范畴，开始涉及关系人类生存环境的森林、草原、土壤、地下水甚至城市等方面。对环境危机原因的分析也必须跳出单一范畴思维模式，转向涵盖森林退化、土壤侵蚀、地下水污染以及城市病等的综合分析思路。然而，当前单一法律不足以给这种多方面的污染行为充分的处罚，也难以为环境犯罪被害人提供充分的保护，因此综合运用法律法规和救济手段应成为我们保护生存环境、处置环境危机的重要手段。同时，随着科技的日益更新和发展，新的污染手段和来源层出不穷，大到核武器试验、核电站泄漏，小到电磁污染等都开始对人类生活产生严重且深远的影响，对这些污染进行评价、测算其有害性、有效保护人类及生态环境，也是我国亟须出台综合化环境保护法律的重要原因。

二、环境危机的高技术化

环境危机的综合化，必然要求在进行环境犯罪规制中对于被害人所面对的环境污染认定方面需要具有高技术化的手段。环境犯罪问题很多涉及多种高科技背景，对环境造成的危害并不是当时就能发现的，很多是经历数年之后才发现或者恶化，这就使得在环境犯罪决策时需要高科技手段协助，否则只能造成环境决策本身的高风险，或者多年以后发现当初的决策是错误的，不仅对环境犯罪受害人有很大的影响，还有可能引发更加严重、不可修复的危害环境的后果。在环境危害结果的认定上，时常因为当时科学水平的局限性，无法给出一个科学的、合理的答案作为认定此项环境犯罪罪责及补偿数额的标准。这就是我们在认定环境犯罪上运用高技术化手段的必要性。比如：认定环境保护标准就需要很强的技术性，它涉及国家或者地方关于环境质量、污染物排放方面的统一指定。而违反环境保护的标准就是构成某些环境犯罪的必要条件。比如非法向土地倾倒有毒有害物质，就是违反环境保护标准，情况恶劣的就构成犯罪。

三、环境危机的极限化

当前环境危机日益加剧，不仅包括常见非生物类的有毒有害物质的排放对自然环境及人类的污染，大气、土壤成分的改变造成的气候变化导致的全球性的环境危机，如臭氧空洞、温室气体排放，以及对不可再生资源的破坏性、浪费性使用，如对煤炭石油的开采以及对不可再生资源的毁灭性污染如水污染等，还包括对生物类资源的破坏如物种灭亡导致的生物多样化减少，都使得地球濒临支持人类生存环境的极限。以上种种破坏，生物的、非生物的都相互影响、相互推动，共同造成生态环境恶化，催生环境危机，并使得环境危机呈现极限化。

四、环境危机的全球化

从世界各国环境犯罪的情况来看，各国都十分重视环境犯罪问题本身，加强环境犯罪中被害人的合理权益维护，并通过完善相关方面的法律法规和提高被害人的法律和诉讼地位来实现。我国近年来也在保护环境犯罪被害人的合法权益的同时，加大环境保护的力度，惩治了环境犯罪，依法保护公民的权利。多国的司法实践证明，在环境犯罪事件中，依法拓宽受害人的法律补偿范围和保障应有权益是十分必要的，也正向着多元化的方向发展。有些国家已经采取了国家环境补偿、环境保险赔偿、发放社会环境污染救济金等多种措施予以救济，采取强化赔偿令的手段，优先保证赔偿令的执行，从各种途径优先保障受害人法律权益。我国的相关立法应以这些国外的立法为参考，并结合中国国情进行。

通常来讲，以前环境犯罪产生的危害和影响主要集中作用于污染源附近或者特殊的生态环境内，具有局部性和地域性的特征，对大部分群众和全球的影响并不大。随着全球经济贸易呈现跨国交易的普遍化，跨国环境危机并不鲜见，环境犯罪已经呈现全球化的特征。

第二节　环境犯罪被害人法律保护现状分析

一、环境犯罪案件受案率较低

目前，我国环境犯罪被害人的法律保护还处在初级阶段，各方面的制度都相当不完善。环境犯罪被害人法律保护的前提是环境犯罪罪名的成立，但是在司法实践中，环境犯罪的数量相比其他类型犯罪是少之又少。通过对 XX 省 XX 市 XX 区人民法院进行调研，我们发现，2013—2015 年该法院所受理的刑事案件总数分别为 391 件、327 件和 374 件。其中，2013—2015 年受理的环境犯罪案件总数分别为 0 件、3 件和 1 件，所占比例仅为 0%、0.9% 和 0.3%（见表 3 - 1）。可以看出，与受理的刑事案件总数相比，环境犯罪行为人被起诉的案件数量很少。在《刑法修正案（八）》对"重大环境污染事故罪"进行修改之后，环境犯罪的数量有了明显的提升，特别是"环保法庭"、"生态警察"的设立，对打击环境犯罪起到很好的效果。但是总体而言，相比起被害人较为明显的犯罪类型，环境犯罪的受案率始终处于一个较低的水平。如果环境犯罪人不能被绳之以法，那么要维护环境犯罪被害人的权利就显得更加困难。这种情况并非只在中国存在，在很多西方发达国家，如何惩治环境犯罪，如何保护环境犯罪被害人的权利都是亟须解决的难题。来自荷兰的 Toine Spapens 教授就在一份报告中指出：即使是在西方社会，一些检察官也会受到政治家和政府当局的压力，例如部长和市长，尤其当被起诉者是大公司的时候。在这种情况下，公司经理很可能与政府当局有密切往来。20 世纪 90 年代早期，一个名叫 Neelie Kroes 的荷兰人，现在是欧洲竞争委员会的副主席，就卷入了一起臭名昭著的环境犯罪案。涉案的公司名叫 Tanker Cleaning Rotterdam，这家公司当时在 Rotterdam 海岸开了一家废油处理机构。但是它并没有将废油处理，而是直接将其倒入河流。荷兰运输部部长 Kroes 是这家公司经理的好朋友，给予其大量资金建设处理设施。虽然调查机构知道这些事实，但是他们犹豫了很久才采取行动。因为荷兰是《国际防止船舶造成污染公约》的签约国，有义务拥有处理设备。关闭该公司会造成荷兰不符合该项公约的要求。虽然荷兰调查员不能证明全部的腐败，但是这明显是一起利益冲突的案件，耗时近 8 年的时间才将其关闭。这只是一个例子，这样的例子还有很多。利益竞争显然影响了警察和司法当局在环境犯罪案件中的作用。只要没有明显的被害人，当局可以决定让其他的利益优先于环境利益。虽然政策和司法当局是独立捍卫法律的，但是很显然，在人力和财力资源稀少的情况下，法律的执行机构可以选择优先执行某些而远离另一些。

可以说，环境犯罪罪名的成立是环境犯罪被害人法律保护的前提，而这一前提目前并没有很好地实现。在环境犯罪无法立案的情况下，环境犯罪被害人的权利更加得不到保障。

表 3-1 2013—2015 年 XX 省 XX 市 XX 区人民法院受理环境犯罪案件情况

刑事罪名	2013 年				2014 年				2015 年			
	受理总数		审结总数		受理总数		审结总数		受理总数		审结总数	
	件	人	件	人	件	人	件	人	件	人	件	人
污染环境罪	0	0	0	0	1	1	1	1	1	1	1	1
非法猎捕、杀害珍贵、濒危野生动物罪	0	0	0	0	0	0	0	0	0	0	0	0

刑事罪名	2013 年				2014 年				2015 年			
	受理总数		审结总数		受理总数		审结总数		受理总数		审结总数	
	件	人	件	人	件	人	件	人	件	人	件	人
非法收购、运输、出售珍贵、濒危野生动物罪	0	0	0	0	0	0	0	0	0	0	0	0
非法采矿罪	0	0	0	0	0	0	0	0	0	0	0	0
非法收购、运输、加工、出售国家重点保护植物、国家重点保护植物制品罪	0	0	0	0	0	0	0	0	0	0	0	0
盗伐林木罪	0	0	0	0	2	3	2	3	0	0	0	0
滥伐林木罪	0	0	0	0	0	0	0	0	0	0	0	0
非法收购、运输盗伐、滥伐林木罪	0	0	0	0	0	0	0	0	0	0	0	0
非法占用农用地罪	0	0	0	0	0	0	0	0	0	0	0	0
非法采伐、毁坏国家重点保护植物罪	0	0	0	0	0	0	0	0	0	0	0	0
小计	0	0	0	0	3	4	3	4	1	1	1	1

二、污染环境型环境犯罪数量较少

我们知道,环境犯罪可分为污染环境型环境犯罪和破坏资源型环境犯罪①,而本文所研究的环境犯罪被害人主要指的是污染环境型环境犯罪的被害人。通过对近年来这两类案件的受理情况进行分析,我们发现,环境犯罪案件的数量基本维持在较为稳定的水平,但是,其中污染环境型环境犯罪的数量远远小于破坏资源型环境犯罪的数量。从表 3 - 2 中可以看出,2011—2013 年 XX 省全省法院系统受理的环境犯罪案件分别为 618 件、653 件和 711 件。其中,环境犯罪案件受理最多的均为破坏资源型犯罪,具体包括非法采矿罪,盗伐林木罪,滥伐林木罪,非法收购、运输、加工、出售国家重点保护植物、国家重点保护植物制品罪和非法采伐、毁坏

---

① 污染环境型环境犯罪包括污染环境罪,非法处置进口的固体废物罪,擅自进口固体废物罪;破坏资源型环境犯罪包括非法捕捞水产品罪,非法猎捕、杀害珍贵、濒危野生动物罪,非法收购、运输、出售珍贵、濒危野生动物罪,非法占用农用地罪,非法采矿罪,破坏性采矿罪,非法采伐、毁坏国家重点保护植物罪,非法收购、运输、加工、出售国家重点保护植物、国家重点保护植物制品罪,盗伐林木罪,滥伐林木罪,非法收购、运输盗伐、滥伐林木罪。

国家重点保护植物罪。近三年，这五类犯罪案件受理数量分别占环境犯罪案件总数的97%、97%和95%，而污染环境型环境犯罪的案件数量三年均为0件。从表3-3中可以看出，XX省XX市中级人民法院受理的环境犯罪案件分别为290件、292件和258件。其中，非法收购、运输、出售珍贵、濒危野生动物罪，非法收购、运输、加工、出售国家重点保护植物、国家重点保护植物制品罪，盗伐林木罪，滥伐林木罪和非法采伐、毁坏国家重点保护植物罪这五类破坏资源型环境犯罪的受理数量占环境犯罪案件总数的比例，三年分别为96%、89%和86%，而三年内污染环境型环境犯罪的案件数量仅为1件。

表3-2　2011—2013年XX省各级法院受理环境犯罪案件汇总情况

刑事罪名	2011年				2012年				2013年			
	受理总数		审结总数		受理总数		审结总数		受理总数		审结总数	
	件	人	件	人	件	人	件	人	件	人	件	人
污染环境罪	0	0	0	0	0	0	0	0	0	0	0	0
环境监管失职罪	0	0	0	0	0	0	0	0	0	0	0	0
非法捕捞水产品罪	0	0	0	0	1	11	1	11	2	3	2	3
非法猎捕、杀害珍贵、濒危野生动物罪	2	3	2	3	1	1	1	1	1	1	1	1
非法收购、运输、出售珍贵、濒危野生动物罪	4	5	3	4	2	2	2	2	7	10	7	8
非法狩猎罪	0	0	0	0	0	0	0	0	0	0	0	0
非法采矿罪	76	108	75	106	86	127	86	127	27	38	26	36
破坏性采矿罪	0	0	0	0	0	0	0	0	0	0	0	0
非法收购、运输、加工、出售国家重点保护植物、国家重点保护植物制品罪	16	29	16	28	25	47	25	47	27	51	27	51
盗伐林木罪	124	177	125	178	108	177	106	172	124	258	125	259
滥伐林木罪	363	545	362	543	358	490	358	492	455	663	454	664
非法收购、运输盗伐、滥伐林木罪	3	4	3	4	2	5	2	5	0	0	0	0
非法占用农用地罪	9	16	9	16	15	22	14	21	24	38	22	32
非法采伐、毁坏国家重点保护植物罪	21	44	22	46	55	121	55	121	44	105	44	107
小　计	618	931	617	928	653	1004	650	1000	711	1167	708	1167

表 3-3　2011—2013 年 XX 省 XX 市中级人民法院受理环境犯罪案件情况

刑事罪名	2011 年				2012 年				2013 年			
	受理总数		审结总数		受理总数		审结总数		受理总数		审结总数	
	件	人	件	人	件	人	件	人	件	人	件	人
污染环境罪	0	0	0	0	0	0	0	0	1	1	1	1
非法猎捕、杀害珍贵、濒危野生动物罪	2	2	2	2	1	1	1	1	4	6	4	6
非法收购、运输、出售珍贵、濒危野生动物罪	26	44	25	44	5	5	5	5	4	4	3	3
非法采矿罪	—	—	—	—	17	57	17	57	18	47	18	47
非法收购、运输、加工、出售国家重点保护植物、国家重点保护植物制品罪	10	10	10	10	10	17	8	17	42	61	41	60
盗伐林木罪	162	302	161	300	146	278	146	274	94	186	93	185
滥伐林木罪	38	57	38	57	48	84	48	84	34	43	33	42
非法收购、运输盗伐、滥伐林木罪	10	10	10	10	8	17	8	17	6	10	6	10
非法占用农用地罪	1	1	1	1	7	11	8	19	8	13	8	13
非法采伐、毁坏国家重点保护植物罪	41	98	42	98	50	171	51	172	47	139	44	133
小　计	290	524	289	522	292	641	292	646	258	510	251	500

由上文的数据可以看出，我国环境犯罪案件，特别是污染环境型环境犯罪的案件数量一直处于较少的状态。究其原因，主要是因为该类犯罪隐蔽性较强，犯罪证据很难被发现，并且由于污染环境犯罪所造成的后果并不像其他犯罪如暴力犯罪等一样具有即时性、可视性，很多情况下，当该类犯罪的危害后果被发现时，犯罪嫌疑人早已消失无踪了，证据链也因为时间的推移而难以建立。如果犯罪嫌疑人不能被绳之以法，环境犯罪被害人的权利更加没有办法得到保护。2013 年 6 月 25 日，《淮河流域水环境与消化道肿瘤死亡图集》数字版出版，这是中国疾控中心专家团队长期研究的成果，首次证实了癌症高发与水污染的直接关系。过去十多年中，淮河流域内的河南、江苏、安徽等地多发"癌症村"，个别区域癌死亡率高于离河较远区四五倍。但是尽管如此，"癌症村"的村民们因为缺少证据，没有办法向污染企业索赔，只能背井离乡，独自承受污染带来的痛苦。我们认为，这些村民的权利应当得到保障。在这一背景下，"癌症村"应有公共救济。至于这笔庞大的资金，是向那些污染者追溯，还是由公共财政承担一部分，或者在大病保险、新农村合作医疗上考虑，抑或推进医疗改革降低医疗费用，这些都可以讨论。但是，决不能让"癌症村"的癌症患者为环境污染独自埋单。

三、环境犯罪被害人受偿率较低

在被起诉的环境犯罪案件中，环境犯罪被害人的情况又是怎样的呢？为了更好地了解环境犯罪被害人在刑事审判实务中的情况，在"中国法院网"公布的刑事裁判书中按排列顺序选取 20 起涉及环境犯罪案件的刑事裁判书（见表 3-4），就各案中涉及的罪名、是否有环境犯罪被害人、是否有附带民事赔偿等内容进行简要统计和分析。仅以 20 起案件的统计数据进行分析，其结论的可靠性仍有较大的质疑空间，但也不能否认，这些案例在一定程度上是对司法审判实践的客观反映。

表 3-4　环境犯罪案件的具体分析

刑事判决书编号	罪名	企业所属行业	是否有环境犯罪被害人	是否有附带民事赔偿
〔2014〕徐刑初字第 121 号	污染环境罪	金属电镀加工	无	无
〔2014〕馆刑初字第 36 号	污染环境罪	电镀锌、镍加工	无	无
〔2014〕温永刑初字第 1219 号	污染环境罪	阀门发黑加工	无	无
〔1999〕雅刑终字第 59 号	重大环境污染事故罪	生产磷肥	337 人	30.3 万元
〔2014〕台温刑初字第 1251 号	污染环境罪	电镀加工	无	无
〔2014〕南刑初字第 206 号	污染环境罪	螺丝钉淬火	无	无
〔2014〕东刑初字第 138 号	污染环境罪	炼油厂	无	无
〔2013〕金兰刑初字第 621 号	污染环境罪	电镀加工	无	无
〔2014〕晋刑初字第 2302 号	污染环境罪	电镀加工	无	无
〔2014〕嘉盐刑初字第 302 号	污染环境罪	不锈钢生产	无	无
〔2011〕长中刑一终字第 0138 号	污染环境罪	生产硫酸锌	无	无
〔2010〕民刑初字第 76 号	污染环境罪	生产硫酸	商丘市财政局、民权县工经委、水利局、环保局、建委、城关镇政府、伯党乡政府	1879.3 万元
〔2014〕台玉刑初字第 771 号	污染环境罪	电镀加工	无	无
〔2014〕永刑初字第 28 号	污染环境罪	电镀加工	无	无

续表

刑事判决书编号	罪名	企业所属行业	是否有环境犯罪被害人	是否有附带民事赔偿
〔2014〕扬邗环刑初字第0001号	污染环境罪	金属表面加工	无	无
〔2014〕温鹿刑初字第813号	污染环境罪	皮革加工	无	无
〔2014〕甬鄞刑初字第839号	污染环境罪	五金发黑加工	无	无
〔2014〕玉刑初字第8号	污染环境罪	热镀厂	无	无

在上述 20 起环境犯罪案件中，我们可以看出，存在明显环境被害人的只有 3 起，所占比例为 15%，其他 17 起案件虽然都对环境造成了严重危害，但是没有明显的环境犯罪被害人。下面本文就对其中存在明显环境犯罪被害人的 3 起案件进行分析。在名山县恒达化工厂、林卿书等重大环境污染事故案①中，名山县恒达化工厂未按地、县环保部门的要求完成废水处理设施的建设和进行项目的环保验收，擅自试生产并两次排放氟硅酸废水，使废水流经区域的农田、河沟遭受高浓度氟化物污染，致使名山县城西镇卫干村二社村民群体中毒，先后有 303 人门诊治疗，104 人住院治疗。经省职业中毒诊断组鉴定，结论为：36 人急性氟化物轻度中毒，57人有摄入氟化物反应。经名山县防疫站、雅安地区环保监测站检测，恒达化工厂门外排水沟、拴马沟卫干村二社段、卫干村二社集中式供水井等处水样氟化物含量严重超标。名山县环保局和雅安地区环保局确认：名山县恒达化工厂违规试生产并向外排放工业废水，造成水土污染，使城西镇卫干村二社村民群体氟化物中毒。中毒事件发生后，名山县医院垫支医疗等费用 147386.15 元，县卫生局发生专家鉴定等费用 35525.90 元，县防疫站发生调查检测费 22135 元，地区环保监测站发生监测费 2000 元，县自来水公司安装水管支出 47686.60 元，县公安局消防车送水支出 16606.20元，城西镇政府打井开支 21160 元，村民住院误工 2224 天，住院病人护理总天数 1025 天，门诊误工 1457 天，城西镇政府代恒达化工厂支付村民慰问费 34500 元。

附带民事诉讼原告人城西镇卫干村二社村民李德轩、高永忠、李朝辉等 337 人要求被告单位名山县恒达化工厂赔偿：护理费 21600 元，营

---

① 参见《四川省雅安市中级人民法院〔1999〕雅刑终字第 59 号刑事判决书》。

养费 150000 元，误工费 536250 元，耕牛治疗费 6507 元，大春损失 38080 元，小春损失 5580 元，院外治疗费 60000 元，油菜损失 9600 元，交通费 3000 元，电话费 350 元，家禽家畜治疗、死亡补偿费 15000 元，肥料款 6930 元，精神损失 3370000 元，水管和电源改造费 148970 元，共计 4371867 元。

但是案件承办法官认为，本案虽然社会影响大，当地党委、政府花费了大量精力，但实际只造成 36 人轻度氟化物中毒，57 人有摄入氟化物反应，中毒人员经医治全部康复，无后遗症；且污染范围较小，持续时间较短，恒达化工厂停产半年后，当地生态环境已基本恢复原状，不属于《刑法》第三百三十八条规定的后果特别严重。在刑事附带民事赔偿方面，二审法院判决由名山县恒达化工厂赔偿名山县城西镇卫干村二社村民李德轩、高永忠、李朝辉等 337 人医疗、尿氟检查、误工、护理、交通等费用共计人民币 204990.50 元。这与附带民事诉讼原告人所提出的 4371867 元存在巨大差距。

在骆某某等重大环境污染事故案①中，被告人骆某某、黄某某共同出资在浏阳市镇头镇双桥村开办湘和化工厂。该厂在生产过程中存在多种违法行为。一是废水池存在废水外流现象，2007 年才建成三级废水回收系统，且第三级废水池系露天，遇下雨则出现含镉浓度高的废水外溢现象；二是镉含量高的原料次氧化锌和危险固体废物铅渣、铁渣、镉渣乱堆乱放，无防尘、防雨、防渗漏等有效防护措施，造成粉尘污染大、淋溶浸出现象严重；三是在由被告人杜某某负责的部分原料运输进厂以及废渣运输出厂的过程中，没有按照环评报告的要求采取有效的防护措施，存在洒落现象；四是生产设备陈旧、清洁生产水平低，生产过程中时有硫酸锌等溶液的跑、冒、滴、漏现象；五是该厂对使用过的原料次氧化锌、废渣的包装袋和过滤布管理不严，存在附近村民将包装袋和过滤布拿回家中使用的现象。针对上述现象，环保部门多次提出整改要求，但湘和化工厂整改不到位，未能有效防止对周边环境的污染。

2008 年以来，湘和化工厂周边村民因认为该厂对环境造成污染而时有投诉。2009 年 4 月至 8 月，经湖南省劳动卫生职业病防治所对该厂周边 1200 米范围内的居民共 3566 人进行尿镉和尿微球蛋白检测，共有

① 参见《湖南省长沙市中级人民法院〔2011〕长中刑一终字第 0138 号刑事裁定书》。

711 名村民经检验超标，其中 503 人尿镉超标，140 人尿微球蛋白超标，双项检测均超标的有 68 人，其中有 53 人属轻度镉中毒。2009 年 6 月 28 日，镇头镇双桥村村民欧某某异常死亡，经鉴定，其症状符合镉中毒表现，肺纤维化，肝、肾急性损害，多器官功能衰竭死亡。截至 2010 年 5 月 24 日，上述人员因镉污染产生的医疗费用为 2930305.5 元。2009 年 11 月 28 日，经湖南农业大学司法鉴定中心鉴定，湘和化工厂 1200 米以内 1049.87 亩耕地受到镉污染，后经浏阳市国土资源局土地整理中心治理，实际发生镉污染土壤治理费用 1063962 元及土壤培肥资金 300000 元，共计 1363962 元。2009 年 6 月以来，经湖南省农业环境监测中心检验，湘和化工厂周边 1200 米范围内粮食、农产品等受不同程度镉污染，经浏阳市价格认证中心鉴定，为处置该镉污染事件而收购的湘和化工厂周边 1200 米以内的粮食、室内农产品、禽畜等财物价值共计 1250326.16 元。综上，本次环境污染事故共造成 1 人死亡、公私财产损失 5544593.66 元。在案件审理过程中，被告人骆某某、黄某某书面承诺愿意将湘和化工厂已处置的资产所得 8519800 元交由政府用于处理本次镉污染事件。

在成京周、田本立重大环境污染事故案①中，民权县人民检察院指控，民权成城化工有限公司于 2008 年 1 月成立，被告人成京周任该公司经理，被告人田本立任该公司的副职，主管硫酸车间的生产。该公司在生产硫酸过程中，尤其是改、扩建以后，使用劣质原料，该公司不具备高砷硫铁矿生产硫酸的工艺和相应的废水处理设施；对废水处理系统未作相应的技术处理；企业对废水处理系统缺乏有效的管理和水质监控，致使水质恶化时不能及时发现并采取措施等，导致民权县大沙河及其下游直至包公庙闸河段水质严重污染。2008 年 8 月 22 日，经淮河流域水资源保护局监测，该公司所排出的废水含砷浓度超出《污水综合排放标准》（GB8978 - 1996）899 倍；大沙河省界包公庙水质断面砷浓度为 0.55 毫克/升，超出《地表水环境质量标准》（GB383 - 2002）10.1 倍，2008 年 8 月 26 日，经河南省环保局监测，该企业总排口废水含砷浓度为 272 毫克/升，超标 544 倍，民权县民生河含砷浓度为 2.56 毫克/升，商丘市睢阳区大沙河与古宋河交汇后河水含砷浓度为

① 参见《河南省民权县人民法院〔2010〕民刑初字第 76 号刑事判决书》。

1.38 毫克/升，大沙河包公庙闸河水含砷浓度为 0.122 毫克/升。2008 年 10 月，河南省环境中心监测站对该企业内的表层土、沉淀地的污泥、原料矿及废渣进行了技术分析，结果含砷浓度均超国家标准。最后，法院判决，附带民事诉讼被告人民权成城化工有限公司赔偿商丘市财政局、民权县工经委、水利局、环保局、建委、城关镇政府、伯党乡政府各项损失共计 18793497.97 元。

在上述 3 起环境犯罪案件中，自然人作为环境犯罪被害人，通过诉讼程序获得赔偿的只有第一起。另外两起案件中，一起是政府等机关单位作为被害主体获得赔偿，另一起是通过协商的办法获得赔偿。在唯一一起自然人作为环境犯罪被害人受偿的案件中，环境犯罪被害人获得的赔偿金额仅为其诉求金额的 4.7%。在整个诉讼过程中，环境犯罪被害人始终处于弱势地位，合法权利得不到应有的保障。

第三节　中国环境犯罪被害人法律保护的不足

一、环境犯罪被害人诉内法律保护之不足

1. 环境犯罪刑事司法存在的不足

（1）环境犯罪取证较难

尽管我国环境法律法规框架已初步建成，其中不乏最为严厉的刑事制裁措施，但是我们国家每年的环境犯罪案件仍是屈指可数。从 1997 年《刑法》公布到现在，环境污染犯罪一直是刑法打击的对象。如果说最早的"重大环境污染事故罪"在立法上存在一些弊端，例如将"造成严重的污染后果"定为入罪条件，《刑法修正案（八）》也已经对其进行了修改。此外，2013 年最高法和最高检也出台了《关于办理环境污染刑事案件适用法律若干问题的解释》，对"污染环境罪"中"严重污染环境"的 14 项标准进行了解释。可以说，通过一系列完善立法行动，我国刑事立法在打击环境犯罪方面取得了很大进步。但是为什么环境犯罪案件数量还是上不去呢？是因为环境犯罪本身的数量较少吗？有两点可以说明这绝不

是最主要的原因。一是各地环境维权事件频频发生，二是我国环境行政处罚案件数量并不少。① 可以说，大量的环境犯罪案件没有被发现，或者说没有能够进入刑事司法审判程序。

从目前环境犯罪刑事立法和司法现状来看，真正阻碍环境犯罪案件进入刑事司法审判程序的不是环境刑事立法，而是环境刑事司法。由于环境犯罪的特殊性，环境犯罪的侦查、起诉和审判具有一定的挑战性。很多环境犯罪并不是显而易见的，因此很难去追查。对于环境犯罪，侦查人员显得力不从心。在很多案件中，检查公司和追踪样品都是技术上很复杂的活动，通常不属于侦查人员的职责而是专业检测机构的任务。

环境犯罪的侦查困难重重。与传统的犯罪类型相比，很多侦查人员对这类犯罪类型的侦查并不熟悉。加上环境犯罪证据收集需要环境方面的专业知识，这是许多侦查人员所不具备的，因而环境犯罪案件很难进入起诉阶段，环境犯罪被害人的权利也无法得到保障。

环境犯罪之所以取证难，主要是由环境犯罪自身的特点决定的。环境污染的方式有很多种，污染的媒介也有很多种。污染源可以通过大气、土地、河流等媒介进行传播，污染的形式也极为隐蔽（见表3-5）。一方面，侦查人员很难发现这些排污的手段，例如有的企业将排污管道埋置在地下，或者利用自家的庭院、农田作掩护，侦查人员发现的难度很大。另一方面，即使侦查人员发现了被污染的土地、河流，还需要对其中的成分进行检测，对其可能的来源进行分析。这都需要侦查人员具备相应的生物、化学、自然科学等学科知识。但是我们的侦查人员并不是专门侦破环境犯罪的，并不具备这些专业知识，也没有配备相应的专业设备。加上案件任务繁重，很多时候也就没有太多的精力来应对环境犯罪。在人力和财力都稀缺的情况下，调查活动是有选择的。环境犯罪的调查不仅要与其他对社会造成重大危险的案件利益相竞争，还要与当局所追求的利益相竞争。在没有明显被害人的情况下，其他利益通常优于环境保护，环境犯罪因此也就被认为是可以不优先考虑进行调查的案件。此外，环境损害和环境犯罪的调查经常会与其他利益相冲突，尤其是经济利益。例如，经济繁荣总是比环境保护提得要多。在很多情况下，为了保持经济持续增长，对

---

① 2010年、2011年、2012年和2013年全国环境行政处罚案件数量分别为11.7万件、11.9万件、11.7万件和13.9万件，远远高于全国环境污染犯罪案件的数量。

环境的考虑也是很少的。这是我们在司法实践中需要解决的重大问题，不能让环境犯罪在取证环节停滞不前。

表3－5　企业非法排污的具体形态

排污三十六计之以逸待劳	埋置很长的排污管道,使排污管道的出口离厂的距离很远,或者将排污管道的出口隐藏起来,包括人工隐藏或利用小树林等天然屏障,使检查人员无法发现排污管道的出口位置
排污三十六计之趁火打劫	趁着下雨、涨潮或者水闸放水等水位涨高的机会,偷偷将污水排放出去。既能掩盖排污口,又能使污水随着水流被快速冲走,阻碍环保工作人员取样
排污三十六计之声东击西	埋置两个排污管道,一个对外公开,专门排放无毒无害的废水,用来欺骗检查人员和一般公众;另一个则位置隐蔽,专门排放有毒有害的废水
排污三十六计之暗度陈仓	在厂区内打一口暗井,将排污管道直接接入井内,排放的有毒废水通过排污管道直接流入井中,对地下水造成严重污染
排污三十六计之笑里藏刀	有检查的时候进行合法排污,没有检查的时候则进行非法排污。当面一套,背后一套
排污三十六计之李代桃僵	统一排入集中污水处理厂,工厂自己不用再负责了
排污三十六计之浑水摸鱼	众多的排污管混在一起,将正在排污的管子与其他管子放在一起,混淆视听
排污三十六计之假痴不癫	声称不了解国家的环境法律法规,不知道什么情形属于违法排污
排污三十六计之反客为主	不管对当地生态环境以及居民身体健康造成了多大危害,工厂都能够泰然自若,毫无畏惧地实施非法排污行为
排污三十六计之美人计	购买了光鲜的污水处理设备作为幌子魅惑公众,实际上从来不用
排污三十六计之走为上计	一旦非法排污的行为被察觉,工厂立马销毁排污证据,对排污管道进行掩埋或重新改建。更有甚者直接将工厂搬迁,一走了之
排污三十六计之瞒天过海	通过遮挡、隐蔽、掩护等方法,使排污管道在明处看来干净无污染,实际上却有一条被伪装好的排污管偷偷将污水运出

（2）环境犯罪因果关系难以证明

从哲学上讲，因果关系是指行为与结果之间存在引起与被引起的关系。但是环境污染的特殊性，导致用传统因果关系理论在环境犯罪案件中认定因果关系出现了困难。自从人类进入工业时代以后，环境污染问题越来越严重。传统刑法理论在环境犯罪责任认定的问题上显得力不从心。特别是在因果关系的认定上。传统理论认为，环境污染责任的成立，需要侵权行为与损害后果之间有客观上的联系。因此，环境污染责任的承担也需要找到行为与侵权结果之间的因果关系。但是，环境犯罪案件具有潜伏性、广泛性、专业性等特点，受此影响，环境犯罪因果关系与一般犯罪因果关系不同，它具有复杂、易变、间接的特点，导致了行为与污染结果之间的因果关系认定出现了困难。有些侵害自然资源权益的恶行，与招致的危害结果之间存在明显的因果联系，如未经许可捕捉水库里的鱼，可以肯定，鱼的减少与非法捕鱼之间存在因果关系；但是有些行为具有隐蔽性，很难确定因果关系。例如，个别单位排放毒害性气体到空气中的行为与周遭社会民众罹患癌症概率猛然增加之间是否有因果联系呢？类似的，空气污染，由于人的体质不同，很难确定其患病是与排放毒气的行为有直接联系。因此，如何判断环境犯罪中的因果关系是摆在人们面前的难题。

我们知道，造成环境污染的原因有很多种，可以是大气污染，可以是土壤污染，甚至是噪声污染等。不同的污染原因有着不同的污染机理。要想成功侦破一起环境犯罪案件，必须厘清污染背后的机理，必须将环境污染的结果与环境犯罪人的污染行为联系起来。这种联系不能只是表面的猜测或是推断，而必须有科学的依据。但是我们知道，即使是利用科学技术，我们也很难将这两者联系起来。

第一，环境犯罪所造成的危害后果不具有即时性。与其他犯罪类型不同，环境犯罪所造成的后果往往具有潜在性。也就是说，不是环境犯罪行为人实施犯罪行为，这种后果就立刻显现的。在某些情况下，这种危害后果经过数十年才开始凸显出来。在搜集到的环境犯罪案件中，犯罪行为人被绳之以法的都是那些危害后果十分严重和明显的案件。事实上，绝大多数环境犯罪都不会立即造成大面积的环境污染，更多的是通过地下水的渗透、土壤有害物质的积累而对自然环境和人们的身心健康造成损害。我们所熟知的淮河"癌症村"就是最典型的案例。难道这些村民会没有缘由地患病死去吗？当然不会。这中间的联系不需要科学依据也可以猜到几分。但是猜到并没有用。十几年过去了，污染企业搬的搬，拆的拆，所剩无几。即使还有企业在，当初环境污染的证据链也早已不在，要证明是该企业实施了污染行为几乎是不可能的事情。

第二，环境犯罪中因果关系的证明非常复杂。运用传统的刑法因果关系理论来证明环境犯罪是相当难的。美国学者穆勒就指出："对于传统犯罪来说，其所造成的损害是显而易见的，或对财产造成损害，或对生命造成损害，一目了然。然而对于生态犯罪而言，犯罪行为与损害结果是遥远而漫长的。"① 正是由于这些原因的存在，我们对环境犯罪这类新的犯罪类型必须要运用新的因果关系理论。如果还用传统的方法进行因果关系的判断，那么大部分的环境犯罪罪名就无法成立，环境犯罪被害人的权利也得不到保障。

（3）司法人员专业知识缺乏

与传统犯罪不同，环境犯罪涉及土壤、大气、水流等多领域的知识。因此，对该类案件进行审判，需要法官具有较为全面的知识。不仅包括法学知识，更需要掌握环保、林业、土地等方面的知识。目前，我们国家对环境犯罪案件的审判还处于初级阶段，相关司法人员的知识积累并不深厚。有的法官接触环境犯罪案件的时间很短，几乎没有任何可以借鉴的经验。在环保法庭设立之前，环境犯罪案件并没有与其他案件进行区分，都是由法庭统一审理。在环保法庭成立之后，环境犯罪案件开始由专门的法庭进行审理。这是环境犯罪案件审理的一个重大进步。但是，尽管审判形式得到统一，但审理质量并没有得到同步提升。其中原因主要在于审判人员专业知识缺乏。在对贵州省清镇市环保法庭的调研过程中，我们发现，环保法庭的人员都是法院的原班人马，并没有专门的环境犯罪案件的审判经验。在环境犯罪案件不多的时候，环保法庭的法官还需要审理其他庭的非环境犯罪类案件。可以说，环保法庭的设立尽管为环境犯罪案件的审理开辟了新的道路，但是没有解决根本的问题。如果只是成立了环保法庭，但是并没有专业的司法人员，那么环境犯罪案件还是不能得到很好的处理。对环境犯罪中的疑难问题，例如怎么证明环境犯罪危害行为与危害后果之间的联系等，不具备环境领域相关专业知识就很难解答，也难以达到预期的审判效果。

2. 环境犯罪被害人诉讼权利保护的不足

诉权是由法律规定，赋予当事人基本的诉讼权利，其属于程序性权利，与实体权利存在密切关联。公民实体权利的实现需要诉讼权利的保障，在享有实体权利的同时也应当享有诉权。在诉讼制度建立的大背景下，面对犯罪，传统的"同态复仇"已然转向"国家追诉"，在此过程中，国家逐渐掌握追究犯罪的主动权，也就是强调罪犯的追究与惩罚最终

---

① ［美］穆勒：《生态犯罪之研究》，罗明通译，《环境刑法国际学术研讨会论文辑》，台湾地区，1992，第71页。

取决于公诉机关的公诉行为。伴随时代变迁、社会进步，加之被告人学研究的深入，被害人学开始进入学界的视野。被害人的权利保护、角色定位、享有权利等问题的研究逐渐开展起来。以下，将对我国环境犯罪被害人诉讼权利保护方面的不足进行分析。

（1）环境犯罪被害人自诉权的取舍

自诉权指的是当犯罪被害人遭到犯罪行为的侵害时，为了保护自身的合法利益，在法律允许的范围内，自行向法院提起刑事诉讼追究被告人刑事责任的权利。自诉权是最早人们进行诉讼的一种方式。随着国家的出现，公权力逐渐取代了犯罪被害人的诉权。但是这并不意味着被害人的自诉权利被完全剥夺了，大部分国家都规定犯罪被害人在某些情况下享有自行提起诉讼的权利。

刑事自诉权，是指被害人及其法定代理人、近亲属在遭受犯罪行为的非法侵害时，在法定的案件范围内根据法律规定向人民法院提起刑事诉讼，由人民法院依照法定权限、程序追究被告人刑事责任的权利。刑诉法第一百一十二条规定，对于自诉案件，被害人有权直接向法院起诉，若被害人死亡或者丧失行为能力的，其法定代理人和近亲属可以起诉。而环境犯罪的刑事自诉权即指环境犯罪受害人在法定的案件范围内依法直接向人民法院提起诉讼，请求人民法院依照法定权限、程序追究环境犯罪被告人的刑事责任，保障被害人享有的环境权不受侵犯的权利。

梳理我国刑诉法发现，并未出现专门涉及环境犯罪被害人自诉权的规定。在我国，《刑事诉讼法》规定了三类刑事自诉案件，对照最高人民法院《关于适用〈中华人民共和国刑事诉讼法〉的解释》，人民法院直接受理的自诉案件存在如下几类情形：第一类是告诉才处理的案件，主要有刑法第二百四十六条规定的侮辱、诽谤案①，刑法第二百五十七条第一款规定的暴力干涉婚姻自由案，刑法第二百六十条第一款规定的虐待案和刑法第二百七十条规定的侵占案。其中，我们发现并未出现环境犯罪被害人自诉权的规定。第二类是人民检察院没有提起公诉，被害人有证据证明的轻微刑事案件，主要有故意伤害案（刑法第二百三十四条第一款规定）、非法侵入住宅案（刑法第二百四十五条规定）、侵犯通信自由案（刑法第二百五十二条规定）、重婚案（刑法第二百五十八条规定）、遗弃案件（刑

---

① 严重危害社会秩序和国家利益的除外。

法第二百六十一条规定），刑法分则第三章第一节规定的生产、销售伪劣商品案①，刑法分则第三章第七节规定的侵犯知识产权案②以及刑法分则第四章、第五章规定的对被告人可能判处三年有期徒刑以下刑罚的案件。从条文结构和制度逻辑分析可知，环境犯罪并不属于被害人有证据证明的轻微刑事案件这一类。第三类是被害人有证据证明对被告人侵犯自己人身、财产权利的行为应当依法追究刑事责任，且有证据证明曾经提出控告，而公安机关或者人民检察院不予追究被告人刑事责任的案件，主要是"公诉转自诉"案件。我们发现当前的实体法和程序法对于此类自诉案件范围并未明确界定，《刑事诉讼法》的规定告诉我们被害人人身、财产权利遭受侵害是"公诉转自诉"的前提要件。被害人人身、财产法益的保护纳入刑法分则第四章——侵犯公民人身权利、民主权利罪和刑法分则第五章——侵犯财产罪案件的享有自诉权。可以看出，只有第三类刑事自诉案件③包括了我们所说的环境犯罪。但是，环境犯罪罪状、法定刑的规定主要置于刑法分则的第六章第六节，考虑到环境犯罪中不仅存在侵害被害人的人身、财产法益，而且存在侵犯超个人法益的可能，将其归入第三类起到兜底作用的刑事自诉权类别中来定然会涵盖环境犯罪，扩大环境犯罪被害人救济的途径与权益保护范围。

在上述讨论的三种自诉案件中，被害人对于环境犯罪享有自诉权仅仅纳入第三类刑事自诉案件的调整范围，但通过详细研习，我们发现在环境犯罪中赋予环境犯罪被害人以自诉权存在些许问题，制度的实际运行难以达到其应有的预期。针对环境犯罪被害人的自诉权，我们有必要厘清如下几个问题。第一，公诉转自诉制度本身的不足在哪？一是难以有效制裁犯罪。依照刑诉法第二百零四条规定的公诉转自诉案件主要是非轻微刑事案件。比如在环境犯罪中，非轻微环境刑事案件在给被害人人身权和财产权造成侵害的同时，也在一定程度上危及了社会或者公共法益。加之，刑诉法第二百零六条规定，公诉转自诉案件不能适用调解。但是"自诉人在宣告判决前，可以同被告人自行和解或者撤回自诉"，这种允许同被告人自行

---

① 严重危害社会秩序和国家利益的除外。

② 严重危害社会秩序和国家利益的除外。

③ 参见《刑事诉讼法》第一百七十条：被害人有证据证明对被告人侵犯自己人身、财产权利的行为应当依法追究刑事责任，而公安机关或者人民检察院不予追究被告人刑事责任的案件，被害人有权向人民法院提起自诉。

和解或者撤回自诉的方式常成为司法机关在面临"案多人少"的矛盾时片面"从快从速"处理的路径，过分注重效率的同时忽视了公正的内在价值，进而不利于制裁环境犯罪行为。与此同时，当公安机关、人民检察院等司法机关依据《刑事诉讼法》对环境犯罪嫌疑人做出不予追究刑事责任的决定时，需要及时解除对其的强制措施。由此，当被害人启动自诉程序时，环境犯罪嫌疑人有可能基于"诉累"而逃跑，进而不利于环境犯罪的有效惩治。二是被害人难以提供证据。刑诉法的历史更多的是被告人人权保障的历史，被告人权利保护与救济日趋完善，但被害人权益保护却未得到应有的重视。特别是证据提供的标准对于被害人而言相对过高，刑事自诉案件，需要环境犯罪被害人提供证据证明其诉求，但是环境犯罪被害人相对于人民检察院而言，掌握的科学技术和拥有的经济实力显然处于不对称的弱势地位，依靠自我力量自行调取证据困难较大，而且其搜集的证据是否达到应有的客观性、关联性和合法性的标准与要求很难得知。三是公诉转自诉制度本身的逻辑存在混乱。"公诉转自诉"案件中，环境犯罪被害人行使自诉权是被害人享有启动刑事诉讼保护自身权益的一项救济性程序。但是，同时《刑事诉讼法》也规定了检察机关具有相对不起诉的权力，这种权力的行使是基于检察机关对情节轻微的犯罪进行利益衡量和社会价值综合判断的政策抉择，本质而言，对不追诉决定的审查和对错误不追诉决定的纠正属于两个独立的、性质不同的诉讼活动①。当检察机关做出不追究的决定不符合法律规定时，不能当然地就赋予环境犯罪被害人自诉权予以救济，而是应该在遵守审判程序的流程中进行纠正；如果公安机关和检察机关做出不追究、不起诉决定合乎法律规定时，赋予了被害人自诉权，在缺乏权利行使配套的约束机制条件下，这时有可能存在环境犯罪被害人对起诉权进行滥用的情形，反而不利于被告人的人权保障。

环境犯罪被害人自诉权行使程度如何？在人权思想逐渐发展的今天，被告人的权利越来越受到法律的保护，而被害人的权利却逐渐被忽视。对于环境犯罪被害人来说更是如此。有的学者就指出，环境犯罪被害人应当积极行使《刑事诉讼法》中所规定的第三类自诉权，充分保护自己的利益。表面上看这种说法似乎很有道理，但是实际上，环境犯罪被害人由于其特殊性，在自诉权的行使上是力不从心的。其一，环境犯罪被害人在行

---

① 吴宏耀：《刑事自诉制度研究》，《政法论坛》2000 年第 3 期。

使自诉权时举证存在困难。在"公诉转自诉"的案件中，被害人行使自诉权的要件之一便是对遭受的人身、财产权侵害承担举证责任。但实践中，环境犯罪的被害人常常是自然人，被告人常以单位为主体，两者无论在经济实力，还是在获取信息能力方面都存在巨大的差距。正如有学者所言，例如，在面对环境犯罪行为人实施污染、破坏环境的行为时，确定污染、破坏环境行为与结果的因果联系在短期内很难得出定论，需要耗费一定时间，甚至有时候长时间地鉴定仍然无法得出结论，进而导致行为人逃避污染、破坏环境的刑事追究，最终导致环境犯罪行为侵害范围的扩大。同时，环境犯罪被害人常是自然人，他们在经济基础与掌握的技术上存在不足，难以有效判别各种污染物对环境的有害、污染程度，更无法防止毒害性、放射性、传染性病原体的扩散。其二，环境犯罪侵犯的法益存在多重性。从规范视角来看，"公诉转自诉"案件中污染环境罪等环境犯罪的被害人行使自诉权的前提要件便是有证据证明自己的人身、财产法益遭受环境犯罪行为的侵犯。然而，我们知道环境犯罪对于公民环境法益的侵犯往往不仅限于被害人的人身、财产法益，有时会超越个人法益的范围。若出现这种状况，是否认为被害人不享有自诉权？从环境犯罪侵犯的法益角度而言，法益存在多重性，正如有学者强调，环境权是社会性的权利，其对象是人类生活的整体环境，环境的整体性、共有性体现出环境犯罪行为的公共危害性，环境犯罪行为的实施，便意味着对"群体"环境权和对社会利益（环境公益）的侵犯。特别是在环境犯罪行为实施的情况下，毒害性、放射性、传染性病原体等物质通过空气、水、土壤、风力的环境介质作用，导致受害群体范围扩大，易侵犯不特定多数人的利益。就此而言，环境犯罪的侵害具有公害性。《刑事诉讼法》所规定的第三类自诉权要求犯罪被害人自行收集证据证明犯罪行为的发生。在上文中我们已经指出，环境犯罪的侦查阶段困难重重。主要原因就在于环境犯罪的取证很难，需要专业的设备和专业的人员。在专门的侦查人员都很难侦破的案件中，要求处于弱势地位的环境犯罪被害人自行收集证据可谓难上加难。就算被害人能够收集到相关的一些证据，也很难达到法院提出的证明要求和标准。可以说，自诉权的设置对于环境犯罪被害人来说并不可行①。此外，自诉案件完全是由被害人自己承担费用，没有国家公诉机关对其的支

---

①　李昌林、张麟：《论我国刑事自诉制度的完善》，《西部法学评论》2012 年第 5 期。

持。在很多环境污染案件中，环境犯罪被害人一般是在身体出现疾病时才发现被害的事实。除了与病痛做斗争外，被害人还需要自行收集证据，承担其中所需的开销，这只能使其境地更加悲惨，遭受二次伤害。在这个过程中由于求助无门，往往会轻易相信别人所谓的"援助"而上当受骗。因此，环境犯罪被害人自诉权的行使并非易事。在本文后面章节中还会对环境犯罪被害人自诉权的取舍进行详细阐述，在此就不多赘述。

（2）环境犯罪被害人上诉权的缺失

我国《刑事诉讼法》第一百八十条、一百八十二条对被告人所享有的上诉权进行了规定，①但是并没有赋予相对方——被害人上诉权，只是赋予了其抗诉权。也就是说，被害人如果不服公安机关、检察机关不立案的决定，可以申请复议。这种权利相比被告人的上诉权，不管在形式上还是实际作用上，都不在同一个层次上。尽管《刑事诉讼法》第一百八十二条规定被害人如果对法院一审判决不满，可以请求检察机关进行抗诉。如果抗诉得不到支持，那么被害人只能依靠申诉来改变判决的结果。但是我们知道，在司法实践中，申诉的提起往往是一个漫长的过程。对于环境犯罪被害人来说，时间是等不起的奢侈品。当发现自身遭受环境犯罪的侵害时，被害人身体状况已经比较糟糕。很多时候审判监督还未提起，被害人已经患病离世了。因此，抗诉和审判监督对于环境犯罪被害人诉求的满足并没有太大的作用。事实上，从现行的法律规定来看，在公诉案件中，权利的天平始终是向被告人倾斜的。被害人多享受不到被告人的权利，不能够自行启动二审程序。因此，如果对法院的一审判决不服，被害人基本处于无可奈何的境地，合法权益很难得到保障。可以说，在刑事审判过程中，被害人始终处在一个可有可无的地位。在对法院一审判决不满的情况下，被害人也没有较多渠道或是方法去充分表达自身的诉求。因此，为了平复被害人内心的情绪，赋予被害人上诉权也不失为一个很好的方式。

---

① 《刑事诉讼法》第一百八十条："被告人、自诉人和他们的法定代理人，不服地方各级人民法院第一审的判决、裁定，有权用书状或者口头向上一级人民法院上诉。被告人的辩护人和近亲属，经被告人同意，可以提出上诉。附带民事诉讼的当事人和他们的法定代理人，可以对地方各级人民法院第一审的判决、裁定中的附带民事诉讼部分，提出上诉。"第一百八十二条规定："对被告人的上诉权，不得以任何借口加以剥夺。""被害人及其法定代理人不服地方各级人民法院第一审的判决的，自收到判决书后五日以内，有权请求人民检察院提出抗诉。人民检察院自收到被害人及其法定代理人的请求后五日以内，应当做出是否抗诉的决定并且答复请求人。"

但是关于是否应当赋予被害人上诉权，学者们有过激励的争论。有的学者认为应当赋予被害人上诉权，这不仅是公平正义的要求，更是为了避免对被害人造成二次伤害。反对的学者们则认为，赋予被害人上诉权会带来一系列的问题，包括被害人提起上诉是否会影响"上诉不加刑"原则的适用，被害人上诉是否会降低法院审理案件的效率等。最终我们的《刑事诉讼法》是采取了较为折中的方式，即并未赋予被害人独立的上诉权，但是赋予了其抗诉请求权。随着日益兴起的被害人权利保护运动，被害人是否享有上诉权又被推向了台前。学者们依然是各执一词，没有达成一致的意见。我们认为，尽管赋予被害人上诉权会存在一些问题，但是从司法公正的角度出发，应当赋予被害人上诉权。尽管公诉机关对犯罪行为人进行起诉，但是公诉机关始终代表的是国家的利益，不是被害人的利益。一审判决结果出来之后，是否提起抗诉，公诉机关的决定与被害人的想法通常是有很大差别的，因为两者考量的角度不一样。如果由公诉机关完全取代被害人的地位，对被害人来说是相当不公平的。至于学者们提出的，赋予被害人上诉权会对现有诉讼体制产生影响，我们可以通过对被害人的上诉权做出一些限制，防止其对现有的体制造成影响。

（3）环境犯罪被害人当事人地位的不对等

与环境犯罪人的诉讼地位相比，环境犯罪被害人的诉讼地位非常弱。被害人对法院一审判决不满，除了享有申诉权外，并不能直接上诉。根据《刑事诉讼法》的规定，被害人在刑事诉讼过程中既不享有起诉权，也不享有撤诉权。此外，在庭审的过程中，被害人不能作为证人出庭做证。如果为了对案情更加了解，往往只会对被害人陈述进行宣读，从某种程度上来说是架空了被害人的权利。

在环境犯罪审判过程中，犯罪人和被害人是同样重要的两个主体，缺一不可。如果只重视保护被告人的权利而忽视被害人一方，就会造成司法天平的失衡。从犯罪预防的角度来说，忽视被害人的权利，不能满足被害人应有的需求，只会不利于犯罪人刑满出狱之后重新开始生活。因为在极端的情况下，如果被害人的不满得不到宣泄，那么在犯罪人出狱之后，被害人有可能还会进行打击报复。刑罚的一般预防功能和特殊预防功能都不能得以实现。因此，忽视被害人的权利、降低被害人的作用，只会对司法权威造成不好的影响，降低司法权威在公众心目中的地位。此外，在实际的庭审过程中，将犯罪被害人单纯视为证人的做法是不符合两者本身的身份定位的。证人是能够证明案件事实的人，证人参与庭审的目的是证实案件发生的真实情况，其本身与案件并没有利害关系，但是被害人是犯罪行为的直接受害者，是与案件有直接关系的人。如果只是将被害人视为证人，忽视其自身与案件的关系，不仅不利于保护被害人的权利，也有违民主法制的精神。

（4）立案侦查阶段诉讼权利实现之不足

在立案环节，诸如上文所言，《刑事诉讼法》赋予了环境犯罪被害人申诉控告、案情知悉、提起诉讼、参加庭审、委托代理以及申请回避的各项诉讼权利。刑诉法第一百零八条规定①了被害人享有举报、报案和控告的权利。刑诉法第一百一十条规定②了被害人对于侦查机关不予立案决定有申请复议的权利。实践中，环境犯罪被害人虽然具有报案和控告的权利，但在面临具体环境犯罪时，即使存在报案和控告的情形，公安机关也并不当然会立案。例如，新颁布的《环境保护法》实施以来，环保部副部长曾指出，"'两高'环境犯罪司法解释出台至今，仍有八九个省区没有查处一起环境犯罪案件，这些地方实际上都存在着比较严重的环境违法现象"。③ 在立法的管辖程序环节，基于环境犯罪案件本身所具有的犯罪行为样态、法益侵害结果、因果关系证明等特殊性，特别是在共同犯罪领域，易导致犯罪嫌疑人一人犯数罪或者存在特殊身份的犯罪主体参与实施犯罪的情形，这在一定程度上产生了不同地区、不同级别的公安机关立案侦查与公检两部门存在交叉管辖的问题。加之，涉嫌环境犯罪的案件往往造成的负面影响范围大，犯罪持续的时间长，危害结果存在潜伏性、持久性等特点，这些不利因素的交织易造成对其地域和级别管辖产生不利影响。而对于

① 《中华人民共和国刑事诉讼法》第一百零八条规定："任何单位和个人发现有犯罪事实或者犯罪嫌疑人，有权利也有义务向公安机关、人民检察院或者人民法院报案或者举报。被害人对侵犯其人身、财产权利的犯罪事实或者犯罪嫌疑人，有权向公安机关、人民检察院或者人民法院报案或者控告。"
② 《中华人民共和国刑事诉讼法》第一百一十条规定："人民法院、人民检察院或者公安机关对于报案、控告、举报和自首的材料，应当按照管辖范围，迅速进行审查，认为有犯罪事实需要追究刑事责任的时候，应当立案；认为没有犯罪事实，或者犯罪事实显著轻微，不需要追究刑事责任的时候，不予立案，并且将不立案的原因通知控告人。控告人如果不服，可以申请复议。"
③ 参见《多省未查处一起环境犯罪》，《人民日报》2015年3月3日，第2版，http://paper.people.com.cn/rmrb/html/2015-03/03/nw.D110000renmrb_20150303_5-02.htm，访问日期：2016年6月20日。

申请复议的，刑诉法并没有明确申请复议机关、复议期限以及法律后果，被害人所享有的权利损害后的救济途径有限。依照刑诉法一百一十一条的规定，尽管该条规定了检察机关有权对公安机关的不立案决定进行监督，但检察院行使控诉职能，立场的一致性易导致公安机关与检察院形成"利益"关系，进而阻碍对公安机关进行有效监督。

在侦查阶段，环境犯罪被害人对办案的侦查人员有权申请回避，该项权利具体在《刑事诉讼法》第二十八条、第二十九条规定①中得以明确。司法实践中，大多数环境犯罪，特别是大型污染性企业实施的污染环境行为，往往基于该企业是当地的"纳税大户"而给予了"权力照顾"，在申请回避过程中，并未完全遵守应有的回避程序，造成环境犯罪被害人申请回避权行使受阻。在申请补充或者重新鉴定的问题上，司法工作人员由于"司法惯性"往往对被告人的申请予以重视，而对犯罪被害人的合理请求却常不予以理睬。《刑事诉讼法》第一百四十六条②虽然规定了被害人可以申请补充或者重新鉴定，但在实务中，每当犯罪嫌疑人、被告人提出申请时，司法工作人员迫于社会压力，往往欣然答应重新鉴定，这种做法不但"曲解"了《刑事诉讼法》第一百四十六条"可以"两字的意味，而且易导致办案时间的不当拖延，使得大量案件超期积压，不利于对被害人人权的重视与保护。与此同时，在涉及环境危害方面的鉴定上，环境因素鉴定的专业性、复杂性需要投入大量的人力、物力，这无形之中也会增加被害人的经济负担。

（5）审理执行阶段诉讼权利实现之不足

首先，环境犯罪被害人有权委托代理人参加诉讼，但相较被告人较晚，保障机制不足。刑诉法第四十四条规定："公诉案件的被害人及其法定代理人或者近亲属，附带民事诉讼的当事人及其法定代理人，自案件移送审查起诉之日起，有权委托诉讼代理人……"从该条文可知，环境犯

---

① 《中华人民共和国刑事诉讼法》第二十八条："审判人员、检察人员、侦查人员有下列情形之一的，应当自行回避，当事人及其法定代理人也有权要求他们回避：（1）是本案的当事人或者是当事人的近亲属的；（2）本人或者他的近亲属和本案有利害关系的；（3）担任过本案的证人、鉴定人、辩护人、诉讼代理人的；（4）与本案当事人有其他关系，可能影响公正处理案件的。"《中华人民共和国刑事诉讼法》第二十九条："审判人员、检察人员、侦查人员不得接受当事人及其委托的人的请客送礼，不得违反规定会见当事人及其委托人。审判人员、检察人员、侦查人员违反前款规定的，应当依法追究法律责任。当事人及其法定代理人有权要求他们回避。"

② 《中华人民共和国刑事诉讼法》第一百四十六条规定："侦查机关应当将用作证据的鉴定结论告知犯罪嫌疑人、被害人。如果犯罪嫌疑人、被害人提出申请，可以补充鉴定或者重新鉴定。"

罪被害人只有自案件移送审查起诉之日起，才有权委托诉讼代理人。相对于被告人而言委托代理人的时间较晚，存在与被告人所享有的相应权利不对等之嫌。其次，环境犯罪被害人对检察机关不起诉决定不服的救济性权利的行使缺乏相应的制度保障机制。根据《刑事诉讼法》第一百七十六条的规定①，我们知道环境犯罪被害人在寻求权利救济时存在两种方式：一是由环境犯罪被害人向上一级人民检察院提出申诉；二是由环境犯罪被害人向人民法院直接自行提起诉讼。理论上，环境犯罪被害人的救济路径规定得相对完善，但在司法实践中，这两种救济方式并非完美无缺，对于第一种方式，检察机关上下级之间存在领导与被领导关系，上级检察机关一般会尽可能"照顾"下级检察机关的利益；而且，事实上下级检察机关在对某一具体案件决定不起诉之前，往往已经向上级检察机关进行了相关备案，实质上征求了上级检察机关的意见，得到上级机关一定程度的"默许"，这便使得检察机关上下级监督关系名存实亡。同时，在审理环境犯罪的过程中，大多数环境犯罪案件查办的专业性程度较高、复杂性较大，这对法官妥善处理环境犯罪问题能力的要求很高。加之环境犯罪案件，特别是环境污染、环境破坏等犯罪，案件本身存有民事、行政、刑事相互交织、重叠的特点，这些因素对传统三者的审判分离模式无形之中提出了挑战。

根据我国《刑事诉讼法》第二百一十六条和第二百一十八条的规定②，被害人对刑事判决不享有上诉权，只赋予了被害人请求抗诉权。上诉权本质上属于权益遭受损害通过司法途径进行救济的诉讼性权利。当人们的权利面临损害时，通过诉讼方式救济权利，诉讼流程在我国一般分为一审和二审，不服一审判决、裁定，可向上一级法院提起上诉，维护其正当权益，这种权利救济方式的构建合乎"有权利必有救济"的理念，然而，我国刑诉法却规定被害人不享有上诉权，无形之中，通过诉讼的方式

---

① 《中华人民共和国刑事诉讼法》第一百七十六条规定："对于有被害人的案件，决定不起诉的，人民检察院应当将不起诉决定书送达被害人。被害人如果不服，可以自收到决定书后 7 日以内向上一级人民检察院申诉，请求提起公诉。人民检察院应当将复查决定告知被害人。对人民检察院维持不起诉决定的，被害人可以不经申诉，直接向人民法院起诉……"

② 我国刑诉法第二百一十六条强调："被告人、自诉人和他们的法定代理人，不服地方各级人民法院第一审的判决、裁定，有权用书状或者口头向上一级人民法院上诉。被告人的辩护人和近亲属，经被告人同意，可以提出上诉……"刑诉法第二百一十八规定："被害人及其法定代理人不服地方各级人民法院第一审的判决的，自收到判决书后五日以内，有权请求人民检察院提起抗诉。人民检察院自收到被害人及其法定代理人的请求后五日以内，应当做出是否抗诉的决定并且答复请求人。"

进行系统化救济就伴有了遗憾。《刑事诉讼法》第二百四十一条规定①被害人对于已经发生效力的判决、裁定不服，可以向人民法院或者人民检察院提起申诉。依据我国《刑事诉讼法》的规定，被害人的申诉权可以分为对不起诉决定的申诉权和对生效裁决不服的申诉权两种方式。被害人对不起诉决定不服的申诉权，详而言之，是人民检察院对公安机关移送的犯罪案件材料难以达到法定标准而做出不予以起诉决定，犯罪被害人对于人民检察院做出的不予以起诉决定不服，依法向其上一级人民检察院提出申诉，请求提起公诉的一种权利。通过对我国的《刑事诉讼法》相关规定的梳理发现，法律条文规定的被害人对人民检察院不起诉决定进行申诉的权利具有一定的完备性。具体而言，其不仅对申诉期限做了明确规定，而且规定了申诉的管辖机关以及对复查决定的告知义务。但是，仔细研习发现，事关申诉的具体条件和处理程序的规定却缺乏可操作性。对于第二种方式——被害人不服生效裁决申诉，理论上将该权利也称为再审申诉权，具体指遭受犯罪侵害的被害人对于人民法院做出的生效判决、裁定不服，依照法定权限、程序向人民法院或人民检察院提出申诉，要求其重新对案件做出审理的权利。这种制度设置的初衷便是要求人民法院对案件进行再审，或者由人民检察院对案件提起再审抗诉来尽可能救济被害人面临的犯罪侵害。但这种救济的方式由于存在法律规定的粗疏，对申诉处理程序比如申诉的方式、途径、受理及审查等明确规定的缺乏等不足引发了学界对其广泛热议。同时，学界的广泛热议背后引发了对这种申诉权本身的法律属性认识有别，反过来弱化了理论指导实践的作用。

二、环境犯罪被害人诉外法律保护之不足

1. 环境犯罪刑事立法存在的不足

我国环境犯罪刑事立法经过几次修改，已经取得了较为明显的进步。尤其是《刑法修正案（八）》对"重大环境污染事故罪"做出的修改，不仅扩展了"污染环境罪"的适用范围，也降低了"污染环境罪"的门槛，重大的

---

① 《中华人民共和国刑事诉讼法》第二百四十一条："当事人及其法定代理人、近亲属，对已经发生法律效力的判决、裁定，可以向人民法院或者人民检察院提出申诉，但是不能停止判决、裁定的执行。"

财产损失或人身伤亡等不再成为"污染环境罪"的入罪条件。自《刑法修正案（八）》生效以来，各地污染环境型环境犯罪的数量都有了较大幅度的提升。^① 可以说，刑法典在打击环境犯罪方面发挥了举足轻重的作用。但不可否认的是，环境犯罪案件相较于其他犯罪类型，还是处于数量极少的一个状态。究其原因，环境犯罪的隐蔽性、环境犯罪证据的难以收集等因素都对打击环境犯罪造成了阻碍。一旦环境犯罪行为人不能被绳之以法，环境犯罪被害人想要获得相应的赔偿就更加困难。因此，环境犯罪罪名的成立是环境犯罪被害人权利得到保障的前提。但是目前环境犯罪刑事立法存在的缺陷使这一前提的实现存在困难。具体有以下几种。

（1）严格责任的缺失

严格责任属于英美法系国家的刑事制度，指的是如果犯罪行为人实施了刑法所规定的犯罪行为，不管其主观上是故意还是过失，其行为都被认定为犯罪行为，必须承担相应的刑事责任。与其相对的是过错责任原则，其含义可以简单概括为"无犯意则无犯人"。用通俗的话说就是，如果犯罪行为人在实施刑法所规定的犯罪行为时不具有主观上的故意，那么这种行为就不被认定为犯罪行为。相对于严格责任原则，过错责任原则是传统意义上的归责原则，符合人们正常的预期。可以看出，严格责任和过错责任是完全不同的两种归责原则。严格责任只对行为人的行为危害性做出判断，而不在乎行为人主观上的故意或过失。

一般来说，严格责任原则的适用远远没有过错责任原则普遍。严格责任是针对一些高危行为确定的归责原则，是伴随着工业化发展而产生的一种原则。严格责任原则最初只在英美法系国家得到承认。西方国家的工业化发展给西方国家经济带来了空前的繁荣，但是也引发了大量环境污染事件。也正是因为这些事件的发生，英美法系国家开始采取了严格责任原则，用来防止环境污染事故的发生。英国的《空气清洁法》中就明确规定，不

① 2013年6月8日，最高人民检察院和最高人民法院就环境犯罪案件出台了具体司法解释，对"污染环境罪"中"严重污染环境"的具体14种情形进行了明确。该司法解释的颁布为司法部门惩治环境犯罪提供了更具体的操作标准，相关部门依据该解释加大了查处力度，污染环境型案件的数量得以大幅增加。以宁波市为例，破坏资源型环境犯罪案件占环境犯罪案件总数的93.5%。但从2012年10月开始，污染环境罪案件在总案件数中占有的比例越来越高。2009年至2013年9月近5年时间里，宁波两级法院审理的污染环境罪案件一直为零。但在2013年第四季度，污染环境罪案件数量开始突破零发案量，变成了3件4人，2014年1月至7月增长至43件52人。

管行为人对空气造成污染的行为是故意还是过失，只要确认了造成污染的事实，那么行为人都要承担刑事责任。美国的《资源保护和再生法》中也对危险废物的处理适用了严格责任原则。如果公司企业法人在没有获得许可的前提下处理危险废物，不管该法人负责人是知情还是不知情，都要承担刑事责任。相对于英美法系国家而言，大陆法系国家在严格责任的适用方面非常谨慎，始终还是坚持适用过错责任原则。我们国家也是如此。

不可否认，过错责任原则存在相当的合理性。"无犯意则无犯人"也被一般公众所接受。但是我们必须意识到，随着时代的发展，新的犯罪类型正在不断涌现。传统的归责原则已经不能很好地适应新的犯罪类型。这其中最明显的就是环境犯罪。在人们的传统观念中，环境犯罪并不如其他犯罪类型，如暴力犯罪那样具有可谴责性。人们对环境犯罪的容忍度是相当高的，在很多时候甚至是默许的态度，认为环境犯罪是经济发展过程中必不可少的产物。之所以有这种观念，很大一部分原因在于环境犯罪被害人的不明显。抢劫犯罪、杀人犯罪或者强奸犯罪中，犯罪被害人都是极其明显的，人们对其所承受的痛苦一目了然，也更能对这类犯罪的犯罪行为人产生憎恶的心理。但是环境犯罪被害人身心受到的伤害并没有那么明显，很多时候是随着时间的推移而逐渐显现。这种情况下，环境犯罪的危害性在某种程度上被淡化了。但是事实上，相比起这些暴力犯罪而言，环境犯罪造成的危害后果更严重。国外的日本水俣病事件、伦敦烟雾事件，国内的淮河"癌症村"、陕西凤翔"血铅案"等，都造成了极其严重的后果。随着工业化的进一步发展，各式各样新的产品被不断引入，新型的有机物和污染物不断出现，给自然环境和人们的身心健康带来了极大的威胁。尽管如此，在目前我国的环境犯罪立法之中，环境犯罪适用的依然是过错责任原则。也就是说，要证明环境犯罪成立，我们必须证明行为人主观上存在破坏环境的故意。这种证明可以说是具有很大难度的。污染源的检测、污染链条的衔接都需要专业技术人员进行追踪和监测。即使证明了环境遭受破坏的结果与行为人的行为相关，如何再去证明行为人的主观恶性呢？这为检察机关起诉环境犯罪行为人造成了很大的障碍。同时，证明难度的增加也使环境犯罪行为人更加存在侥幸心理，肆无忌惮地实施破坏环境的行为，而最后这一切的埋单者是我们的环境犯罪被害人。因此，如果我们在环境犯罪中依然适用过错责任原则，犯罪行为人很可能得不到应有的惩罚，环境犯罪被害人的正义得不到伸张。

（2）危险犯的缺失

对于是否在环境犯罪中设立危险犯，我国学者持有不同的意见。危险犯与我们常说的结果犯有很大区别，因为危险犯不要求犯罪行为人完成犯罪行为，只需要行为人的行为造成了危险状态，我们就认为犯罪既遂了。危险犯的设立不仅提前了入罪的时间，也降低了入罪的标准。目前对某些特定的犯罪类型，我们国家规定了行为犯，但是始终没有设立危险犯。在环境犯罪中设立危险犯具有重要的意义。首先，环境犯罪是对自然资源进行破坏的行为，而自然资源具有不可再生性。危险犯最显著的特点就是能够起到预防危害结果产生的作用，因为只要造成了"危险状态"，就可以定罪。如果在环境犯罪中设立危险犯，就可以有效避免对自然资源造成的实际危害，对自然资源起到非常好的保护作用。其次，在环境犯罪中设立危险犯，能够对潜在的环境犯罪行为人产生威慑作用。比起结果犯，危险犯能够避免犯罪行为人产生侥幸心理，从而减少自然环境受到危害的概率。最后，在环境犯罪中设立危险犯能够更好地保护环境犯罪被害人。环境犯罪一旦发生，不仅会对自然资源造成严重危害，更会给周边的居民带来巨大的伤害。一旦伤害发生，环境犯罪被害人的身体健康和财产安全都难以得到恢复。从保护环境犯罪被害人的角度出发，最有利的方法就是在伤害发生之前就予以制止。这一点结果犯没有办法做到，只有设立危险犯才能达到这个目的。因此，环境犯罪中应当设立危险犯，以更好地保护自然资源环境和人们的身心健康。

（3）行政从属色彩严重

改革开放之初，我们就开始了环境立法。到现在为止，我国环境法律框架已经基本形成。① 这些法律法规的颁布对保护自然资源、促进环境和社会和谐发展起到至关重要的作用。同时，环境法律法规体系的完善也为环境犯罪被害人权利的保护奠定了法律基础。但是值得注意的是，我国大部分环境污染法律法规的制定时间都距今比较久远，其中很多规定和标准都与现在

---

① 截至目前，全国人大常委会制定了环境保护法律 10 件、资源保护法律 20 件。此外，刑法、侵权责任法设立专门章节，分别规定了"破坏环境资源保护罪"和"环境污染责任"。国务院颁布了环保行政法规 25 件。地方人大和政府制定了地方性环保法规和规章 700 余件，国务院有关部门制定环保规章数百件，其中环境保护部的部门规章 69 件。国家还制定了 1000 余项环境标准。全国人大常委会和国务院批准、签署了《生物多样性公约》等多边国际环境条约 50 余件。最高人民法院和最高人民检察院还做出了关于惩治环境犯罪法律适用的司法解释。

的环境状况不适应，其本身所带有的行政管理色彩也阻碍了法律法规发挥应有的作用。在某种程度上说，这些环境污染法律法规不仅不能很好地保护环境资源，甚至会阻碍我们对自然资源的保护和对环境犯罪的打击。[①]

对于环境犯罪而言，行政化的管理方式不利于环境犯罪的预防和惩治。一旦环境犯罪行为的刑事违法性必须建立在行政违法性之上，司法机关就会选择处理危害后果相对严重的案件，而对一般的环境犯罪案件则只会睁一只眼闭一只眼，从而使环境犯罪行为人有机会逃脱刑法的制裁。此外，在很多地方，政府希望依靠企业发展获取经济利益，带动地方的发展。因此，即使企业存在违反刑事法律的行为，也经常会被处以行政处罚，以罚代刑的现象也会经常出现，最终受害的还是环境犯罪被害人。[②]

（4）相关环境犯罪法定刑较低

以污染环境罪为例，虽然立法上已经将其从结果犯变为行为犯，但是法定刑仍然较低，最高刑仅为 7 年有期徒刑。与普通的财产型犯罪相比（最高刑可达无期、死刑），刑期相对少。但是污染环境的行为是危害到环境的安全，我们每个人都身处于环境之中，任何环境污染的后果都有可能导致我们身体健康遭受损害，财产遭受损失，而且这种危害具有蔓延性，范围广，不仅危害人类的生存，还危害其他生物的生存。因此，从罪责刑相适应原则来看，侵害环境的犯罪行为理应处以更高的刑罚处罚，现在的 7 年有期徒刑显得刑期太短，无法做到罪责刑相适应，也无法给违法犯罪分子以威慑，遏制破坏环境的行为发生。

（5）环境犯罪被害人自诉权存在争议

根据《侵权法》等民事法律的规定，环境污染的被侵权人可以提起环境民事侵权诉讼，但是在环境犯罪案件中，被害人是否有自诉权却存在争议。在我国的《刑事诉讼法》中，存在 3 种自诉案件，即告诉才处理的案件；被害人有证据证明的轻微刑事案件；被害人有证据证明自己的人身、财产权利受到被告人不当侵犯，而被告的行为应当依法追究刑事责任，公安机关或者人民检察院却不予追究被告人刑事责任的案件。从法律规定和逻辑上看，环境犯罪的被害人要提起自诉，只能是第三种"公诉转自诉"。

---

① 张猛、彭刚红、王育才：《我国环境责任保险制度建设的政府推动作用》，《生态经济》2012 年第 1 期。

② 张建伟：《危害环境行为入罪化的建构与实施》，《重庆大学学报》（社会科学版）2005 年第 4 期。

不过，如果允许环境犯罪被害人提起自诉，会出现许多的矛盾。如根据刑诉法的有关规定，自诉人在宣告判决前，可以同被告人自行和解或者撤回自诉，这种和解或撤回自诉的规定是建立在自诉人自愿放弃自己私人权利基础之上的。但是，不可否认的是环境权是社会性质的私权，环境污染具有公害性，环境污染行为侵犯到一个人的权利后，也会侵犯到群体或者社会的利益，在这种情况下，允许个人可单方放弃或者和解似乎不妥。

（6）环境污染案件鉴定存在困难

2013 年 6 月，《两高关于办理环境污染刑事案件适用法律若干问题的解释》，以下简称《2013 司法解释》。《2013 司法解释》通过列举的形式规定，即使不发生损害后果也能将行为认定为污染环境罪，将污染环境罪从结果犯变成了行为犯。但环境污染犯罪除了污染环境罪之外还有其他罪名，有的仍然要求发生损害结果，而在这些案件中，对损害事实的鉴定直接影响着案件的审理结果。当前具有环境污染鉴定资质的机构很少，鉴定要花费的费用很高，这些情况的存在，直接影响到有关案件的审理进程。为了解决这些问题，《2013 司法解释》规定："若对于案件中环境污染问题难以认定的，可以由司法鉴定机关出具鉴定意见，或者由国务院环保部门指定的机构出具鉴定报告，这些机构出具的鉴定意见具有证据效力。"司法解释的这一规定对于环境污染犯罪案件的顺利审结起到一定的促进作用。而且，国家于 2011 年发布了《关于开展环境污染损害鉴定评估工作的若干意见》和《环境污染损害数额计算推荐办法（第 I 版）》，已经着手构建环境鉴定制度，9 个试点的鉴定机构中已有 3 家具有司法鉴定资格①。但是，在实践中，仍然存在不少问题。首先缺乏一个专业且全面的鉴定机构，由此导致了对于一些特殊的污染物仍难以进行鉴定，如对于重金属，就没有一家鉴定机构能对国家重金属名录中的所有重金属做出专业的鉴定，这也使得有的案件难以进行鉴定。并且，现阶段进行环境污染鉴定需要的时间较长，且花费仍然很高，而案件的审理是有一定期限的，这在一定程度上影响了案件的审理效率。

2. 环境犯罪被害人救济制度的缺陷

首先需要明确一些概念，对公力救济与私力救济加以区分。各个部门法对于公力救济与私力救济的表述虽有些不同，但是基本含义还是一样

---

① 吴伟华、李素娟：《污染环境罪司法适用问题研究——以"两高"〈关于办理环境污染刑事案件适用法律若干问题的解释〉为视角》，《河北法学》2014 年第 6 期。

的。公力救济即是以国家的名义、由既定的国家机关（如法院）依一定程序对被侵害者的权利进行恢复和补救。而私力救济则是指当权利人遭受侵害时，在难以寻求公力救助的情况下依靠自身力量恢复或补救自身权益。可以看到，私力救济与公力救济的区别在于是否有国家公权力等第三方的介入，因此，本文所说的环境犯罪被害人公力救济是指被害人通过检察机关提起刑事诉讼或者民事诉讼惩治犯罪、维护合法权益的行为。环境犯罪被害人私力救济则是指被害人通过个人行为如游行、调解协商等来维护自身权益的行为。

（1）环境犯罪被害人公力救济的不足

刑事诉讼方面，如前所述，在《刑法修正案（八）》和号称史上最严的环保司法解释《2013 司法解释》颁布后，全国各地检察院对于环境犯罪案件公诉量激增。据统计，2014 年 1 月至 2015 年 4 月，短短一年多的时间，全国检察机关共批捕污染环境、非法采矿、盗伐滥伐林木等破坏环境资源犯罪嫌疑人 10084 人，起诉 28707 人。[1] 除了追究犯罪人的刑事责任外，在一些环境犯罪案件中，检察机关也作为环境利益的代表，对被告人提起附带民事诉讼，要求其进行赔偿。[2] 而法院审理的相关环境刑事案件更是从原来的几十件升到上千件，如从 2013 年 7 月到 2015 年 12 月，全国法院新收污染环境、非法处置进口的固体废物、环境监管失职刑事案件 3049 件，审结 2824 件，生效判决人数 4185 人（在此之前，人民法院未审理过擅自进口固体废物刑事案件），具体案件情况见表 3 - 6[3]。

表 3 - 6　人民法院审理环境刑事案件具体情况
（2013 年 7 月至 2015 年 12 月）

案件类型	数量（件）	审结数量（件）	判决人数（人）
污染环境刑事案件	2991	2766	4109
非法处置进口的固体废物刑事案件	10	9	13
环境监管失职罪刑事案件	48	49	63

---

[1]　《最高检：着重查处四方面破坏环境犯罪背后职务犯罪》，http：//news. jcrb. com/jxsw/201506/t20150617_ 1517290. html，访问日期：2016 年 6 月 12 日。

[2]　山东省郓城县人民法院〔2013〕郓刑初字第 71 号。

[3]　喻海松、马剑：《从 32 件到 1691 件——〈关于办理环境污染刑事案件适用法律若干问题的解释〉实施情况分析》，《中国环境报》2016 年 4 月 6 日，第 5 版。

在民事诉讼方面则主要是公益诉讼。环境公益诉讼的发展可谓坎坷曲折。我国早在 1979 年底就颁布了《环境保护法（试行）》，并于 1989 年经全国人民代表大会常务委员会议通过了《环境保护法》。尽管是我国环境保护方面的基本法，《环境保护法》却没有得到更高层次的重视，其中所规定的基本原则、精神还有权利义务，仅仅得到各方面的尊重，却得不到普遍的遵守，也没有相关的环境公益诉讼规定。在整个国家忙于经济建设的大背景下，环境只能成为社会前进车轮下的牺牲品。这也导致了整整 25 年时间，《环境保护法》得不到修改，也使得其中的规定远远落后于时代的要求，不能有效保护环境犯罪中被害人的正当权益。2012 年，全国人民代表大会常务委员会修改的《中华人民共和国民事诉讼法》（以下简称《民事诉讼法》）第五十五条对环境公益诉讼做了规定①。但是由于规定过于原则性，该制度并没有得到很好的实行。2014 年我国开始对《环境保护法》进行修改，历经四次审议后终于在 2015 年 1 月 1 日颁布施行，环境公益诉讼制度也在立法层面得到进一步发展。并且为了与新修订的《民事诉讼法》相呼应，随后，2015 年初，最高人民法院出台了《关于审理环境民事公益诉讼案件适用法律若干问题的解释》，进一步完善了环境公益诉讼制度。至此，环境公益诉讼数量逐步增多。据有关统计，2015 年全年法院一共受理了环境公益诉讼案件 53 件，在有统计分析的 42 件案件中，环境行政性公益诉讼占了 6 件，环境民事公益诉讼占了 36 件。②

除了通过公权力机关或者相关组织提起刑事诉讼或者民事诉讼以维护环境犯罪被害人合法权益外，国家也出台了相关规定，鼓励公民、法人和其他组织通过向有关部门举报来行使环境保护监督权。2015 年 7 月，《环境保护公众参与办法》（以下简称《参与办法》）发布，《参与办法》规定当政府有关部门不履行相关环境监督保护义务时，公民、法人和其他组织有权向上级机关或监察机关举报。倘若任何组织和个人存在污染环境、破坏生态等行为，上述组织或个人可通过信函、传真、E - mail、"12369" 举报电话、政府门户网站等方式，向相关环保主管机构举报，接到举报的

---

① 《中华人民共和国民事诉讼法》第五十五条规定："对污染环境、侵害众多消费者合法权益等损害社会公共利益的行为，法律规定的机关和有关组织可以向人民法院提起诉讼。"

② 《新〈环境保护法〉实施情况评估报告》，http：//huanbao. bjx. com. cn/news/20160525/736464 - 10. shtml，访问日期：2015 年 6 月 14 日。

机构应该采取措施，在相关法律法规的规定下展开调查，并将调查和处理的结果告知举报人。这一措施的出台取得了良好的效果，根据环保部给出的有关数据，从 2013 年起，人民群众通过"12369"环保举报热线举报案件共 4760 次，其中，在 2015 年，环保举报热线共受理群众举报 1145 件，已办结 1142 件。另外，环保部还开通了微信举报平台，共收到群众举报 13719 件，已办结 13643 件，正在办理 76 件，因举报内容不在环保职能范围或信息有误不受理的 3543 件。①

总之，在《刑法修正案（八）》、《2013 司法解释》、新《环境保护法》以及《公益诉讼解释》等规定相继颁布后，公民对于环境的保护意识在逐渐提高，我国对于环境犯罪的打击力度也越来越大，民间组织和有关部门对于环境污染所提起的环境公益诉讼数量也在不断增多。

运用公权力机关和有关组织的力量来对环境犯罪被害人进行救济也取得了一定的成效，但是仍然存在着不足之处，集中表现在以下三个方面。

1）环境犯罪被害人国家补偿制度的缺失

经济的发展带来的是自然生态环境的破坏，这种破坏在很多时候对一个地区来说是毁灭性的。"风险社会"的到来更加剧了这种破坏力。环境污染事故的多发性、严重性越来越引起人们的关注。新闻媒体的报道让环境污染这一隐形杀手越来越多地呈现在人们的面前。日本水俣病事件中的受害者，在污染之后的十几年内承受了常人难以想象的痛苦。身体被扭曲、精神被摧残，时而酣睡时而尖叫，直到最后死亡。这些病痛都是由工业废水的污染导致的。在中国类似的例子也很多。造成这些病痛的污染行为很多都是环境犯罪行为，只是由于没有被发现而逃脱了法律的制裁。这些犯罪的直接受害者——环境犯罪被害人，成为灾难最终的承受者。如何为他们寻找救济呢？我国《刑事诉讼法》第七十七条规定：被害人由于被告人的犯罪行为而遭受物质损失的，在刑事诉讼过程中，有权提起附带民事诉讼。但是从司法实践看，环境犯罪被害人能够获得的补偿金额很少。一是环境犯罪中，环境犯罪行为人多为法人，一旦公司企业宣告破产，环境犯罪行为人根本无力再支付被害人所需要的医疗费等费用。二是

---

① 环境保护部：《2015 年环境保护部"12369"热线及全国环保微信举报受理情况公布开通以来总体运转良好》，http：//www.zhb.gov.cn/gkml/hbb/qt/201603/t20160322_ 334063.htm，访问日期：2016 年 6 月 14 日。

由于环境犯罪的特殊性，犯罪被害人很难证明自身所受到的损害是由犯罪行为引起的。

在这种情况下，我们仅仅依靠环境犯罪被告人进行赔偿是行不通的。环境犯罪不像其他犯罪影响的是单个人或者少数一部分人，环境犯罪的被害人往往是群体性的，被害人数量很大，单单依靠环境犯罪行为人是很难给予足够赔偿的。因此，从保护弱势群体、维护社会公正的角度来说，国家应当为这些处境困难的环境犯罪被害人提供一定的补偿，平息环境犯罪被害人的不满，防止环境群体性事件的发生。

2）环境犯罪被害人法律援助制度不完善

世界上大多数国家都有法律援助制度，特别是在西方发达国家，法律援助制度已经相对较为完善。从最早的义务提供的法律救助，到现在通过立法确定的统一的法律援助，西方国家的法律援助制度已经全面建成。德国在宪法中明确规定了司法援助权，英国也在《获取公众司法法案》中规定了法律援助制度。法律援助的形式各国也不尽相同。英国专门成立了法律援助管理机构，这一机构包括刑事辩护团和法律服务团。具体的法律援助事务则主要由律师事务所负责。其中所有的资金都由政府给付。法律援助制度是非常重要的一种司法救济手段。对于一个国家的弱势群体来说至关重要。

在我们国家，法律援助制度也是司法体系中不可或缺的一个部分，最早的法律援助出现在 1996 年的《刑事诉讼法》① 中，这也是法律援助制度的雏形。在之后的《律师法》、《老年人权益保障法》中也对法律援助制度有所规定。2003 年国务院制定的《法律援助条例》标志着我国法律援助制度的正式形成，是我国法律援助法制化的标志。目前我们国家的法律援助制度已经初具规模，基层法律工作者和律师是法律援助的主要力量。但是从法律援助现状看，我们国家法律援助集中在未成年犯罪、暴力犯罪、食品安全犯罪等领域，为环境犯罪被害人提供法律援助的并不多。这其中最主要的原因在于环境犯罪被害人对自身的被害情况并不知晓，等

---

① 1996 年 3 月 17 日通过的《刑事诉讼法》第三十四条规定：公诉人出庭公诉的案件，被告人因经济困难或者其他原因没有委托辩护人的，人民法院可以指定承担法律援助义务的律师为其提供辩护。被告人是盲、聋、哑或者未成年人而没有委托辩护人的，人民法院应当指定承担法律援助义务的律师为其提供辩护。被告人可能被判处死刑而没有委托辩护人的，人民法院应当指定承担法律援助义务的律师为其提供辩护。

发现的时候往往由于间隔时间太久而无法收集到有效的证据。此外，环境犯罪的发生具有一定的地域性。大部分的环境犯罪发生在政府监管不严的偏远地区。这些地方的被害人受教育程度相对低，在遭受环境犯罪侵害之后，他们并不知晓法律援助的存在。除非法律援助组织主动去提供相应的法律援助。

　　3）环境行政性公益诉讼数量较少

　　在司法实践中，环境公益诉讼按照性质的不同可划分为环境民事性公益诉讼与环境行政性公益诉讼。环境民事性公益诉讼旨在将合乎有关法律规定的主体作为原告，以污染企业为被告，向法院请求民事救济的行为。而目前理论界对环境行政性公益诉讼则有多种定义，如有的人认为环境行政性公益诉讼主要指当环境行政机关实施的违法行为或不作为对社会民众的环境权益造成危害或危险时，法院同意没有直接利害关系的主体为了保护社会民众的环境权益而提起行政诉讼，诉求行政机关依法履行职责，及时纠正、停止侵害行为的一种制度。而有的学者则主张，环境行政性公益诉讼是特定的国家机关、有关的组织和个人作为环境公共利益的代表，在环境公共利益可能受到环境犯罪侵害的情形下，为了维护环境公共利益不受到侵害，对相关单位和个人提起行政诉讼的司法活动。基于上述两种观点，此处认同第一种，因为环境行政性公益诉讼的特点在于对公权力不适当或者不履行监督或者保护环境义务的行为进行纠正。在我国，环境行政性公益诉讼数量较少，对于环保机关的失职行为难以进行有效的监督。其原因在于我国规定环保社会组织只能提起环境民事性公益诉讼，而行政性公益诉讼只能在试点地区由人民检察院提起。如在 2015 年新的环保法实施后，符合法律规定条件的环保组织一共向法院提起了 37 起环境公益诉讼，但是没有一件是环境行政性公益诉讼，而检察机关提起的环境行政性公益诉讼只有 7 起。但是，不可否认，地方环保部门的失职行为也直接或间接地对环境污染行为起到帮助作用，如某些地方随地吐痰罚 20 元，但是对于污染水源的企业也只罚了 603 元，明显处罚不当，对于这些行为理应进行问责，环境行政性公益诉讼正是解决这些问题的有效手段之一。

　　（2）环境犯罪被害人私力救济现状及不足

　　近些年来，环境污染导致了许多的群体性事件，可以说，这是环境污染被害人为了维护自身的合法权益而不得已采取的行为。有的群体性事件是在污染源被设立之前产生的，如 2016 年 6 月湖北仙桃市部分群众因政府计划筹建垃圾焚烧场而进行抗议，最后仙桃市政府宣布取消建立垃圾焚烧场的计划。但是更多的群体性事件发生于污染产生之后，而这一类群体性事件大体是本文所要论述的环境犯罪被害人私力救济的手段之一。部分这类环境污染导致的群体性事件见表 3 - 7。

表 3 - 7　部分环境污染导致的群体性事件

2015 年 8 月,江西乐平市	江西景德镇乐平工业园,10 多年长期晚上排放污染气体,严重影响当地人正常生活。8 月 5—10 日,不断有市民在街上聚集,要求政府给予重视,治理有毒气体排放问题
2012 年 4 月,天津市	某一企业 PC 项目环境污染导致群众到市政府进行"集体散步"的事件,市政府因此决定停止项目施工,重新评价复审
2011 年 8 月,海宁市	因为晶科能源环境污染,数百名群众聚集在公司门口,砸毁公司部分财物。事后,市环保部门依法对该公司做出处理
2008 年 8 月,丽江县	因为水污染问题,当地居民与污染企业高源建材公司发生冲突,导致数人伤亡、十几辆汽车毁坏的恶劣后果。事后,当地政府责成该公司缴纳了 400 万元的处置保证金

以上环境污染导致的群体性事件只是冰山一角，可以说，当无法直接借助公权力机关维护自身的环境权益时，环境污染的受害者只能通过集体行动来表达诉求，这似乎也成为了常态。

这类群体性事件的特点有：一是引发群体性事件的污染严重影响了附近居民的正常生活和身体健康；二是多数此类群体性事件伴随着暴力行为，造成了一定的人员伤亡和财产损失；三是从最终的处理结果看，均是在政府的干预下，相关部门停止了污染项目并处罚了污染企业。

环境犯罪被害人私力救济不足之处主要有以下几点。

1）行为的合法性存疑

环境污染引起的群体性事件涉及人数较多，政府难以管控，而且频繁出现暴力行为，公众的这些行为是否合理合法呢？比如，在海宁市晶科能源公司造成环境污染这一事件中，部分维权的社会民众用砖头、石块等器物袭击正在维持社会秩序的警察、保安队员，推倒停靠在厂区、路边的司法车八辆、警车四辆。海宁市公安局果断采取行动，对 20 名涉案嫌疑人采取强制措施，其中 10 人因涉嫌聚众扰乱公共秩序罪被刑事拘留，3 人因涉嫌故意损坏公私财物罪被刑事拘留，7 人因盗窃和聚众扰乱单位秩序被刑事拘留。① 而对于公民自力救济行为，《刑法》规定了正当防卫、紧急避险等行为违法性的阻却事由，但是在环境犯罪案件中，被害人的行为能否适用这些规定尚存在疑问。

首先，正当防卫与紧急避险均要求违法行为造成的不法侵害必须是现实紧迫的，即侵害是正在实施或直接面临。但是，与其他一般侵害不同，环境污染具有过程性，且需要通过一定的介质才会影响到人的身心健康，因此很难说一有了污染行为，就会产生对人的侵害，加之环境污染造成的伤害也具有隐蔽性，证明环境污染行为与损害结果之间具有因果关系存在困难。其次，环境权是一项社会权，其不单有私人属性，还具有社会属性，对于这种社会公共法益能否进行正当防卫或紧急避险，存在一定疑问。

2）政府未让公众事前积极参与

长期以来，政府部门主导着重要项目的开工建设，一直以提升政绩或当地 GDP 为目标，对于其中严重影响环境质量的项目没有进行听证，未广泛听取受影响群众意见，甚至在项目施工过程中或者建成投入使用后，对于群众所反映的污染问题仍旧置之不理，这也使得受影响群众无法寻求到帮助（当然，不可否认，一部分污染环境行为可通过司法程序得到解决，但是由于环境污染案件的特殊性，如取证困难、因果关系难以证明等因素，大部分案件难以通过公检法的介入得到解决），最终只能通过游行等手段来维护自身的权益。

而多数群体性事件，最终的结果无一例外都是以当地政府迅速宣布停建污染项目才得以平息。因此，如果在项目开工之前，政府能充分听取群众意见，开展好评估工作，也许就不会出现这种大面积的群体性事件。

3）救济的后果不确定

私力救济是在当事方之间进行，缺乏严格、规范的程序来保障权益的正当实现，实践中，往往仅凭当事人意志进行环境侵犯行为的自我处理。表面上，这种方式能够满足人们对"实质正义"的追求，但当人们面临

① 参见《浙江海宁因污染问题引发群体事件 20 人被拘》，http://news.qq.com/a/20110919/001235.htm，访问时间：2016 年 6 月 14 日。

环境污染、环境破坏等犯罪行为时，本能的反应便是气愤，缺乏理性去面对纠纷问题。同时，民众采取的"过激方式"本身缺乏国家意志性和强制性，任何一方出现反悔都易导致已经确定的解决方案归于无效，常使纠纷当事方处于不安定状态，无法真正实现恢复权利、恢复破坏了的社会秩序的目标。正如有学者所言，私力救济是最原始、最简单的纠纷处理机制，存在自身无法克服的局限性。因私力救济易生流弊，弱者无从实行，强者易仗势欺人，影响社会秩序；故国家愈益进步，私力救济的范围愈益缩小①。

---

① 梁彗星：《民法总论》，法律出版社 1996 年版，第 252 页。

第四章 环境犯罪被害人法律保护的域外考察

人类活动会对环境造成伤害并改变人类居住环境。例如，美国 20 世纪 30 年代的风沙侵蚀区就是耕种方法得到运用的结果。值得注意的是，环境损害和污染并没有被定义为犯罪，至少在没有死亡发生或者污染没有侵害到经济利益之前是不会的。二战之后迅速繁荣的经济和各种各样新的产品与技术的进步，都造成了环境污染，例如，坐飞机到旅游目的地的负面影响就是机场附近的居民要忍受极端的飞机噪音的干扰。总的来说，环境污染的范围扩大了。20 世纪 60 年代出现了抗议的一代。无论政府采取什么措施，人们都不愿意去接受。得到普遍支持的利益群体也抗议环境污染。所以我们看到越来越多的人给政府施压，迫使其采取措施抵制环境损害。当灾难来临时，越来越发达的交通和工业活动造成了更大的问题[1]。到 20 世纪 60—70 年代，西方工业化国家开始执行法定的标准，在总体上减少污染对人类以及其他物种的伤害，环境犯罪被害人逐渐受到重视，许多国家纷纷进行立法以加强对环境犯罪被害人的保护。本章对美、德、日、韩四国相关经验进行梳理以资借鉴。

---

[1] 1967 年托雷·卡尼翁号油轮的沉没，导致了沙滩的大面积污染。过去数十年大面积的土地填埋所造成的后果也变得越来越明显。在荷兰，例如，1979 年发现 Lekkerkerk 城镇是建立在一个废墟之上的，那里填埋了被非法倾倒的各种各样的化学垃圾。这个例子在国会上引起了强烈的抗议。特别是发现立法的不足导致无法起诉，相关有责任的公司躲避掉了应该承担的责任。结果，只能由政府承担清洁整个城镇土地的费用。

第一节　美国环境犯罪被害人法律保护现状

20 世纪 60 年代以后犯罪形势恶化，被害人数激增，引起了美国被害人权利保护运动的高涨，对环境犯罪被害人的关注也越来越多。1965 年第一个被害人补偿计划在加利福尼亚实施。到 1970 年，五个补偿计划分别在纽约、夏威夷、曼彻斯特、马里兰和美国维尔京群岛得到实施。1972 年，美国第一批的三个被害人援助计划得到实施，分别是密苏里州圣路易斯的被害人援助、加利福尼亚州旧金山湾区的妇女抗议强暴援助、华盛顿特区的华盛顿强暴危机中心。1973 年发布了第一次全国年度被害人调查结果。这次调查是由总统委员会法律执行和司法行政处负责的，调查全国范围内受到犯罪侵害的居民。当时是为了对联邦调查局的年度犯罪汇编进行补充，向法律执行机构进行汇报。1974 年，援助执法厅给予美国全国检察官协会一笔资金，在布鲁克林和密尔沃基检察官协会办公室和其他七个办公室建立了第一个被害人和目击证人项目，旨在为被害人建立一个援助项目，鼓励他们进行合作，完善起诉制度。第一个以法律执行为基础的被害人援助项目在佛罗里达州的劳德代尔堡和印第安纳州的印第安纳波利斯设立。国会通过了受虐儿童保护和治疗法案，建立了第一个全国受虐和被遗弃儿童中心。这个中心设立了专门信息搜集所，并为其提供技术支持和模范项目。1975 年，费城地方检察官组织了第一个"被害人权利周"。在国家援助被害者组织的倡导下，全国范围内的活动者聚集到一起进行被害人权利的宣传，提高大家对被害人权利的认知度。1976 年全国妇女组织发起了一项任务，对妇女受虐的问题进行研究，并对受虐妇女提供了资金援助。密尔沃基特别小组在威斯康星州举行了第一个全国受虐妇女会议。在加利福尼亚的弗雷斯诺县，首席缓刑官 James Rowland 发布了第一个受害人影响报告，为审判法庭提供了一份被害人身体伤害及财产损失的客观调查表。明尼苏达州的圣·保罗的妇女保护拥护者们为受虐妇女开通了第一个热线。美国加利福尼亚的帕萨迪纳市为受虐妇女建立了第一个避难所。内布拉斯加州和威斯康星州成为第一批废除婚姻内强奸豁免的州。

在美国被害人权利救济立法中,《犯罪被害人权利法》(*Crime Victims' Rights Act*, 2004)可以说是最重要的一部法律。该法的目的是在刑事司法系统中给予犯罪受害者一个扩展的、更明确的角色。《犯罪被害人权利法》为受害者提供了特定的权利,与以往改革不同的是,《犯罪被害人权利法》为犯罪受害者提供了直接地位,以维护自己在刑事案件中的程序性和实质性的、独立于检察官的权利……并要求司法机关积极地去确保这些权利都被切实地行使。该法将已经存在于联邦"刑事诉讼法"中的权利编纂在了一起。根据第 32 条的规定,任何暴力犯罪或者性侵犯案件的受害者,在判决做出之前都有权进行发言或提交任何有关判决的信息。《犯罪被害人权利法》将第 32 条规定的权利进行了延伸,将受害者从暴力或性虐待案件受害者扩展到全部受害者。具体而言,《犯罪被害人权利法》规定了犯罪被害人的实质性权利:(1)得到合理的保护;(2)在任何与犯罪有关的公开审判程序、假释程序前,或者任意被告得到释放或逃跑时,受害者都会得到合理的、准确的、及时的通知;(3)不被排除在任何公开法庭审判之外,除非法院有明确和令人信服的证据确定,如受害人在该程序中听到其他证词,其证词将发生重大改变;(4)能够合理地在区法院所进行的任何公开的程序中进行旁听,包括释放、认罪、判刑或假释程序;(5)有合理的权利与代表政府的本案件的律师进行协商;(6)依法充分并及时要求赔偿的权利;(7)免受不合理的拖延而即时进行法律程序的权利;(8)得到公平对待,尊严和隐私受到尊重的权利。如果依照《犯罪被害人权利法》寻求救济遭到区法院的拒绝,《犯罪被害人权利法》允许犯罪受害者向上级法院申请职务执行令状,并要求受理上诉的法院在接到请愿书 72 小时内进行处理并对申请做出决定。

《犯罪被害人权利法》规定,侵犯了受害人的权利将允许受害者申请重新进行审判,除非(1)受害人承认在程序进行之前或之中,其权利得到告知,并拒绝行使该权利;(2)受害人在区法院拒绝其权利后十天之内向上诉法院申请了职务执行令状;(3)在申请的案件中,被告没有对所控告的最高罪行进行辩护。

《犯罪被害人权利法》也有一些局限性,包括与所列举的权利相关的概念的"合理性",虽然有限的判例法认为政府、区法院和犯罪受害者对如何定义"合理性"并未达成一致。但是尽管如此,在美国 v. 英国石油公司（United States v. BP products）一案①中，《犯罪被害人权利法》对被害人权利的肯定证明该部法案很有可能改变环境犯罪中的起诉方式，还有检察官和被告通过认罪协议解决此类控告的能力。

除了《犯罪被害人权利法》的规定，在涉及环境犯罪被害人的赔偿案件中，美国采取的是民事审判和刑事审判分开的审理模式。这意味着在此类赔偿案件中，刑事案件的审理结果不会对民事案件的审理结果产生任何影响。即使在刑事案件审理过程中，陪审团认定行为人无罪，民事审判还是照常进行。对于环境犯罪被害人的国家补偿，美国也在相关立法中进行了规定。《被害人与证人保护法》（1982年）最早规定了对被害人给予国家补偿。在之后的《刑事审判法》（1988年）中，通过对全国犯罪被害人的实际生活情况进行广泛调查和统计，最终将获取国家补偿作为犯罪被害人的法定权利之一，并针对犯罪被害人建立了援助制度。除了给予经济上的补偿外，美国很多民间组织如"被害人援助联盟"，还在全国范围内建立了犯罪被害人保护组织。这些组织充分利用志愿者、政府、民间机构的力量，为犯罪被害人提供心理上的疏导，帮助其减轻心理上遭受的痛苦，使犯罪被害人更快地恢复到被害之前的状态。此外，这些组织也帮助犯罪被害人赢取诉讼，包括鼓励其报案，帮助其收集线索，与司法机关合作来为案件的侦查和审判提供一臂之力。这不仅降低了犯罪被害人的诉讼成本，也为犯罪被害人赢得诉讼提供了帮助。

第二节　德国环境犯罪被害人法律保护现状

德国作为犯罪被害人学的发源地之一，对环境犯罪被害人领域的研究

---

① 2005年3月23日，英国石油公司位于美国得克萨斯州的炼油厂发生了爆炸事故，15名工人被当场炸死，170余人受伤。事后，英国石油公司同意达成认罪协议，承认其违反了《清洁空气法》中关于"风险管理计划"的规定。由于该案涉及的被害人人数众多，公诉人向区法院提议，在新闻发布会宣布完认罪协议之后再通知被害人。之后20多名被害人要求区法院否定认罪协议，理由是他们应当在认罪协议达成之前就收到通知，区法院侵犯了其依据《犯罪被害人权利法》所应享有的权利。区法院对此进行了否认。于是，被害人向第五巡回法院提出上诉。第五巡回法院认为区法院侵害了被害人的权利，但是不同意发布强制纠正令。

也走在世界的前列。

第一，针对犯罪行为制定了包含范围较广且严格的法律法规。如《德国刑法典》中环境犯罪就包括了空气污染罪、水污染罪、土地污染罪、保护区侵害罪等多种具体到特定领域的犯罪行为，通过详尽的规定和严厉的处罚来预防和控制环境犯罪。与此同时，它的按当天实际收入按日缴纳罚金的严厉形式，不仅加大了惩罚的力度，强化了公民对于环境危害和后果的认识，也在一定程度上提高了公民的环境保护意识和自我保护意识。

第二，德国的诉讼法赋予和强化了环境犯罪被害人较为灵活的选择权和较高的地位。被害人除一定范围内的做证义务豁免外，对于诉讼程序也有极高的自主选择权，既可选刑事附带民事诉讼，也可选独立的民事诉讼。此外，诉讼法还赋予了被害人对于检察机关不予起诉的案件直接申请法院强制起诉的权利，其地位可见一斑。

第三，设立了环境犯罪被害人的额外补偿机制。针对犯罪人民事赔偿范围和能力的有限性，德国也专门进行了国家补偿立法，对于超出犯罪人赔偿能力的伤害，从国家层面给予被害人赔偿，保护被害人的合法权利。鉴于补偿机制的重要作用，其与刑罚和保安处分被学界并称为"新三元结构体系"[①]。

第三节　日本环境犯罪被害人法律保护现状

日本曾经发生过非常严重的环境污染事件，其中包括众所周知的水俣病事件、"痛痛病"事件、第二水俣病事件和四日市哮喘事件。这些污染事件带给了受害人难以言说的痛苦。也正是因为这些污染事件的警示，日本率先成为治理污染的国家之一。在环境犯罪方面，日本规定了极为严厉的刑罚，采用了疫学因果关系进行推定，对预防环境犯罪起到很好的作用。此外，日本专门针对环境犯罪被害人建立了补偿制度。

首先，日本针对环境犯罪制定了严格的刑事法律。与事后惩罚不同，日本的刑事措施旨在预防犯罪，在犯罪开始实施之前进行干预。这能很好地

---

① 许永强：《刑事法治视野中的被害人》，中国检察出版社 2003 年版，第 177 页。

阻止潜在的环境犯罪人实施环境犯罪，从而避免受害者遭受损害。为了达到预防的效果，日本规定了危险犯。也就是不需要犯罪人真正实施犯罪行为，只要有可能对公众的身心健康和财产安全造成危险，无论行为人主观上是故意还是过失，都能够对其进行惩罚。惩罚的措施也极其严厉。以财产刑为例，环境犯罪的最高罚金可达 500 万日元。如果是企业法人实施的环境犯罪，不仅要惩罚该企业，还要惩罚企业的负责人，也就是所谓的"双罚制"。

其次，日本在刑事诉讼法中赋予了环境犯罪被害人相应的权利。根据日本刑事诉讼法的规定，如果被害人有理由认为被告人会对其人身安全和财产安全造成威胁，那么为了保护被害人及其亲属的安全，被告人的保释申请会被驳回。如果已经交纳保释金或者保证金，那么保释会被撤销，保证金也会被没收。在诉讼的过程中，如果被害人认为自身权益受到损害，那么被害人可以设立"检察审查会"对相关诉讼事项进行审查，也可以向上一级检察官提出复议申请。这些权利都在刑事诉讼法以及《检察审查会法》中进行了明确的规定，能够切实有效保障被害人的权利不受侵害[①]。当环境犯罪被害人受到侵害时，尽管其不能自行提起诉讼，但是可以向司法机关进行举报，请求其提起诉讼。如果司法机关拒绝提起诉讼，环境犯罪被害人可以要求其告知不起诉的理由，并通过检察审查保证自身的权利。如果环境犯罪被害人对不予起诉的决定不满意，其可以向当地的地方裁判所提出申请，要求将案件移交裁判所进行审判。除此之外，日本之后制定的一系列法律进一步扩大了环境犯罪被害人的诉讼权利，例如《被害人对策纲要》（1996 年）、《犯罪被害人等的通知制度》（1999 年）、《刑事诉讼法和检察审查会法的部分改正的法律》（2000 年）以及《关于在刑事诉讼程序中保护犯罪被害人等的附带措施的法律》（2000 年）。这些法律对环境犯罪被害人的诉讼权利进行了更详细的规定。具体包括被害人有权利陈述自身的心情，并就犯罪事实发表自己的意见。司法机关必须采取相应的措施减轻被害人的心理创伤，特别是作为证人出庭时的心理压力；被害人有权听取庭审的详细经过，并享有阅读、复印或抄录卷宗的权利等[②]。

最后，日本对环境犯罪被害人制定了补偿措施。除了在刑事立法中对环境犯罪进行严厉的惩罚外，日本还对环境犯罪被害人规定了补偿措施。

---

① 李华：《环境刑事诉讼启动程序研究》，博士学位论文，中国海洋大学，2012 年，第 5 页。
② 孙彩虹：《日本犯罪被害人保护法制度及其对我们的启示》，《河南社会科学》2004 年第 5 期。

在遭受大气或者水污染的地区，由当地政府来指定疾病类型。这种疾病类型的确定并不需要百分之百的证明，只需要具有较大的盖然性即可。这个决定的做出主要是听取当地审查会的意见。一旦政府确定疾病类型，受害人可以接受免费的治疗，所有的医疗费用由政府和企业各支付一半。这些措施都在《有关公害健康被害救济的特别措施法》（1969 年）中进行了明确规定。之后在《公害健康受害补偿法》（1973 年）中，受害人的权利得到进一步扩大，受害人的疾病类型增加，并且对公害补偿制度进行了细化规定。这些补偿措施都为环境犯罪被害人的保护提供了更好的保障①。

第四节　韩国环境犯罪被害人法律保护现状

韩国的刑事诉讼案件起诉权都归国家专门机关行使，即使是被害人也无权起诉或提请检事公诉。这种检事公诉的独占主义在环境犯罪诉讼中存在的最大问题就是举证困难，再加上环境犯罪被害人承担过重的举证责任，共同导致了大部分诉讼因损害的证据不足被驳回。即使是侵害关系被认定，但侵害程度的标准和忍受极限的标准不确定，也导致部分诉讼不了了之。这种情况下，国家权力机关就必须成为保护环境犯罪被害人权利的坚强后盾，为其提供强有力的事实和证据支持。

与此同时，韩国也建立了被害人损害赔偿制度，明确赔偿责任主体、标准等具体内容，法院在做出有罪判决后，依据被害人的申请或本身职权规定，可判定被告人给予被害人因环境犯罪行为遭受的直接、间接经济损失，充分保护被害人的经济利益。

对于无法从被告人处获得补偿或补偿不充分的，韩国也制定了相关法律法规，规定了多种形式的补偿方式方法，被害人可以从政府、社区或其他渠道获得必要的物质、医疗等援助。这也是基于在实践中环境犯罪被害人得到的损害赔偿一般来说都是比较少的，因此需要从国家层面进行补充，保证被害人从被害中恢复过来，促进整个社会的和谐稳定发展②。

---

① 王晓辉：《环境污染健康损害填补法律制度研究》，博士学位论文，中国政法大学，2009 年，第 60 页。
② 黄锡生、邓禾：《韩国的环境纠纷行政解决制度及其借鉴》，《环境保护》2004 年第 3 期。

第五节　域外环境犯罪被害人法律保护的启示

从美国、德国、日本和韩国四国环境犯罪被害人法律保护的相关情况可以看出，各国在刑法方面都通过严厉的刑事政策给予被害人保护，如美国通过降低入罪门槛扩大被害人范围加以保护，日本通过制定环境犯罪危险犯，德国通过事无巨细的法条明确各项罪名。在程序法方面，各国也致力于充分保护环境犯罪被害人的诉讼权利或通过国家权力机关参与提升威慑力。此外，在犯罪被害人补偿方面，除了环境犯罪被告人的补偿外，还设立了国家补偿机制，保证被害人在被告人无力补偿或补偿不充分时的权利。

一、完善环境犯罪被害人相关的法律法规

我国社会主义市场经济的飞速发展、社会主义初级阶段特征以及法律本身的滞后特征，使得我国虽然建立了相对完善的保护环境犯罪被害人的社会主义法律体系，但在实际操作中，不适应经济发展的情况还是频频出现。环境污染犯罪频发、环境犯罪惩治作用有限、环境犯罪被害人赔偿制度不健全等，都要求尽快更新完善法律制度，以更好地适应和促进经济发展。首先，宪法作为根本大法，需明确环境权作为被害人权益保护的基础；其次，刑法修正案必须规定环境犯罪的认定、量刑及处罚标准，提高执法过程中的可操作性；最后，在程序法方面，刑事诉讼法必须强化对被害人享有的诉讼权利的保护，为被害人提供合法的诉求渠道。

二、健全环境污染责任保险制度和环境污染补偿制度

作为风险分担的合法机制，保险制度的出现推动了众多行业的快速发展，也有效地保护了相关消费者的合法权益。同样对于容易引发环境犯罪的企业和环境犯罪被害人而言，环境污染责任保险制度不仅是企业分担风险的有效途径，更是被害人获得赔偿的可靠途径。参照德国的相关制度并结合我国现状，建立健全环境污染责任保险制度对我国经济社会发展意义

重大。保险制度的建立将涉及参保主体、投保主体、认定机制、核准机制、理赔程序以及预防能力等方方面面，任务较重但不可或缺。首先，要明晰环境污染责任保险制度的参、投保主体；其次，要建立环境犯罪的责任认定标准和核准机制；最后，要预设相对恰当的理赔程序，提高环境犯罪被害人的获理赔金额。总而言之，全面维护环境犯罪被害人的合法权益与环境污染责任保险制度的建立及健全是分不开的。但我国因国情的特殊性，与经济实力较发达国家相比仍有不小的差距，所以我们在预设环境污染责任保险制度时需注意以下问题：首先，补偿的具体范围主要依据我国自身国情和环境犯罪被害人的具体情况而确定；其次，补偿程序和补偿标准的制定要遵循严格主义，为保护环境犯罪被害人的合法权益构建夯实的制度基础；再次，拓宽补偿渠道，采用以金钱补偿为主、其他补偿为辅的补偿方式，尽可能地弥补环境犯罪被害人受损的权益。除此之外，建立健全符合我国社会主义初级阶段特征的国家环境污染补偿制度，对于环境犯罪被害人合法权利保护的意义也十分重大。补偿制度的建立既要根据实际情况确定补偿范围，又要明确严格的补偿程序和标准，还要丰富补偿方式，从救济、社会保障、医疗保险等多层次多角度弥补环境犯罪被害人受损的权益①。

　　综上所述，通过刑法、程序法的立法保护和国家补偿制度的跟进，以上国家在保护环境犯罪被害人的制度上都是充分且有效的，但是在被害人求偿权的规定方面又体现出了差别，如德国给予被害人刑事附带民事诉讼或独立民事诉讼的选择权，而美国在民事和刑事审判上的划分十分清晰。这种差异主要源于两者在政治、法律文化方面的差异，美国作为判例法国家，其独立的陪审团制度决定了涉及刑事案件的民事判决不会受到刑事判决的影响，而主要由当事陪审团以投票方式决定。然而，不论采取何种方式保护被害人的求偿权，都在权利的实现方面发挥了积极有效的作用，也都为我国环境犯罪被害人法律保护的实施和完善提供了很好的参考。

---

① 刘燕：《我国环境污染犯罪被害人权利救济问题研究》，硕士毕业论文，浙江农林大学，2014 年，第 27—28 页。

第五章 中国环境犯罪被害人诉内法律保护之完善

必须完善环境被害人诉内法律保护。从环境犯罪被害人立案侦查阶段和审理执行阶段权利实现看，现行刑法及刑事诉讼法没有专门涉及对于环境犯罪被害人自诉权的规定，环境犯罪中赋予被害人的自诉权存在着诸多困境，难以实现制度预期。在环境犯罪公诉转自诉案件中，存在难以有效制裁犯罪、被害人难以提供证据、公诉转自诉制度本身的逻辑混乱等问题。在环境犯罪被害人自诉权行使方面，也面临环境犯罪被害人举证困难和环境犯罪侵犯法益的多重性等困境。本章将基于我国环境犯罪被害人诉内法律保护存在的问题，提出解决方案。

第一节 环境犯罪刑事司法之完善

一、综合运用多种因果关系

前文我们已经说过，环境犯罪与一般类型的犯罪不同，环境犯罪行为与环境犯罪结果之间的证明存在相当的难度。如果我们用传统的证明手段、传统的证明标准来要求环境犯罪，那么很大一部分环境犯罪存在难立案的困境。为了解决这一难题，我们必须寻求新的证明方式和证明标准。在一般的犯罪案件中，犯罪行为和犯罪结果的联系是明显的，不需要借助过多的科学手段就可以建立起因果联系。但是在环境犯罪所引起的后果中，因果关系并没有那么明显。如果是河流污染、土地污染等，因果关系倒没有那么复杂。但是如果是环境污染引起的人体疾病，要判断起来就非常困难。为了解决司法实践中的这个难题，有效实现环境犯罪因果关系的证明，我们有必要借鉴刑事领域之外的其他因果理论。

在民事领域，为了实现环境纠纷中因果关系的证明，民事领域引入了疫学因果关系说、因果关系推定理论、间接反证理论等较新的因果关系理论。这些因果理论是否可以运用到环境刑事领域呢？从本质上说，环境犯罪与环境侵权是一样的，只是程度不同。环境犯罪领域的因果关系理论最初就是来源于环境侵权因果关系理论。在实践中，不少环境刑事案件就已经引入了相关的因果关系理论。疫学因果关系是一种结合疫学知识来判断因果关系的理论，具体来说就是借鉴结核病流行的方法来确定环境犯罪行为和环境犯罪结果之间的关系。我们知道，在疾病发生的时候，如果不能确定该疾病是否由某种物质引起，我们可以借鉴相关的研究数据进行判断。如果该物质是引起疾病的唯一因素，那么我们可以确定，该种物质引起了疾病的发生。该物质和疾病的发生之间存在因果关系。可以看出，这种方法并不是依靠科学实验的支撑，而主要依靠的是大量数据的统计结果。这种方法在日本学者和司法界都得到广泛的支持，并且已经被用在日本"四大公害"案件的审理之中。间接反证法是将证明责任转移到不负证明责任的一方，由其证明事实没有发生或者不存在。将间接反证法运用到环境犯罪案件中，公诉方首先需要证明污染行为和危害结果之间存在一定的因果关系，但是这种因果关系证明的标准较低。而主要的证明责任转移到被告一方，被告需要证明其行为与造成的危害结果之间不存在因果关系。如果被告没有确凿的证据能够证明自己的行为是符合法律规定的，那么法官可以判定其污染行为和危害结果之间存在因果关系。这种理论将主要的证明责任转移给了被告方，不仅减轻了公诉机关大量的举证工作，也为打击环境犯罪形成了强大的震慑力。该理论在我国司法实践中已有运用的先例。例如，云南澄江锦业工贸有限责任公司重大环境污染事故一案①

---

① 在该案中，检察机关指控云南澄江锦业工贸有限公司是造成阳宗海砷污染的主要责任人。尽管阳宗海砷污染是不争的事实，但是当地并非只有澄江锦业工贸有限公司一家排污企业，不能够完全证实到底是哪家企业的违法行为造成了危害。因此，被告澄江锦业工贸有限公司对此进行了否认，但是其未能提供足够的证据证明自己不是污染事故的责任人。基于检察机关已经证实澄江锦业工贸有限公司造成此次污染事故的盖然性很高，且被告无法证明自身行为与危害无关，法院认定被告单位就是污染事故的负责人。

中，间接反证法就得到很好的运用并成功维护了犯罪被害人的利益。最后的因果关系推定理论是前面两者的结合体。疫学因果关系理论和间接反证理论都被运用到其中。公诉机关首先运用疫学因果关系理论，确定污染行为和危害结果之间存在因果关系，然后被告一方依照间接反证理论证明自身的行为符合法律的规定，与危害结果无关。如果不能证明，法官则推定被告的行为与危害结果之间存在因果关系。

民事环境侵权领域的三种因果关系理论对环境犯罪因果关系的确定具有重要意义。但是究竟哪一种更适合用于环境犯罪领域，学者们有着不同的意见。有的学者认为环境犯罪和环境侵权在本质具有一致性，因此，适用于环境侵权的疫学因果理论也同样适用于危害程度较重的环境犯罪①。有的学者则认为应当采取因果关系推定理论，疫学因果关系理论尽管具有一定的合理性，但是其并非具有科学依据，而仅仅是依靠数据进行推理的结果。如果仅仅依靠数据得出的理论对行为人进行定罪，似乎并不可靠。鉴于环境犯罪的隐蔽性和取证的困难性，通过使行为人承担更多证明责任的方法更适合环境犯罪。因此，环境犯罪应当采取因果关系推定理论②。为了避免给被告一方过多的责任，有的学者提出应当对这种因果关系推定理论做出相应的限制，例如在要求被告一方承担更多证明责任的同时，也必须赋予其反驳的权利。此外，该原则并不能适用于所有的环境犯罪，破坏资源型环境犯罪由于因果关系并不复杂，并不适用该原则③。

综上所述，三种因果关系理论都有其合理性。但是如果简单适用任一理论，肯定会存在一定的缺陷。现有的环境犯罪因果关系理论不适用于日

---

① 蒋兰香：《日本疫学因果关系理论及其对我国环境刑事司法的借鉴》，《刑法论丛》2010 年第 1 期，第 21—22 页；陈君：《论疫学因果关系在污染环境罪中的适用》，《北京理工大学学报（社会科学版）》2011 年第 6 期，第 10—12 页；刘彩灵、李亚红：《环境刑法的理论与实践》中国环境科学出版社 2012 年版，第 49—50 页；张明楷：《刑法学》，法律出版社 2011 年版，第 184 页；庄劲：《论传染病犯罪因果关系的认定——疫学因果关系理论的倡导》，《政法论丛》2003 年第 6 期，第 18 页。

② 侯艳芳：《我国污染环境犯罪中因果关系推定规则之适用研究》，《青海社会科学》2011 年第 5 期，第 7—9 页。

③ 王泉：《论环境犯罪因果关系推定的原则与条件》，《黑龙江省政法管理干部学院学报》2005 年第 5 期，第 3—5 页；张霞：《环境刑法中的因果关系推定原则探讨》，《山东警察学院学报》2008 年第 4 期，第 7—8 页；刑飞龙：《刑事司法中公害犯罪因果关系的认定——以污染环境罪为切入点》，《四川理工学院学报（社会科学版）》2013 年第 4 期，第 6—7 页；张汀：《试析环境犯罪的因果关系》，《山东审判》2005 年第 3 期，第 2—4 页；侯艳芳：《环境犯罪构成研究》，博士学位论文，山东大学，2009 年；赵红艳：《环境犯罪——定罪分析与思考》，人民出版社 2013 年版，第 63—64 页。

益复杂多变的环境犯罪形式，这是毋庸置疑的。究竟采用哪一种，我们需要具体问题具体分析。对于破坏资源型环境犯罪，我们仍然可以采用传统的证明理论进行证明。对于污染环境型环境犯罪，证据链完整、案情较为简单的，我们依然采取传统证明方法，例如逻辑推理的因果证明方法①或经验法则②对因果关系进行证明。在司法实践中，运用传统证明方法进行证明的案件也不在少数。③ 对于案情复杂、取证较难的污染环境型环境犯罪，传统的逻辑推理或经验法则就不能很好地起到证明作用，需要借鉴以上三种因果关系理论进行证明，以降低环境犯罪的证明标准，否则很难证明因果关系的存在。郑昆山就指出：公害事件因果关系的证明是达不到毫无可疑之程度的④。还有的学者认为案情复杂的环境犯罪中，我们应当将因果关系的证明标准降低，用百分比表示的话应当是"75%"，而并非百分之百排除合理怀疑⑤。

二、健全环境污损司法鉴定机构

司法鉴定并不是陌生的事物，在很多案件中，特别是刑事案件的侦破，都需要运用司法鉴定技术。司法鉴定是指在诉讼活动中，当事人或者司法机关针对案件中的专门性问题，委托鉴定机构运用专业知识做出判断的一种活动。鉴定意见对于一个案件来说至关重要，很多时候是定案最关键的证据。⑥ 随着科学技术的提高，司法鉴定在案件侦破以及定

---

① 逻辑推理主要指的是三段论，即大前提、小前提和结论。在环境犯罪案件中，大前提为：行为人应当为自己行为造成的危害承担责任；小前提：行为人实施的犯罪行为导致了危害的发生；结论：被告人应当对自己的行为承担责任。逻辑推理只适用于案情较为清楚和证据较为充分的污染型环境犯罪。

② 经验法则指的是人们通过自己的感官来认识事实并对这些事实做出判断。具体到案件审判中，指的是法官根据自己多年积累的经验，对案件中的事实做出自己的判断。由于经验法则全凭法官的感知进行判断，因此也存在着不准确、不确定等缺陷。

③ 2009 年 2 月 20 日，江苏省盐城市的居民发现自来水有臭味，城西水城通过对水质进行检测，发现原水已受酚类化合物的污染。之后环保部督察组通过现场调查，确认标新化工有限公司存在违法偷排的事实。在调查中发现，该公司约 6 吨未经利用的苯酚不知去向，而被污染的水源地污染带中苯酚含量约为 540 公斤。之后该公司厂长兼车间主任丁月生交代，其主使员工将 30 吨高浓度含酚钾盐废水排了厂区外的河沟内，并最终造成了上游蟒蛇河的污染。

④ 郑昆山：《环境刑法之基础理论》，台湾：五南图书出版公司 1998 年版，第 259 页。

⑤ 蒋兰香：《日本疫学因果关系理论及其对我国环境刑事司法的借鉴》，《刑法论丛》2010 年第 1 期，第 21—22 页。

⑥ 参见《全国人民代表大会常务委员会关于司法鉴定管理问题的决定》。

案过程中扮演着越来越重要的角色。对于一般案件是如此，对环境犯罪来说也是如此。我们前文也提到，在环境犯罪案件的侦破中，收集行为人污染环境的证据至关重要。要通过证据的收集来证明行为人与污染结果之间存在因果联系。现实中，我们的侦查人员并不都具备专业的环境知识，在取证过程中对于应当如何取证、如何检测、如何保管固定证据等并不熟悉。最关键的是在证明因果关系环节，就更需要专业机构的辅助。目前，我们国家司法鉴定机构主要针对的是法医鉴定、声像资料鉴定和物证鉴定这三个领域，在环境污染领域的司法鉴定机构并不多。环境污染鉴定一般是由省级环保机构做出，但是这种报告一般都不正式，只有机构的公章，不像司法鉴定机构出具的鉴定意见那么具有说服力。目前，随着环境侵权类案件的逐步增多，对环境司法鉴定的需求也日益增多，急需健全环境司法鉴定机制，改善环境犯罪案件立案难、认定难的现状。

具体来说，环境司法鉴定是指司法机关或者当事人委托具有鉴定资格的鉴定机构和鉴定人，对与环境相关的物理、化学或生物指标进行化验检测和鉴别，并根据国家相关环保法律法规的规定得出鉴定意见的活动。我们国家目前环境司法鉴定机构不多，例如江苏省环境科学学会、福建力普司法鉴定所、昆明环境污染损害司法鉴定中心、国家海洋环境监测中心司法鉴定所、连云港市环境司法鉴定所等。其中，国家海洋环境监测中心司法鉴定所具有最雄厚的实力，但是其很少为社会公众提供鉴定服务，主要只针对国家海洋局自身的案件进行鉴定。福建力普司法鉴定所是我国第一家环境司法鉴定机构，在紫金矿业污染案中就发挥了重要的作用。但是从总体上说，我国环境司法鉴定还处于一个初级阶段，存在机构数量少、从业人员少、涉及领域较窄等不足。此外，环境司法鉴定活动本身也存在很大挑战，许多因素都可以阻碍鉴定活动的顺利完成。①

鉴于环境侵权案件以及环境犯罪案件数量的逐步增多，环境司法鉴定

---

① 江苏省唯一具备环境污损司法鉴定资质且可承担各级法院鉴定委托任务的机构只有江苏省环境科学学会。据不完全统计，该学会承接了包括噪声污染鉴定、空气污染鉴定、水质鉴定、治理工程质量鉴定、室内环境鉴定、电磁辐射污染鉴定、其他环境鉴定等7类鉴定活动，分别占总鉴定数量的33%、13%、17%、13%、10%、7%、7%。但能顺利开展并完成的鉴定活动只占鉴定总数的33%，其余67%由于各种因素无法顺利完成，包括因鉴定申请人未交鉴定费用而被取消鉴定活动，因鉴定活动复杂、人证物不齐全而放弃鉴定，因监测机构不愿监测而未鉴定等。

机构的作用也日益凸显。针对目前存在的不足，我们认为应当抓紧完善环境司法机构相关的法律法规，建立技术过硬、操作规范、责任明确的环境司法鉴定机构。首先，我们应当鼓励环境司法鉴定机构的建立。目前我国环境司法鉴定机构的数量不足，难以承担全部的环境污染鉴定工作。地方政府和机关应当对环境司法鉴定机构的建立给予支持和帮助。其次，在鼓励建立环境司法鉴定机构的基础上，我们必须对环境司法鉴定机构的管理进行规范。包括鉴定的事项、鉴定的程序、鉴定人员的资质、鉴定机构的监督等等。2016 年 1 月，最高人民法院、最高人民检察院、司法部就联合印发了《关于将环境损害司法鉴定纳入统一登记管理范围的通知》，司法部、环保部也联合印发了《关于规范环境损害司法鉴定管理工作的通知》，首次对环境损害司法鉴定工作应当遵守的规范进行了统一规定。再次，要切实保证环境司法鉴定机构的中立性。环境犯罪往往和地方经济发展紧密相关，很多时候污染企业是地方经济的主要来源，甚至是地方政府重点引进的企业。环境司法鉴定的结果对于案件的审判至关重要，很可能会受到地方政府的干扰。如果不能保证环境司法鉴定机构的中立性，我们就无法保证环境司法鉴定意见的公正性。① 最后，应当建立环境司法鉴定援助制度。环境司法鉴定费用并不低，有的时候可以达到上万元。这对环境犯罪被害人来说并不是一笔小数目。他们本身已经受到环境污染的侵害，在经济上极为窘迫，无力再支付鉴定的费用。很多被害人因此放弃了进行司法鉴定的机会，权益得不到保障。因此，在环境司法鉴定过程中，应当为这部分被害人减免相应的费用，以便更好地帮助他们维护自身的权益。

三、提高司法人员专业素养

环境犯罪是一种新型犯罪，由于其涉及的领域众多，因此对司法人员的要求也更高。环保法庭是专门针对环境犯罪设立的法庭，是有效提高环境犯罪审判质量的途径。环保法庭并不是新鲜的事物。早在 2007 年，贵

---

① 在内蒙古自治区赤峰市喀喇沁旗河南东村，环境司法鉴定中心所做出的环境司法鉴定意见就反复变脸，折射出个别司法鉴定机构的"随意性"和地方政府的"乱作为"。这种"和稀泥"式的行政干预，让诉讼偏离了正常轨道，导致村民们的环保官司 8 年都没有结果，在旷日持久的"拖"和"磨"中，不少群众被迫放弃诉讼，部分环境违法行为得不到处罚。

州省清镇市人民法院就成立了我们国家第一个生态保护法庭。之后，环保法庭如雨后春笋般出现，至今已有超过 180 个环保法庭得以设立。2014年，环保法庭也走进了最高人民法院。不仅在国内，国外环保法庭也有很多。据统计，国外已有超过 40 个国家设立了形式各样的环保法庭，数量已经超过了 500 个。不仅在亚洲，欧洲、美洲、非洲等都设立了环保法庭，涵盖了英美法系和大陆法系的国家。形式上一般都有审判庭、上诉法庭、合议庭、审查委员会等等。

目前，我们国家环境司法专门化的格局已经形成。这对环境犯罪的审判来说是巨大的进步。环保法庭不仅整合了环境审判的所有资源，也为提高环境犯罪司法人员专业素养。推进环境审判专业化提供了契机。贵州省清镇市环保法庭有很多经验值得我们学习和推广。

清镇市环保法庭成立已有 9 年，在这 9 年时间里，清镇市环保法庭负责审理了其所辖区域内所有的生态环境资源类案件。不仅包括民事案件、行政案件，还包括刑事案件和其他相关的执行案件。在这个过程中，清镇市环保法庭逐渐形成了"严厉打击环境犯罪，积极保护生态环境"的良好氛围。自 2014 年 4 月起，根据贵州省高级人民法院的规定，清镇市环保法庭的管辖权进一步扩大，负责管辖安顺市和贵安新区的环境污染案件。清镇市环保法庭在环境案件的审理过程中摸索出了自身的一套经验方法，我们称之为"贵阳模式"。这种模式不仅旨在惩罚环境犯罪行为人，更将自然资源的保护放在了第一位。首先，清镇市环保法庭引入了诉前禁令。这意味着对环境侵权行为人可以进行行为保全，禁止其对自然资源造成进一步的损害。① 其次，清镇市环保法庭定期对案件执行情况进行回访。环境污染案件的执行往往时间较长，这个过程中，为了确保案件得到有效执行，环保法庭会定期对案件执行情况进行回访，确保自然资源的修复顺利进行。② 在法院人手不足的情况下，环保法庭会引入第三方进行监

---

① 2012 年 2 月，清镇市林业绿化局申请环保法庭向文国华下达诉前禁令，是环保法庭发出的第一个环境侵权诉前禁令；2013 年，清镇市环境保护局申请生态环境保护法庭向华昌鑫物资有限公司下达诉前禁令，社会反映效果很好。

② 为了确保判决得到有效执行，环保法庭出台了《案件执行回访制度》。在贵阳市两湖一库管理局诉贵州天峰化工有限责任公司一案中，环保法庭采取了创新措施，在案件审结之后进行定期回访，不间断地定期对被告的判决执行情况进行监督，包括修建拦污池、拆除生产线、解决污水渗漏问题等，使红枫湖源头磷污染超标的问题得到彻底解决。

督。例如环保志愿者、NGO 等等。① 最后，清镇市环保法庭非常重视自然资源的修复。除了对环境犯罪行为人处以刑罚外，清镇市环保法庭还要求行为人对自然资源进行修复。在很多情况下，这种修复行为可以代替刑事惩罚。特别是在水污染、土壤污染、盗窃林木等案件中，环境犯罪行为人会对水资源、土壤资源和林木进行修复，达到保护自然资源的目的。

　　环保法庭的设立对于环境犯罪的审判具有重要意义。除了审判资源的集中之外，环保法庭能够为司法审判人员专业化提供有效途径。在对清镇市环保法庭调研的过程中，我们也发现，尽管成立了环保法庭，但是在法官专业化方面还存在欠缺。一是法官人数较少，难以应对日益增多的环境犯罪案件。二是环境犯罪案件审判的司法人员专业知识不够。我们应当在建设环保法庭的同时，加大对司法人员专业化的培养。除了定期对司法人员进行专业培训，鼓励司法人员参与相关研讨会外，还可以在招录司法人员时，加大复合型司法人员招录的数量。比如，本科阶段法学专业，研究生阶段环境工程专业等人员，就能够在审判过程中很好地结合环境领域的知识和法学知识，更好地对环境犯罪案件做出判断。此外，为环境犯罪案件司法人员设立专门的环境课程也是不错的选择，有利于司法人员专业化的推进。② 除了以上我们说的司法人员专业化外，在一些疑难案件中，我们可以借助社会上的力量来解决问题，包括聘请地方的环境保护专家，充分利用专家证言，为环境犯罪案件的审判提供一臂之力。③

---

① 在不少案件中，企业在引入第三方监督之后不仅生产没有受到影响，反而获得了益处。例如，大量非政府组织都聘用了专业环保人员，在监督过程中能够给予企业大量的专业意见，节约企业不必要的开销，同时还能达到环境保护的目的。

② 国外许多国家也非常重视对审判人员专业知识的培训。以比利时为例，尽管比利时的大部分州法院没有专门负责研究和审判环境犯罪案件的法官，但是该国非常重视对法官环境专业知识的培训。除了帮助法官们获得最新的环境信息外，比利时专门在大学里为法官们开设了环境课程，使他们在审判过程中能够掌握更为专业的知识。此外，法院内部都建有自己的图书馆，由法院出资采购与环境相关的法律书籍和期刊。比利时在法官专业知识的培训上投入了大量财力和人力，极大地提高了法官环境专业知识水平，有助于环境案件审判质量的提升。

③ 这种做法在国内外都已有先例。作为世界上最早建立的环境高等法院，澳大利亚新南威尔士州土地与环境法院有许多值得我们借鉴的地方。其中，该法院所采取的法官与委员相结合的审判方式就非常值得我们学习。在该法院审理环境案件的过程中，除了法官外，还有相当数量的具备环境领域专业知识的委员参与进来。法官负责处理案件审理过程中的法律问题，而委员们则负责解决审理过程出现的专业问题。

第二节　环境犯罪被害人诉讼权利之完善

我国现行《刑事诉讼法》规定犯罪被害人享有控告权、知情权、申诉权、直接起诉权和参加庭审权、委托代理权和申请回避权等多项诉讼权利①，这充分说明了当前犯罪被害人是拥有当事人地位的。而犯罪被害人的相关权利除了在法条上有所显现外，也隐现于我国学者的相关构想和建议中，如犯罪被害人应享有上诉权、法律应明确犯罪被害人死亡后其近亲属的诉讼地位及诉讼权利、提高刑事程序运行的透明度、犯罪被害人的知情范围需扩大，建立信息公开制度，不断完善犯罪被害人出庭制度，犯罪被害人应享有最后陈述权，犯罪被害人应享有不同阶段的程序参与权，犯罪被害人享有执行阶段的程序参与权等等。学者们之所以提出这些建议，主要目的是让法条上的权利在现实中得以落实，从而最终使犯罪被害人的权益得到保护。但学者们是以个体犯罪被害人作为其所提出建议的基础，如果犯罪被害人由个体变为群体时，会影响这些权利的适用吗？当环境犯罪被害人为群体时，那就需要我们重新思考和衡量一些问题了，特别是要厘清犯罪被害人的认定、犯罪被害人利益与司法效率这三个问题的关系。

我国刑事诉讼法所给予刑事被害人的诉讼权利往往是以被害人为个体而给予的。环境犯罪的被害人有其特殊性，其往往是一个受害群体。当面对众多的环境犯罪被害人时，许多问题需要我们去思考和解决，包括犯罪被害人的认定问题、犯罪被害人利益与司法效率之间如何平衡

---

① 对于被害人的当事人地位，学者们看法不一，主要有三种观点。一是肯定说。持此观点的学者认为这一规定是较为合理的，一方面照顾到被害人个人权益与国家和社会整体利益在基本一致中存在的差异，注重了对被害人正当权益的维护；另一方面又遵循了刑事诉讼的基本规律，未赋予被害人独立当事人的地位，照顾到犯罪嫌疑人、被告人的正当权益，符合刑事诉讼公正的要求。二是否定说。有学者认为将被害人作为公诉案件的诉讼当事人在法理上难以自圆其说，在实践中则弊大于利，应废除现行的被害人作为诉讼当事人的制度，在法律上确定被害人为一种特殊的诉讼参与人，给予较之一般诉讼参与人特殊的诉讼礼遇和诉讼关照。三是折中说。该观点认为这一法律规定能够更好地维护被害人的正当权益，但由于被害人部分权利的缺失等原因，被害人当事人的地位名不副实。（王丽华、卢建平：《我国被害人学研究的回顾与展望》，《河北法学》2009 年第 5 期）

等。针对环境犯罪被害人的群体性特征，完善相应制度的构建。如果我们将环境犯罪被害人与传统犯罪被害人同等对待，赋予其相同的权利，忽视环境犯罪被害人群体性所带来的不便，司法的效率也不会大幅提高；如果为了提升司法效率而否认环境犯罪被害人的资格，将其排除在犯罪被害人保护之外，在环境刑事诉讼中其仅仅有提起刑事附带民事诉讼的权利，也不利于司法公正性的实现，与我们保护犯罪被害人的宗旨相违背。

有学者建议可以将民事诉讼中的代表人诉讼制度引入其中，对于具有群体性特征的环境犯罪被害人，赋予其权利的同时还应对其做出相应的限制，即对享有刑事诉权的犯罪被害人人数规定上限。超过规定的人数，则环境被害人这个群体可以通过协商选出一名代表，这名代表可以作为群体的代表行使诉讼权利，这种做法既保证了司法资源的合理利用，也让环境犯罪被害人得到主张权利的机会，还有利于实现司法公正①。这个建议有其道理，不过在当前我国民间公益环保组织蓬勃发展的情况下，被害人群体可以多依靠民间环保组织的力量和资源进行诉讼。

一、环境犯罪被害人的立案监督权

由于环境犯罪的隐蔽性强，犯罪证据很难收集，因此立案是环境犯罪的一个难题。如果不能立案，环境犯罪的诉讼程序就无法启动，更别说之后的起诉、审判以及执行。可以说，成功立案是环境犯罪被害人诉讼权利得到保障的第一步。实际上，在我们国家的立法中，已经用法律的形式规定了犯罪被害人享有的权利。我国宪法第四十一条明确规定：中华人民共和国公民对于任何国家机关和国家工作人员，有提出批评和建议的权利；对于任何国家机关和国家工作人员的违法失职行为，有向有关国家机关提出申诉、控告或者检举的权利，但是不得捏造或者歪曲事实进行诬告陷害。此外，我国《刑事诉讼法》第八十四条也规定：任何单位和个人发现有犯罪事实或者犯罪嫌疑人，有权利也有义务向公安机关、人民检察院或者人民法院报案或者举报。被害人对侵犯其人身、财产权利的犯罪事实或者犯罪嫌疑人，有权向公安机关、人民检察院或者人民法院报案或者控

---

① 吴大华、邓琳君：《美国〈犯罪被害人权利法〉扩张适用及其启示》，《现代法学》2014 年第 5 期。

告。公安机关、人民检察院或者人民法院对于报案、控告、举报，都应当接受。对于不属于自己管辖的，应当移送主管机关处理，并且通知报案人、控告人、举报人；对于不属于自己管辖而又必须采取紧急措施的，应当先采取紧急措施，然后移送主管机关。

从上述法条中我们可以看出，环境犯罪被害人在环境犯罪立案阶段是享有一定权利的，但是这种权利主要局限在对案情的报告上，并没有什么实际的权利。在刑事司法中，是否立案主要由公安机关决定。如果公安机关决定不立案，环境犯罪被害人通过刑事程序获得正义的机会就没有了。我们国家规定，三类情况下当事人可以选择提起自诉，而且环境犯罪被害人也享有该自诉制度中的第三类情形，可以自行提起刑事诉讼。但是这种自诉权也只是流于形式，并不适合环境犯罪被害人，具体原因在下文中将详细阐述。因此，鉴于自诉权的难以实现，如果公安机关做出不立案的决定，环境犯罪被害人在立案阶段的权利就无法获得保障。针对这一僵局，有理由认为，既然赋予了公安机关决定是否立案的权利，也应当借鉴国外经验，赋予环境犯罪被害人相应的权利对其进行监督，防止公安机关存在故意不立案的情形。具体来说，该监督权利可以分为七个方面。

第一，明确立案标准，畅通控告渠道。我国《刑事诉讼法》规定的立案标准是"犯罪事实发生，需要追究刑事责任"。分析该规定，我们发现该标准比较模糊，犯罪事实发生后，依据法律对发生的事实做出相应评价，而评价的标准是应当追究刑事责任。"应当"更多的是应然层面的回应。必须以客观事实为依托，作为启动刑事法追究刑事责任的前置条件。建议以"有证据证明有犯罪事实"作为其前提条件。因为证据从发生的具体事实（案件）中获取，针对证据做出案件行为人行为是否应当追究刑事责任的判断相对明确。

第二，环境犯罪被害人有权获取证据材料。除了获得公安机关不立案的通知或撤销案件的决定书外，环境犯罪被害人还应有权了解不予立案或撤销案件的具体原因。同时，被害人可以要求对案件相关的证据进行复制摘抄。之所以规定这一点，主要是因为证据材料是不予立案的关键。只有让环境犯罪被害人对证据材料进行分析，才能具体知晓是哪个环节出了问题，从而有针对性地对证据材料进行补充。

第三，完善救济机制，增强可操作性。实践中，虽有发生的事实，但不予立案的情形时有发生，环境犯罪被害人控告等权利的救济渠道不通畅，实际效果不是很理想。特别是第一百一十条规定："控告人如果不服，可以申请复议。"然而复议的程序并未明确。因而，建议如果控告人对公安机关不立案的决定不服时，可以设定一个期限，比如十日，控告人在接到《不予立案通知书》的十天内向做出决定的上级机关申请复议。上级机关在收到复议申请后，依照法定权限和程序，在法定期限内，比如十五日内做出处理决定，并及时书面告知控告人。人民检察院作为法律监督机关，在立案环节人民检察院应加强对公安机关立案活动的监督，形成对立案活动的知情权。而知情权的实现需要备案审查制度的确立，在备案审查中明确侦查机关（部门）受理的报案、立案、不立案、破案、撤案等记录和材料。另外，建议规定检察机关对不立案的监督享有调查与处罚建议权，调查权的行使有利于监督机关正确充分发挥监督作用，特别是对公安机关立案、不立案和撤销案件决定书的调查，对于不符合法律规定的决定应当及时做出处罚建议，规范公安等侦查机关的立案行为。

第四，规范回避程序，防止"权力照顾"。在被害人实施申请回避权利的同时，赋予被害人申请回避权利难以落实的救济制度，比如当被害人申请回避的正当要求遭受拒绝，或者事后发现相关机构违反回避程序的规定而未及时做出改变时，应完善其向法律机关提出监督等救济的制度。

第五，落实鉴定制度，确保权利实现。环境犯罪危害的鉴定成本较高，需要专门的鉴定机关做出专业性的书面性意见。实践中，环境犯罪的被害人牵涉群体相对广，但对多数被害人而言，鉴定所涉及的相关费用相对高，虽很多情况下公诉机关出面做出鉴定，但在具体案件中，涉及的环境犯罪危害和程度如何被害人最清楚，存在补充鉴定或重新鉴定的可能，而现实中在申请补充鉴定或重新鉴定的问题上相应机关对被害人的合理申请却持轻视态度。因此，建议国家应设立相应的保障基金，为被害人申请重新或补充鉴定奠定坚实的物质保障。

第六，环境犯罪被害人可以对环境犯罪立案进行监督。环境犯罪被害人有权知晓案件每个阶段的进展情况。包括及时获取相关通知，如公安机关决定不立案的通知书或者案件被撤销的决定书。其中，应当明确告知环境犯罪被害人不立案或者撤销案件的原因。如果存在刻意隐瞒的情形，环境犯罪被害人有权请求上级公诉机关进行监督。

第七，可以借鉴国外的经验，赋予环境犯罪被害人司法审查权。如果公安机关决定不予立案，环境犯罪被害人可以向人民法院提出司法审查的申请。人民法院对不立案决定进行审查之后，如果认为符合立案条件，可以决定立案，公安机关必须执行该裁定。如果认为不符合立案条件，可以裁决驳回申请。

二、环境犯罪被害人的起诉权

1. 环境犯罪被害人的自诉权难以实现

公民对环境犯罪享有的自诉权包含于我国《刑事诉讼法》中规定的刑事自诉制度，这或许有利于帮助公民以司法救济的方式解决其自身所受到的环境侵害问题。但从环境权的社会性、环境损害的公害性及刑事自诉制度的优缺点来看，赋予环境犯罪被害人自诉权本身已存在许多问题，如果适用则会带来严重后果。这固然有部门法之间性质的独特性等因素影响，但更多的是源于传统部门法的制度供给难以达到环境权的救济与环境侵害规制的需求。为此，要想避免陷入这些困境之中，就必须充分了解环境权益保障的内在规律，掌握规制环境侵害的制度需求，从而建立专项调整环境权益保障与环境侵害规制的机制。

（1）环境犯罪被害人举证困难

依《刑事诉讼法》相关规定，被害人对遭受的人身权、财产权侵害承担举证责任是"公诉转自诉"案件中被害人享有和行使自诉权的重要条件。但在自身经济实力和信息对称等方面，大多数环境犯罪的被害人要远弱于侵害人。如在污染环境犯罪中，如果污染企业使用未被社会和公众所了解的技术生产、排放污染物质，一旦这些污染物质造成了人体伤害和环境危害，但只有污染企业掌握了这种技术的所有知识，即使公诉机关运用强制搜查权限去查找证据，也会因证据收集难度大而无法认定污染企业的排污行为是否为环境犯罪，可想而知，处于更低地位和权限的被害人更加难以搜集证据。即使是在最高院 2002 年出台的《关于民事诉讼证据的若干规定》中，将"举证责任倒置"原则引入环境侵权民事诉讼程序，但从实际情况看，原告依然很难承担其遭受损害事实的举证责任。况且，刑事诉讼还未引入举证责任倒置原则，那么只由环境犯罪被害人来承担其人身权、财产权受到侵犯的证明责任，这无异于"痴人说梦"。因此，环境犯罪中被害人的自诉权若为一种形式上的权利则实现基本无望。

（2）环境犯罪侵犯环境权的复合性

从制度起点上看，只有当被害人有证据证明自己的人身、财产权遭受了侵犯，且污染环境罪等环境犯罪属于"公诉转自诉"案件时，他们才享有自诉权。但在现实中，公民环境权利受环境犯罪的侵犯并不单单表现在人身权和财产权方面，甚至是对人身权和财产权之外的其他方面的侵害。假设如此，被害人享有自诉权会不会在理论上说得通？环境权除了在实体上体现了民事权利性质之外，许多国家在其环境立法过程中还规定了具体环境权利内容如日照权、眺望权、景观权、宁静权。虽然，公民的环境权利受到环境犯罪的侵犯，但其人身权和财产权等实体性民事权利内容并不代表公民环境权利的全部，它应该还包含了其他方面的内容。但受到《刑事诉讼法》的影响，在"公诉转自诉"案件中，被害人只能以其人身权、财产权遭到侵犯为由行使自诉权。这明显不符合实际中环境犯罪对公民环境权益侵犯的真实情况。

（3）自诉案件的解决思路难以应对环境犯罪对于环境公益的危害

如果公诉机关放弃起诉环境犯罪行为，那么按照刑诉法的规定下一步就要进入自诉环节。虽然"公诉转自诉"案件的调解目前在法律上还未予以明确，但法律又同时做出了被害人与被告人可相互和解及被害人甚至可以撤诉的规定，这种不一致的做法对制裁环境犯罪是非常不利的，这也是认为环境犯罪被害人享有自诉权制度设计最大的问题所在。

由于人身权和财产权的侵犯仅仅涉及公民的个人利益，所以传统法律是以个人私权的视角看待公民人身权与财产权的保障与救济的，这也是在"公诉转自诉"案件中允许公民享有自诉权的缘由。但环境权是一项具有社会属性的权利，其把人类整体环境作为它的保护对象，而人类整体环境又具有不可分性、普遍性及侵害环境所造成的公害性，这表示如果致害人一旦将某个人的环境权侵犯了，就"连带"侵犯了"群体"环境权和相关的社会权益。虽然环境犯罪多施加于个体上，但其主要是通过空气、水、土壤等环境介质间接致害于受害人，这也必然会损害以环境介质为代表的环境公益，那么其他不特定多数人的权利也可能因此受到侵害。只要环境侵害或环境犯罪存在，社会环境公益必然会受影响。所以，从以上角度分析，"公诉转自诉"制度依然难以对环境公益损害的环境犯罪加以规制。

2. 完善对不起诉权的制约机制

对于公诉机关不起诉的决定，环境犯罪被害人不能够直接起诉，也不能够提起自诉。因此，需要针对公诉机关的不起诉决定引入相应的制约机制。在国外，许多国家已经设立了相关的制约机制，例如德国、日本等国家，针对不起诉权设立了司法审查权。也就是说，对于公诉机关不起诉的决定，犯罪被害人可以申请司法审查。如果司法审查的结果是提起公诉，那么公诉机关必须执行这个决定，提起公诉。我们国家也应当赋予犯罪被害人这种权利。只有对不起诉权进行司法审查，才能切实保障被害人的合法权益。这也符合刑事诉讼保障人权的目的。在司法实践中，刑事诉讼的这个目的往往被大家曲解了。人们认为刑事诉讼中的弱势一方是被告人，因此应当保障的是被告人的人权。事实上，现行立法已经对被告人进行了很好的保护，特别是赋予其独立的上诉权。而真正的弱势群体——犯罪被害人往往受到人们的忽视。环境犯罪被害人是无辜的受害者，本身没有过错，自身还遭受了损失，更应当得到保护和同情。我们在司法过程中，应当将环境犯罪被告人和环境犯罪被害人置于天平的两端，不要向任何一方倾斜，维持审判的公平公正。赋予环境犯罪被害人不起诉审查权，不仅能够促进被害人与公诉机关之间的合作和制约，也能够使现有的刑事诉讼构造更加完善。

三、环境犯罪被害人的量刑参与权

我国《刑事诉讼法》第一百六十条规定：经审判长许可，公诉人、当事人和辩护人、诉讼代理人可以对证据和案件情况发表意见并且可以互相辩论。审判长在宣布辩论终结后，被告人有最后陈述的权利。从该条立法规定，我们可以看出，定罪和量刑并没有被同时放在一个程序里，也没有规定犯罪被害人不能参与量刑环节。事实上，让犯罪被害人参与到量刑环节一直是量刑程序独立化改革的题中之意。[1] 有的学者对量刑环节独立发表了自己的看法，认为只有将定罪环节和量刑环节分开，定罪请求权和

---

[1] 在最高人民法院、最高人民检察院、公安部、国家安全部、司法部联合制定的《关于规范量刑程序若干问题的意见（试行）》的第四条和第十四条做出了被害人参与量刑程序的规定。第四条：在诉讼过程中，当事人和辩护人、诉讼代理人可以提出量刑意见，并说明理由。第十四条：量刑辩论活动按照以下顺序进行：（一）公诉人、自诉人及其诉讼代理人发表量刑建议或意见；（二）被害人（或者附带民事诉讼原告人）及其诉讼代理人发表量刑意见；（三）被告人及其辩护人进行答辩并发表量刑意见。刑事诉讼法第八十二条规定："当事人"是指被害人、自诉人、犯罪嫌疑人、被告人、附带民事诉讼的原告人和被告人。该意见第四条的"当事人"自然包括被害人。而该意见第十四条更是明确规定了被害人在量刑辩论中的发言顺序。

量刑建议权才能够真正形成。如果定罪与量刑合二为一，那么被告人的量刑辩护不能形成独立的辩护形态，被害人的量刑建议权也得不到真正的保障[1]。对于被害人是否应当享有量刑建议权，有的学者指出，让被害人参与到量刑的过程之中是非常有必要的。被害人的参与可以保障量刑过程中各方信息的全面性，而且被害人可以向法官提供额外的量刑信息并充分表达自身的诉求，使法官能够从更加全面的角度做出判断。从这个意义上说，被害人的参与能够使量刑程序更加透明和公正。可以说，不管是在法律规定上，还是在学理上，让被害人参与到量刑程序并发表自身的意见是可行的。保障被害人的量刑建议权，是保证被害人量刑意见被考虑的关键和前提[2]。

具体到环境犯罪中，所谓环境犯罪量刑参与权，是指出于尽快使环境犯罪被告人认罪和悔罪、尽早终结案件、提高司法效率的目的，将环境犯罪被告人如何看待其环境污损行为所酿成的后果的相关思想表现作为一个酌定的量刑情节，并在随后的量刑过程中，由环境犯罪被害人向审判机关或法官提出其对被告人判决的一些相关意见，即建议性量刑，是由环境犯罪被害人提出的一种意见或建议，主要是针对犯罪人及犯罪人的行为对被害人本人或其家属所造成损害结果而言的[3]。

之所以要让环境犯罪被害人享有量刑参与权，主要考虑到以下三个方面的因素：一是在环境犯罪中，环境犯罪被害人直接遭到环境犯罪行为的侵害。首先，环境犯罪案件的处理结果往往与被害人有着直接的联系，如果审判机关或法官能倾听到被害人对致害人的刑罚适用提出的裁量意见，那么将大大提高环境犯罪被害人参与刑事诉讼活动的积极性，从而促进程序权利行使过程的公平、公正；其次，相对于审判机关和法官，环境犯罪被害人或许对环境犯罪事实更了解一些，这将有利于在审判过程中法庭准确掌握致害人的犯罪证据，进而公正宣判。二是被害人行使量刑建议权，积极参与庭审活动，更能让司法机关和被告人重视被害人的意见、建议。首先，有利于检察机关详细准确地了解案件情况、查找证据，进而保证人

---

① 陈瑞华：《论量刑程序的独立性——一种以量刑控制为中心的程序理论》，《中国法学》2009 年第 1 期。

② 陈瑞华：《论量刑程序的独立性——一种以量刑控制为中心的程序理论》，《中国法学》2009 年第 1 期。

③ 韩轶：《刑法目的的建构与实现》，中国人民公安大学出版社 2005 年版，第 96—97 页。

民法院依法判决；其次，有利于提高环境犯罪被害人的法律素养，提高他们的法律信仰度，进而使环境犯罪被害人的合法权益得到最大限度的维护。三是环境犯罪被害人参与刑事诉讼的重要方式之一在于环境犯罪被害人的量刑建议权。在诉讼地位上，公诉案件的被害人与环境犯罪嫌疑人、被告人应相一致；在享有权利上，公诉案件的被害人与犯罪嫌疑人、被告人相对应，履行其应承担的法律责任。①

针对环境犯罪被害人委托诉讼代理人相对较晚问题，由于环境犯罪往往牵涉公共利益，因此建议将被害人委托诉讼代理人的时间提前至侦查阶段，一方面可以与被告人委托诉讼代理人的时间平衡，另一方面在侦查阶段形成对侦查机关的行为的有效监督。围绕被害人对检察机关不起诉决定不服的救济机制不足问题，在检察院系统内部应强化制约与监督作用。检察机关作为法律监督机关，本身须严格遵守法律规定，上级检察机关必须规范对下级检察机关的监督行为，对备案进行形式审查，防止越权干扰下级检察院对决定做出实质性判断。对于环境犯罪的案件专业化程度较高问题，2014 年 7 月 3 日，最高人民法院成立环境资源审判庭，其主要职责包括审判第一、二审涉及大气、水、土壤等自然环境污染侵权纠纷，涉及地质矿产资源保护、开发有关权属争议纠纷，涉及森林、草原、湖泊、湿地等自然资源环境保护、开发、利用等环境资源纠纷的民事案件等。而目前涉及的刑事环境犯罪仍然由刑庭负责，针对环境犯罪案件涉及面广的特点，建议设立类似于环境资源法庭的专门机构来审理环境犯罪案件。

围绕环境犯罪被害人在审判活动中附带民事诉讼权得不到有效保护，被害人参与法庭审判的权利不能有效实现，被害人申请抗诉权得不到有效落实，被害人寻求民事救济陷困境等状况的出现，一要明确告知被害人提起附带民事诉讼的法定机关；二要坚决落实被害人参与庭审的权利；三要建立机制保障被害人申请抗诉权的全面落实；四要赋予被害人在特定情形下的程序选择权。

基于被害人对于刑事判决不享有上诉权，为了维护"有权利必有救济"的理念，确保被害人刑事诉权的完整性，建议赋予被害人有限上诉权，即在公诉案件中公诉程序优先的前提下，将环境犯罪被害人向人民检察院申请抗诉作为其行使上诉权的前置要件。当环境犯罪被害人不服一审

---

① 郑创彬：《刑事被害人参与量刑问题研究》，《法治论坛》2011 年第 3 期。

法院做出的判决或裁定时，被害人不能直接向法院提起上诉，而是应当先向人民检察院请求提起抗诉。如果人民检察院不服一审法院做出的判决或裁定，并且已经提起抗诉或者受理被害人抗诉请求后决定提起抗诉时，环境被害人则不能上诉。只有检察机关未提出抗诉时，被害人才有权上诉。

而对于已发生效力的判决和裁定，环境犯罪被害人要想在审判监督环节获得权利救济，必须对其应有权限做出审视和分析。回顾《刑事诉讼法》的规定，我们发现虽然该法已将被害人、被害人的法定代理人或近亲属列为再审申诉的主体，但未区分主次地位或申诉的先后时间顺序，进而在司法实践中易导致申诉混乱情形的出现。因此，应对申诉的顺序位阶做出规定。详而言之，一是确立环境犯罪被害人本人是申诉权的首要主体；二是当被害人死亡或丧失行为能力时，由其法定代理人作为申诉权的行使主体；三是被害人及其法定代理人都死亡或者丧失行为能力时，由其近亲属作为申诉权的主体。

四、环境犯罪被害人的上诉权

从本质上讲，上诉权是起诉权的延伸，是被害人当事人地位的重要标志。基于维护被害人权益的立场，应赋予其独立的上诉权。理由是：其一，既然公诉人与被害人均有起诉权，公诉人享有抗诉权，被害人则应享有上诉权。上诉权是犯罪被害人最重要的权利，是犯罪被害人地位的最有力象征。但是目前我们国家并没有赋予犯罪被害人独立的上诉权。应当赋予犯罪被害人上诉权。一方面，公诉机关代表国家公权力享有抗诉权，但是犯罪被害人只享有请求抗诉权，是否抗诉最终还是要看公诉机关的决定。从利益关联的角度来说，案件的审理结果对犯罪被害人的影响比对公诉机关更大，犯罪被害人是犯罪行为的直接受害者，其自身利益与审判结果息息相关。但是犯罪被害人却不能就审判结果提出自己的异议，这是不合理的。国家利益和个人利益的天平要保持平衡，不能为了国家利益而牺牲个人利益。因此，犯罪被害人应当被允许提起抗诉。另一方面，相对于被告人享有的上诉权，被害人也应当同样享有。被告人和被害人都是当事人，享有的权利也应当具有对等性。两者具有相同的诉讼地位，案件的审理结果对双方来说都至关重要。如果被告人享有上诉权而被害人只能享有请求抗诉权，那么相当于被害人失去了防御的能力。

环境犯罪被害人的请求上诉权以检察机关所做出的决定为前提，环境犯罪被告人享有上诉权，环境犯罪被害人因缺乏当事人地位而没有请求上诉权，导致被害人的权利失衡，这对环境犯罪被害人合法权益的保护也是极为不利的。[①]

重新审查一审判决和裁定的正确性，并实现对法院审判的监督，这是上诉制度的目的之一。通过对一审判决提出主张等手段，环境犯罪被害人既能保护自身的合法利益，实现其合理主张，又能对法律实施过程起到监督作用。如能将当事人地位赋予环境犯罪被害人，那么他们就可以"名正言顺"地对一审判决的事实是否认定清楚、法律适用方面是否明确、遵循的诉讼程序是否有违法行为等提出自己的意见与看法，而且可以全面把握其是否要在二审程序中申请重新审查，这将有利于及时查明犯罪、追究犯罪人的刑事责任和保障人权之目的，进而使刑事司法的公正性价值得到彰显，最终有利于社会秩序的安定。另外，环境犯罪被害人行使上诉权，有利于督促检察机关积极履行相关职能，并在上下级监督机制的配合下，让下级检察机关在行使公诉权的过程中"不越雷池一步"。

[①] 胡承武：《犯罪被害人诉讼地位分析》，《西华师范大学学报（社会科学版）》2006 年第 4 期。

第六章 中国环境犯罪刑事立法之完善

实践中，运用民法或行政法来调整一般的环境污染违法行为的情况比较多，而以民事、行政手段来应对严重环境污染犯罪行为却难以为继。为更好地发挥法律的作用，实现人与自然的和谐相处，把危害环境行为引入刑法中是十分必要的。特别是在当前社会对刑法轻罪化、除罪化呼声较高的背景下，许多国家也将严重环境污染犯罪行为的大部分写入刑事法律中，至少说明在实践中，把危害环境行为引入刑法之中是十分有必要的。本章将对如何完善环境犯罪刑事立法展开论述。

第一节 完善环境犯罪类型

一、把生态环境纳入刑法保护

首先，把刑法的保护对象拓展到生态环境上来，明确哪些危害环境行为的具体种类将被惩罚，将环境污染犯罪人刑事责任的追究范围进一步拓宽，厘清危险犯和结果犯的使用规则。其次，积极发挥环境刑罚制度的作用，把罚金刑作为环境刑罚的重要措施，使用一些非刑罚的制裁措施以提高量刑幅度。在了解环境污损犯罪行为的相关特征和具体内容后，出台与之对应的具体刑罚种类和幅度，并在那些特征明显的个案之中积极使用罚金刑，从而保证环境污染犯罪被害人的合法权益得到程序和实体上的双重保护。

虽然环境刑法在近年来已取得较大的进步，但社会上还是有许多民众不仅认为追究环境污损行为人的责任并不是很重要，而且觉得责任人之所以污染和破坏环境可能是出于无奈、无知或无意，目前仍有一些国家未规定环境刑事责任便是佐证。与侵犯集体利益的处罚措施相比，传统个人利益在被侵犯后的处罚措施可能要严重得多，许多人对现有环境法律法规所规定的刑事处罚措施能否有力保护生态环境是持怀疑态度的。

把危害环境行为引入刑法中本质上是将环境不法行为新罪化，即随着社会危害性的增加，将原先那些尚不构成犯罪的环境不法行为用刑法加以调整。从以往的环境司法实践中我们可知，人们之所以对许多情节严重的环境违法行为认识不清，是因为这些违法行为的危害后果比较隐蔽且长期不容易被发现，这也构成了人们对环境犯罪本质的认知障碍，导致许多环境污染犯罪人逃脱了他们应负的刑事责任，而环境污染犯罪被害人的人权则被侵害。当人们在切身体会到环境违法行为对其所带来的严重损害后果后，才可能去发现和了解这些违法行为的本质。但以惩罚度较低的民法或行政法去规范和制约那些情节恶劣的环境违法行为往往心有余而力不足，难以实现保护被害人合法权益和惩罚致害人的双重目的。因而许多国家通过追究加害人的刑事责任期以达到惩戒、预防的目的。将危害环境行为引入刑法中的原因有以下几个方面：第一，作为维护社会秩序的最后一道防线的刑法，规定只有国家司法机关才能追究刑事责任，与行政责任相比，刑事责任所体现出的国家强制性要强一些；第二，追究严重环境违法行为的刑事责任，其所体现的惩罚程度要比追究行政责任严重得多，且这种惩罚更多地是限制人身自由，这种巨大的违法成本对环境污染犯罪人来说无疑是一种巨大的内心震慑；第三，追究严重环境违法行为的刑事责任，会更好地实现特殊预防和一般预防的作用，从而有利于维护和稳定社会秩序。

二、设立环境犯罪危险犯

结果本位是我国刑法最明显的特点之一，其中的危害结果我们可以进一步分为危险结果和实害结果。从目前我们国家的刑事立法来说，危害结果一般指的就是实害结果。可以说，实害结果更受到立法者的青睐。随着我们逐渐进入风险社会，刑事立法中的实害结果不能很好地起到打击犯罪的作用。实害结果往往意味着犯罪行为已经造成了实际的危害，不能够起到预防犯罪的作用。前面我们说过，环境犯罪侵害的是自然资源，而自然资源是不可再生的。如果我们等实际危害后果产生再定罪惩罚，那么自然资源很难恢复到污染之前的状态。因此，针对环境犯罪而言，我们应当将实害结果排除在外，只要环境犯罪行为人实施了犯罪行为，对自然环境造成了危险，就可以对犯罪人定罪惩罚。

危险犯具体又可以分为具体危险犯和抽象危险犯。所谓具体危险犯，是指犯罪行为人所产生的危险是真正的危险，是实实在在的危险，而不是想象出来的危险。而在抽象危险犯中，这种危险不是具体真实的，而是由法律拟制的危险。也就说，在抽象危险犯中，行为产生的危险是由法律事先规定好的。如果某一不法行为发生的频率很高，法律就规定只要这种行为发生，某种危险就一定会出现，而不论这种危险是否真实存在。可以看出，在具体危险犯和抽象危险犯中，抽象危险犯对犯罪行为人更能产生威慑作用，更能够避免危害结果的发生。对于环境犯罪来说，抽象危险犯的设立具有重要的意义。打击环境犯罪，事后惩罚固然重要，但是事先预防意义更大。自然资源的不可再生性决定了环境犯罪的事后惩罚不能达到事先预防的效果。因此设立抽象危险犯很有必要。但是我们注意到，抽象危险犯的设立有可能导致可罚性的过度扩张，因此其入罪门槛非常低，只要实施不法行为，就认为已经既遂。为了避免这种情况，我们在设立危险犯时应当针对不同的罪名进行区别设立。对于污染环境罪而言，其危害后果往往比较严重，是对大气、土壤、河流等自然资源的直接侵害，我们可以设立抽象危险犯。而对于其他环境犯罪，如非法猎捕、杀害珍贵、濒危野生动物罪，盗伐滥伐林木罪等，我们可以设立具体危险犯。其他的环境犯罪如非法捕捞水产品罪、非法占用农用地罪、非法采矿罪、破坏性采矿罪等罪名，还是采用结果犯而不是危险犯。

三、提升环境犯罪的法定刑

如前文所述，对于环境犯罪，我国刑法所设置的法定刑较低。在自由刑方面，适用比较广泛的污染环境罪最高刑仅为七年有期徒刑，其他环境犯罪最高刑为十五年有期徒刑。环境犯罪相应配备了罚金刑，如污染环境罪中规定对于犯罪人并处或者单处罚金，但是虽然有如此规定，在实践中仍然存在对于犯罪主体罚金数额过低的情形，特别是对于犯罪主体为单位的情况[1]。刑法的目的在于预防和惩治犯罪，其是一把双刃剑，用之得当可以有效遏制犯罪；反之，用之不当，就可能伤及无辜，造成社会的恐慌和混乱。环境污染类犯罪往往是破坏我们所居住的生态环境，这种破坏是无法逆转和恢复的，这让我们无法正常地生活、工作和学习，使我们的人身、财产受到损害，也直接影响到人类未来一代的生存，由此可见其所造成的危害是其他普通犯罪无法比拟的，仅仅以过轻的刑罚来进行惩治，是完全起不到遏制和威慑的功能的。另外，企业之所以污染环境，是因为这样可以节省一大笔资金投入，获得丰厚的利润。可见，环境污染犯罪多数是逐利型犯罪，罚金过低不能对犯罪人予以较大的惩罚，也无法消除其他一些潜在的犯罪分子依旧铤而走险的念头。

我们国家应该提高相关环境犯罪的自由刑幅度。这不是重刑主义，而是因环境污染的恶劣情势所迫。在国外，这种情况也存在过，如 20 世纪 80 年代初期，美国和日本都曾规定，依据环境犯罪的情况与形势，对环境犯罪刑罚幅度进行了相应提高[2]。当前我国环境污染严重，此时通过提高刑罚幅度，增加刑法的威慑力是十分必要的。对于罚金刑，应该明确罚金的标准，在实际适用中应当要达到足以威慑住环境犯罪的程度，具体可考虑行为人对于环境的破坏程度、其对被害人损失的赔偿履行情况等情形，使那些希望通过回避环境保护问题赚取钱财的人得到应有的惩罚，督促行为人切实履行环境保护义务，从而有效地控制环境犯罪。

第二节　引入严格责任制度

严格责任本是英美法系特有的制度，即对于某些犯罪可以不需要证明行为人的主观过错。严格责任的出现，在于存在一些犯罪，要去证明其是否存在故意或者过失是极其困难的，而这些犯罪大多数是具有较大危险性

---

[1]　贾学胜：《美国对环境犯罪的刑法规制及其启示》，《暨南学报》（哲学社会科学版）2014 年第 4 期。

[2]　张福德：《美国环境犯罪的刑事政策及其借鉴》，《社会科学家》2008 年第 1 期。

的，在这种情况下如果把犯罪意图作为犯罪的构成要件，会使得刑法的设置形同虚设，往往使得行为人逃脱刑法的处罚。严格责任的出现表明刑法的重心从注重对个人利益的保护转向对于社会公共利益的保护，实行严格责任制度能让人们不去做法律不允许做的事，也迫使相关组织负责人能竭尽所能贯彻执行有关法律所赋予的义务。

严格责任的适用是相对少的，因为严格责任不需要犯罪行为人具有主观上的故意。因此，很多学者并不主张在环境犯罪中适用严格责任。传统观念中，人们认为只有主观上存在恶性，才能够判定一个人构成犯罪。如果是过失或是无意之举，人们的态度一般都较为宽容。即使在英美国家，严格责任一般只是用于侵犯公共福利等犯罪之中。

对于严格责任是否应该引入，我国刑法学界存在观点分歧。反对的人认为严格责任的设立完全背离了刑法初衷，刑法处罚的基础在于人有自由意志，刑法所处罚的行为都是在一定的故意或者过失心态下发生的，不谈主观而只看客观是一种倒退，与客观归罪无异。但是赞成者认为，必须在严格符合限制条件的情况下，方能适用严格责任。亦就是说，证明存在严格责任的犯罪行为，在无须证明行为人部分行为要素的主观罪过之外，对其他客观要素所对应的行为人犯罪心态仍须加以证明。但是，在当前阶段，法院工作日渐繁重，不可能对任何一种行为都能探求到其主观心态，对于一些特殊的犯罪行为，不考虑主观因素定罪有利于惩治犯罪。

在我们国家，严格责任只适用于民事领域。在刑法领域，严格责任的地位始终存在争议性。目前，有很多学者呼吁在环境犯罪中适用严格责任，此处研究也持相同观点。理由有二。一是从自然环境资源的保护出发。环境犯罪与传统犯罪不同，该罪不仅侵犯了自然人的合法权益，也对自然资源造成了不可逆转的损害。自然资源是有限的，有限的自然资源对人类的生存和发展至关重要。随着经济的发展，社会的繁荣，人们对自然资源的需求也与日俱增，环境犯罪案件呈现爆发式增长。[①] 这种情况下，保护自然资源显得尤为重要，不容许有丝毫闪失。因此，适用严格责任，不仅能够切实保护自然资源，也能够对潜在的环境犯罪行为人造成极大的

---

① 据人民网报道，最高人民检察院 2014 年 6 月 12 日通报，从 2013 年 6 月至 2014 年 5 月，全国检察机关共批准逮捕涉嫌污染环境罪案件 459 件 799 人、起诉 346 件 674 人。相比 2012 年 6 月至 2013 年 5 月的批准逮捕 56 件 116 人、起诉 49 件 145 人，案件数量有了大幅提升。

威慑，避免环境犯罪行为的发生。二是从环境犯罪被害人的保护出发。严格责任不需要证明犯罪行为人主观上具有故意，这一点对于环境犯罪被害人维护自身的权利至关重要。我们知道，要证明一个人主观上的故意很难。在环境犯罪中，环境犯罪被害人要证明危害行为与危害结果本身就很难，如果再证明环境犯罪行为人主观故意更是难上加难。环境犯罪行为人完全可以声称不知情，是过失犯罪，环境犯罪被害人几乎没有能力来证明其主观故意。这种情形下，潜在的环境犯罪行为人更加肆无忌惮，环境犯罪被害人的权利也更加难以得到保护。因此，应当在环境犯罪中适用严格责任，及时阻止潜在的环境犯罪行为人实施环境犯罪，保护环境犯罪被害人的合法权益免受侵害。

依照我国《刑法》的相关规定，全然认为严格责任在我国不适用的说法是不正确的。主客观相统一当然是刑法在定罪量刑应该坚守的原则，但是原则之所以存在是因为有例外，原则的普遍约束力与原则中的例外并不完全对立，甚至可以说是相互并存的①。最常见的例子就是，虽然我国坚持罪刑法定原则，但是从实际出发，完全的罪刑法定并不存在，仍然会有罪刑法定的例外情形。而且，我国刑法当中也并不是完全没有严格责任的规定，如巨额财产来源不明罪，刑法对于其罪过的规定就不是很明确。因此，从理论或者实际规定来看，完全没有否认严格责任的必要。况且，环境犯罪作为一种影响严重的犯罪，本身行为就很难察觉，证明其行为时的主观心态更是难上加难。以《刑法》第三百三十八条规定的污染环境罪来看，从法定刑角度可知，倘若将该罪认定为故意犯罪，同时要求犯罪行为人已经认识"严重污染环境"行为的危害结果，并且希望或者放任"严重污染环境"后果的发生，这并不符合罪刑相均衡原则的要求，具体原因是"严重污染环境"的后果中显然包括了致人重伤或者死亡后果的情况，但该罪所规定的法定最高刑只有七年，若将该罪认定为过失犯罪，又缺乏"法律有规定"的前提条件。因而，在这种情况下，将部分环境犯罪规定为严格责任，在追诉污染环境罪的司法实践中，控诉方仅需要证明危害结果的发生而没有必要证明行为人对该危害结果存有罪责心态，从而降低犯罪的证明标准，利于追诉犯罪和危害环境的公共利益②。

---

① 孙国祥、魏昌东：《经济刑法研究》，法律出版社 2005 年版，第 52 页。
② 贾学胜：《美国对环境犯罪的刑法规制及其启示》，《暨南学报》（哲学社会科学版）2014 年第 4 期。

第三节　完善遏制环境违法的制度

一、污染举报制度和环境项目立项听证程序

虽然国务院和地方有关部门设立了环境污染举报制度并有奖励制度，但是实践中的效果并不理想。如有关媒体报道，安徽省对环境违法举报实施奖励制度，但全年仅有 1 人领取了奖金。公众举报制度其实是一举三得的事情，既可以解决当前面临的环境污染问题，又能弥补环保部门监督的不足，还能获得一定的物质奖励。像安徽省的这种情况也说明，现在的环境污染举报制度仍有极大的提升空间。具体来说，对于举报制度可以进行如下改善。首先，加强举报人保护措施。一般来说公众举报环境污染均需要留下联系方式和身份证号，但是实际中，很多人只是叙述了所举报的事项后就挂了电话，并不愿意留下过多的个人信息，对于奖金欲望不大，这说明举报人最大的愿望是能解决问题，而并不在意奖励。其次，相关部门需重视举报线索，认真核查举报真实性。有些环境污染问题，群众举报多次，依然不见解决，严重影响举报人的积极性。最后，创新举报方式，可以不限于通过身份证来确认举报人身份并发放奖金，如有的地方实行密码举报方式，通过核对所写密码来确认举报人和发放奖金。

减少环境犯罪带来的严重后果最好的方式是进行提前预防。在一些地区，环境犯罪行为的出现和政府有关人员滥用职权与污染企业相互勾结或者不尽到环境监督义务有关。政府有关人员为了谋取个人私利或者提升自身政绩，在未经评估的情况下擅自批准环境项目，忽视有关群众的利益。因此，需要加强完善环境项目立项听证程序，让相关群众能提出自己的意见和进行质询，防止不合格项目立项施工进而危害环境和广大人民群众的身体健康。

二、完善因果关系的证明理论

理论是灰色的，而生活之树常青。生活和实践是理论创新的前提，理

论创新只有真正服务于生活和实践才有价值。因果关系的证明，也是对环境污染行为进行定罪的前提条件之一，重要性不言而喻，而在我国的司法实践中，对于因果关系的认定与证明一直存在着司法实践与立法规定的冲突，这在环境污染行为与污染结果之间的因果关系认定上更加明显。

如在环境民事侵权中，最高人民法院出台《关于民事诉讼证据的若干规定》中的第四条就规定了在环境污染引起的损害赔偿诉讼中，加害人对于法律规定的免责事由及其行为与损害结果之间不存在因果关系举证责任。① 与此同时，《侵权责任法》第六十六条规定，污染行为与损害事实之间不存在因果关系由污染者承担举证责任。从立法的原意上看，在因果关系问题上是实行因果责任的倒置，受害人在环境侵权案件中只要证明有污染行为和受损事实就可以了。但是，在实践中却不是如此。比如，在吉首市的刘德胜诉该市农机局环境污染侵权损害赔偿一案中②，存在违背立法原意之嫌③。由此可以看出，在实践中，法院仍旧会要求原告人举证行为与受损事实之间存在因果关系。只是原告要证明因果关系存在所要达到的程度与普通侵权案件的要求不一样，只需能证明有关系即可，这种思路在司法解释中也有体现。《环境侵权民事责任解释》第六条指出，被侵权人根据《侵权责任法》第六十五条规定请求赔偿的，应当有证据证明污染物与损害之间具有关联性。④ 第七条规定，污染者举证证明下列情形之一的，人民法院应当认定其污染行为与损害之间不存在因果关系，大致内容包括：一是污染物的排放没有造成该损害可能；二是可能引发损害的污染物没有到达该损害发生地；三是该污染物排放之前该损害已经发生；四是认定的污染行为与损害结果之间不存在因果关系的其他状况。由此，我们可以看出，对于原告的证明责任，立法者认为，只要原告能证明行为与污染结果之间有关联性即可，而对于被告者想要推翻原告的诉求，证明因果关系不存在需要更高的证明标准。

---

① 《关于民事诉讼证据的若干规定》第四条："因环境污染引起的损害赔偿诉讼，由加害人就法律规定的免责事由及其行为与损害结果之间不存在因果关系承担举证责任。"

② 该案件第一审与第二审法院都认为，尽管喷漆气体中存在有害物质——苯，但是除了苯，还有许多致癌的原因，原告对此无法证明损害是由被告所放的喷漆气体造成的，因此判决原告败诉。

③ 胡学军：《环境侵权中的因果关系及其证明问题评析》，《中国法学》2013 年第 5 期。

④ 《环境侵权民事责任解释》第六条规定："被侵权人根据侵权责任法第六十五条规定请求赔偿的，应当提供证明以下事实的证据材料……（3）污染者排放的污染物或者其次生污染物与损害之间具有关联性。"

　　通过以上论述，可见现在司法实践和立法中采用的是盖然性理论，而且主要是盖然性理论中的事实推定理论。但是，由于在实践中，环境案件的专业性，有时候原告人依靠自身的力量是无法提供行为与污染结果之间存在关联性的证据的。在某些案件中，例如原告起诉高速公路公司，要求其赔偿精神损失，原因是来往车辆产生的噪音妨碍其正常的生活和身心健康，原告认为出现这些问题的罪魁祸首是高速公路公司。在一审案件的审理中，原告向法院申请对噪音污染的程度进行司法鉴定，而法院却以无相关鉴定部门为由进行拒绝，并以此判决原告败诉。① 类似的案子还有很多，如果不能给原告提供方便的举证途径，对环境污染案件的审理也将带来许多障碍。司法部门也意识到这个问题，并制定了相应措施，如《公益诉讼解释》第十三条、第十五条均有相应规定。② 《环境侵权民事责任解释》第八条亦规定："对查明环境污染案件事实的专门性问题，可以委托具备相关资格的司法鉴定机构出具鉴定意见或者由国务院环境保护主管部门推荐的机构出具检验报告、检测报告、评估报告或者监测数据。" 于此观之，前述案件中，法院以无相关鉴定部门为由对原告申请鉴定的事由不予支持的做法是值得商榷的。

　　总的来说，在环境犯罪中判断因果关系，我国可坚持事实推定理论。因为其以 "盖然性" 为标准，只要求原告证明污染行为与结果之间有关联即可，减轻了受害人的证明责任，兼顾了公平与效率，有助案件的顺利解决，保护公民的合法权益。而且这也与当前刑事案件中因果关系判断的通说相当因果关系说一致，相当因果关系说主张先判别行为人的危害行为引发危害结果的发生是否具有通常性，即行为与结果之间是否相当，进而判断是否存在因果关系的定论。

---

① 《附有赔偿承诺的环境噪声污染侵权处理》，http://www.chinacourt.org/article/detail/2014/01/id/1174125.shtml，访问日期：2016 年 6 月 14 日。

② 《公益诉讼解释》第十三条规定："原告请求被告提供与环境污染有关的材料，有证据证明被告持有的而被告拒不交出，如果相关事实不利于被告的，人民法院可以推定该主张成立。" 同时，第十五条指出："当事人申请通知有专门知识的人出庭，就鉴定人做出的鉴定意见或者就因果关系、生态环境修复方式、生态环境修复费用以及生态环境受到损害至恢复原状期间服务功能的损失等专门性问题提出意见的，人民法院可以准许。"

第七章　中国环境犯罪被害人国家补偿制度之构建

　　司法实践中，个人有限的赔偿能力，企业常面临破产、倒闭难以赔偿的困境等常常使得环境犯罪被害人很难从犯罪人处得到应有的赔偿。因而，围绕这一损害如何进行有效的利益填补、系统构建、完善环境犯罪被害人的救助制度也就逐渐提上议程。被害人救助[①]，正如有学者所言："是指为了体恤因未能获得或者难以获得赔偿而处于困难窘境的被害人或其他利益相关主体，或者为了眷顾与犯罪行为斗争而招致犯罪侵害且未能获得或者难以获得赔偿的非执法人员或其他利益相关主体，由国家或具有行政主权之地区政府基于法律或准法律性文件规定的'恩恤义务'，以酌情给付被害人或其他利益相关主体一定数额的补助费用的形式，向其'治下'社会成员提供的一种'关怀性'保护。"[②] 关于救助，2009 年全国人大法工委与最高人民法院、最高人民检察院、公安部、司法部、财政部、民政部等八个部门联合发布了《关于开展刑事被害人救助工作的若干意见》，明确规定在全国范围内开始实施犯罪被害人的救助工作。

　　本章对环境犯罪被害人国家补偿构建进行论述。提出环境犯罪被害人国家补偿制度立法应采取的原则，进而给予环境犯罪被害人国家补偿立法的选择。

---

① 本书环境犯罪被害人救助制度作广义理解，包含国家补偿制度，为避免赘述，国家补偿制度的构建与完善于本书第七章具体展开。

② 陈彬：《刑事被害人救济制度研究》，法律出版社 2009 年版，第 8—10 页。

第一节　环境犯罪被害人国家补偿制度立法条件

一、环境犯罪被害人国家补偿制度法律保障的现状

1. 国家层面的法律保障现状

目前，我国并未完全建立统一的刑事被害人国家补偿的法律保障制度，环境犯罪被害人国家补偿制度更是缺乏，而对于普通的刑事被害人遭受犯罪行为侵害时，大多仅规定犯罪行为人赔偿因犯罪造成的损失。《刑法》第三十六条规定①，对于被害人因犯罪行为遭受的经济损失，犯罪行为应当予以赔偿。《刑事诉讼法》第九十九条规定②，在刑事诉讼活动过程中，对于被害人由于遭受犯罪的物质损失，被害人及其法定代理人、近亲属有权提起附带民事诉讼获得应有的赔偿。依照《刑法》和《刑事诉讼法》两法的规定，附带民事诉讼必须在刑事诉讼进行的过程之中提起，而且前提须是被告人的犯罪行为给被害人造成了直接损失，换言之，只有当被害人的人身、财产遭受犯罪行为人直接侵害时，才对被害人进行赔偿。然而，司法实践中，犯罪人往往迫于经济压力和自身有限的能力无法赔偿被害人的直接损失，导致附带民事赔偿的"愿望"落空。

通过梳理涉及被害人补偿的规范性依据文件，发现针对被害人的补偿性法律文件大多数采用"刑事被害人救济"的语词进行表达。比如，2007 年到 2009 年连续三年时间里，最高人民法院都在工作报告中提到"完善刑事被害人救助办法"的规定。2008—2009 年的两年时间里，最高

---

① 《刑法》第三十六条规定："由于犯罪行为而使被害人遭受经济损失的，对犯罪分子除依法给予刑事处罚外，并应根据情况判处赔偿经济损失。承担民事赔偿责任的犯罪分子，同时被判处罚金，其财产不足以全部支付的，或者被判处没收财产的，应当先承担对被害人的民事赔偿责任。"

② 《刑事诉讼法》第九十九条规定："被害人由于被告人的犯罪行为而遭受物质损失的，在刑事诉讼过程中，有权提起附带民事诉讼。被害人死亡或者丧失行为能力的，被害人的法定代理人、近亲属有权提起附带民事诉讼。如果是国家财产、集体财产遭受损失的，人民检察院在提起公诉的时候，可以提起附带民事诉讼。"

人民检察院在工作报告中提到，明确将没有办法获得犯罪人经济赔偿而陷入生活困难的被害人，以积极协调的方式对其进行及时、充分的救助的。2009年3月，中央政法委等八部委在北京联合发布了《关于开展刑事被害人救助工作的若干意见》，规定我国将要在全国范围内全面试行刑事被害人国家救助工作。该规定的出台对地方部分省份起到明显的示范、带头作用，随后不久部分省份在中央政法委等八部委联合发布的政策文件基础上，颁布了相关的地方性法规作为刑事被害人救助的依据。

2. 地方层面的法律保障现状

地方救助对于被害人的法律保障相比中央而言相对较早。从2004年开始，部分省份对犯罪被害人的救助进行试点工作，从这些地区的法律文件中可以看到，对刑事被害人进行保障的用语主要采用"被害人救助"或者"救助制度"的提法。其中，部分地区走得相对超前，开始以地方性立法的方式对其进行系统性规范。例如，2004年2月，山东省淄博市委、政法委联合淄博市中级人民法院在全国最早共同出台了《关于建立刑事被害人经济困难救助制度的实施意见》。在该实施意见中，明确支持当市民在刑事案件中遭遇伤害后，如果被害人不能从加害人或其他有效途径获得相应的经济赔偿，导致生活特别困难，政府可以给予一定数额的金钱补助。同年11月，青岛市中级人民法院、政法委、市财政局三个部门为了正式建立犯罪被害人救助制度，联合颁布了《青岛市刑事案件受害人生活困难救济金管理办法》《关于执行青岛市刑事案件受害人生活困难救济金管理办法实施细则》两份文件。其中，在文件中第一次提出以设立刑事被害人救助专项基金的形式规范对刑事被害人的救助。随后，福州市中级人民法院于2006年9月颁布了《关于对刑事案件被害人实施司法救助的若干规定》。该规定的最大特点是在全国率先成立第一个司法救助委员会，刑事被害人的司法救助基金应由福州市财政予以拨款，财务收支实行专门管理、专项核算。2009年4月29日，无锡市人大常委会审议并通过了《无锡市刑事被害人特困救助条例》。该条例是全国第一部关于刑事被害人救助的地方性法规。该条例主要从救助目的、条件与对象、救助原则、不予救助之情形、救助资金的来源与管理和救助金额度、救助机关与救助程序等方面对被害人进行司法救助做出明确规定。2010年1月1日起，正式实施的《宁夏回族自治区刑事被害人救助条例》也分别从立法目的、救助对象及条件、不予救助之情形、救助机关与程序、救助资金的来源与管理和救助金额度等角度做出规定。总体而言，此条例是符合被害人应得到紧急、临时的生存救助之本质，但在涉及具体的犯罪上，如环境犯罪，却缺乏明确规定。

从地方层面来看，相对低层级、不统一的救助制度是不能满足被害人救济需求的。立法位阶相对低无形中会影响犯罪被害人救助制度的权威性和稳定性，进而影响制度的实施与完善。同时，已有的零散的、不规范的救助制度与域外先进国家的犯罪被害人国家补偿制度存在不小的距离，选择什么样的途径予以规范化补偿，如何对环境犯罪被害人国家补偿制度做到系统化、精细化，是当前环境犯罪被害人救济制度研究面临的重要现实性问题。

二、环境犯罪被害人国家补偿制度立法的现实基础

1. 环境犯罪被害人国家补偿制度立法的必要性

首先，既有的刑罚制度难以弥补对刑事被害人的损害。刑罚以犯罪的产生而发展，随着犯罪的深化认识而不断发展。环境犯罪被害人在遭受环境犯罪侵害后，司法机关基于犯罪事实追究犯罪行为人的刑事责任，并以此为前提对行为人施加了刑罚。但施加刑罚对被害人进行惩罚，也难以有效地使被害人回复到法益侵害前的状态。犯罪人因环境犯罪而遭受刑罚"报应"。[1] 甚至有学者认为不能过度迷恋刑罚所发挥的作用，刑罚的运用是把"双刃剑"，透支刑罚的作用不仅耗费大量的人力性、物质性成本，而且引发司法的公正性危机，助长社会残忍和民众的不安。[2]

其次，环境犯罪的公共恶害强化了对被害人进行补偿的必要。众所周知，环境犯罪对被害人生命、健康、财产、社会生态的影响具有复杂性、持续性和长期性。比如在污染环境罪中，排放、倾倒或者处置具有放射性、毒害性、传染病病原体等物质对被害人所造成的影响已远远超过行为

---

[1]　杨正万：《刑事被害人问题研究——从诉讼角度的观察》，中国人民公安大学出版社 2002 年版，第 97 页。"从过程角度看，不能说制度性报应观念的实现就是被害人需要的正义的实现。"

[2]　赵秉志：《刑罚总论问题探索》，法律出版社 2003 年版，第 23—32 页。赵教授指出："对刑罚手段的过分迷恋将导致被害人越来越成为旁观者。事实上，刑罚自身还存在诸多副价值，刑罚的创制、贯彻与执行都会耗费大量人力、物力，刑罚创制的反动、不科学以及错误的司法会危及公民权利，刑罚的执行还会留下情感阴影如毁灭犯罪人的希望、助长社会的残忍等。"

时的直接损害。现实中有些被害人所遭受放射性、毒害性、传染性物质的伤害是长期的,仅依赖对犯罪主体施加刑罚往往无济于事,加之,犯罪主体的经济赔偿的能力有限。鉴于此,为了更好地维护被害人权益,有必要建立环境犯罪被害人的国家补偿制度,以国家的雄厚财力为支撑,方能更好地维护被害人的合法权益。

再次,救助制度难以有效应对被害人的损害。通过对上节的梳理,我们发现如下不足:一是,当前针对我国犯罪被害人的损害保障主要是救助制度,而具体途径分司法机关、行政机关救助两种方式,救助机关不统一;二是,有些出台的细则明确救助对象为经济困难的刑事犯罪被害人,救助对象相对狭窄,没有明确对环境犯罪被害人的救助规定;三是,中央层面缺乏强有力的规范性文件进行有效指导。尽管中央政法委等八部委联合发布了《关于开展刑事被害人救助工作的若干意见》,但部分省份制定的救助文件是在其之前便已出台,缺乏全局性应有的指导作用,而且彼此救助的标准不一,欠缺一致性和统一性。

最后,赔偿机制难以充分救济被害人的权益。在大多数国家的法律规定中,犯罪被害人以刑事诉讼的方式获得基于犯罪行为所造成直接物质损害的赔偿。赔偿机制一定程度上可以更好地保护被害人权益,但在具体的刑事司法实践中,司法人员常以犯罪行为人的经济状况作为设立赔偿金额度多少的重要依据。如果犯罪分子没有赔偿能力或缺乏足够的赔偿能力时,那么环境犯罪被害人遭受了巨额人身、财产损失,显然得不到赔偿,这样反而易使被害人正当权益难以实现。同时,现实中,被害人当面临刑事案件不能告破时,针对犯罪人的赔偿机制便无从实施。这也为设立其他机制、发挥其机制绩效提供了可能。

2. 环境犯罪被害人国家补偿制度立法的可行性

第一,既有的法律为环境犯罪被害人国家补偿制度立法提供规范依据。国内层面,我国《宪法》第三十三条①提出国家尊重和保障人权的概念,其明确了人权保护原则和平等保护原则,被害人受到环境犯罪行为的侵犯,其损失应当得到相应的补偿。国际层面,在联合国出台的《为犯罪和滥用权力行为的被害人取得公理的基本原则宣言》中,从补偿主

---

① 《宪法》第三十三条规定:"中华人民共和国公民在法律面前一律平等。国家尊重和保障人权。任何公民享有宪法和法律规定的权利,同时必须履行宪法和法律规定的义务。"

体、补偿对象、补偿条件、补偿方式层面具体规定当被害人未能从犯罪人和其他途径获得应有的补偿时，国家应对于因犯罪而招致重大身体伤害或身心健康损害的、死亡或身心残疾或障碍的，及其家属特别是抚养人给予相应的金钱上的补偿。[①] 就此，强化环境犯罪被害人国家补偿制度立法既能丰富、深化宪法的规范意旨，又能契合保障被害人正当权益的国际潮流。

第二，雄厚的财力为环境犯罪被害人国家补偿制度立法提供物质支持。众所周知，事关环境犯罪被害人国家补偿制度的确立需要足够的财力支持。宪法也强调建立与经济发展相适应的社会保障制度。制度的建立与完善需要同社会经济发展的程度相适应。随着经济发展，国家财政收入持续、稳定增长，建立环境犯罪被害人国家补偿的制度体系已然成为可能。建立完善的环境犯罪被害人国家补偿制度，首先必须从立法工作开始，我们可以借鉴域外补偿立法先进经验，力争在制度设计环节，逐步优化具体的补偿对象、条件和程序，从而使得有限的补偿资金真正运用到应当补偿的环境犯罪被害人身上。正如徐永强所云，有些财力不如我国的国家以立法的方式较早地确立了被害人救助制度，立法的先行对于推动国家法治建设起到积极有效的作用[②]，这种方式值得我们借鉴。

第三，成熟的理论为环境犯罪被害人国家补偿制度立法提供观念基础。随着被告人权益理论研究的完善，学界已开始逐步向被害人权益保障的研究方向转移。有学者在 20 世纪 80 年代末就提议建立刑事被害人国家补偿制度，学界围绕该制度在立法设计、理论基础、外国经验介绍等方面进行了一定深度的研究与探讨，发表的论文数量也呈现上升趋势。此后不久，针对被害人国家补偿的著作开始涌现，诸如梁玉霞的《刑事被害人

---

① 《为犯罪和滥用权力行为的被害人取得公理的基本原则宣言》规定："必须无保留地承认传统犯罪和构成滥用政治、经济权力行为的被害人的权利，采取措施确保其获得保护、损害赔偿和人道待遇。当无法从罪犯或其他来源得到充分的补偿时，会员国应设法向下列人等提供金钱上的补偿：（a）遭受严重罪刑造成重大身体伤害或身心健康损害的受害者；（b）这种受害情况致使受害者死亡或者身心残障，其家属，特别是受养人。应鼓励设立、加强和扩大向受害者提供补偿的国家基金的做法。"

② 徐永强：《刑事法治视野中的被害人》，中国检察出版社 2003 年版，第 189 页。"事实上，一些国家在制定国家补偿法的时候，其国家财力并不比我国现在的财力强，但依然较早地进行了立法，从而使其对被害人的救助工作，乃至整个法律制度的发展水平均达到一个新的高度。"

补偿刍议》、郭云忠的《试论刑事被害人国家补偿制度》、梵学勇的《关于对刑事被害人建立国家补偿制度的构想》,以及许章润等翻译汉斯·约阿西姆·施奈德主编的《国际范围内的被害人》等。从现实考察到理论分析,从价值论证到制度构建,呈现出被害人国家补偿制度多方式、多视角的研究局面,为建立环境犯罪被害人国家补偿制度立法提供了有力的理论指导。

第二节　环境犯罪被害人国家补偿制度立法设计

一、环境犯罪被害人国家补偿制度立法的宏观架构

1. 立法模式

针对我国国家补偿制度的立法规定,目前大多已散见于根本法、法律、行政法规和地方性法规之中。[①] 围绕环境犯罪被害人国家补偿的立法,目前存在两种立法模式的选择,一种是单独立法模式,其意在制定一部不依附于其他任何法律、法规而独立存在,并对补偿范围、条件、程序、额度等具体事项做出明确规定的国家补偿法。正如有学者指出国家补偿与赔偿制度有别,应该撇开国家赔偿法,独立地从补偿类型、原则、程序、标准等角度制定国家补偿法,以此来完善国家补偿制度的体系。[②]如,1950 年前后,日本制定出《刑事补偿法》与《国家公务员灾害补偿法》,1980 年出台了《犯罪被害者等给付金支给法》,2011 年又制定出《美术品国家补偿法》等。

另一种是合并立法模式,其主张将涉及国家补偿的规定和内容全部归

---

① 姚天冲:《国家补偿法律制度专论》,东北大学出版社 2008 年版,第 65 页。该学者统计得出:"在现有法律法规体系中,涉及国家补偿的法律有四十多部,行政法规一百五十多部,地方性法规一百六十多部,规章一百四十多部。"

② 袁定波:《专家建议制定国家补偿法》,《法制日报》2005 年 11 月 14 日,第 003 版。"由于国家补偿制度和国家赔偿制度存在诸多方面的不同,所以应该制定一部单独的'国家补偿法',用来明确国家补偿的类型、原则、程序以及标准,并最终构建起相对完善的国家补偿制度体系。"

入《国家赔偿法》中，并采用专章的方式对被害人国家补偿做出规定。目前世界上许多国家都采取这种做法。大陆法系、英美法系的先进国家大多在宪法、国家赔偿法以及其他规范性文件中规定了国家补偿制度。例如《西班牙人民宪章》第三十二条和《日本国宪法》第二十九条均明文表示，从正当目的——社会公益角度出发，国家应依法征用私人的财物，以此来赔偿损害一方的损失。[①] 德国的《国家赔偿法》对国家、政府向因公共利益遭受损失的受损人承担补偿责任，行政相对人享有补偿请求权的内容也作了规定。[②]

对于环境犯罪被害人国家补偿立法的选择，应选择单独立法模式。因为，其一是基于环境犯罪的特殊性，确定单独模式，有利于集中专项条款解决环境犯罪所引发的补偿特殊性问题；其二是虽然单独立法相对于合并立法的成本较高，且有成熟的"立法模板"予以借鉴，但国家补偿与国家赔偿在本质上属于不同责任形式，必须严格界分，否则难以发挥补偿制度的应有作用；其三是单独立法模式，有利于保护环境犯罪被害人的补偿权益。补偿与赔偿的制度性质和制度价值存有不同，在合并立法之中价值的实现难以做到兼顾，而且在具体救济实践中，易混淆二者，不利于被害人权益的保障与维护。

2. 立法宗旨

对于确立犯罪被害人补偿制度的宗旨，有学者从各国司法实践中总结出如下观点：一是解除被害人生活困境说；二是补充损害赔偿制度未起作用说；三是因犯罪不可避免而社会全体成员分担说；四是为维护民众对刑事司法信赖并缓和社会矛盾对被害人进行补偿说。"美国部分州秉持第一种观点，目前已经转变为第二种观点，英国根据第二种观点，采用了近似损害赔偿方法进行救济的损害赔偿型制度，日本采用第四种观点，从刑事政策意义入手，将被害人补偿对象限定于若不补偿，便不能使国民恢复对

[①] 姚天冲：《国家补偿法律制度专论》，东北大学出版社 2008 年版，第 47 页。《国家赔偿法》具体规定："出于社会公益等其他的正当目的，政府或者国家应当对征用的私人财物予以一定的补偿，对受损方承担起补偿责任。"

[②] 姬亚平：《论宪法的修改与国家补偿法的制定》，《西安财经学院学报》2004 年第 3 期。"国家或者政府对因财产征收或公共利益遭受损失的受损人承担补偿责任，行政相对人此时享有一种补偿请求权。"

法秩序的信赖的程度。"[①] 针对上述四种观点，可以看出被害人补偿制度本质上属于国家救助制度，具有社会救助的属性，但其异于司法救助制度。回到环境犯罪被害人国家补偿制度上来，环境犯罪被害人国家补偿制度隶属于刑事被害人国家补偿制度，是后者的特殊类型。在风险社会的时代背景下，工业化和现代化逐步演进，环境犯罪已超越了对群体人身、财产法益的侵害，全体社会成员彼此之间已然成为利害攸关者，确立被害人补偿制度的宗旨不是为了解决犯罪被害人的生活困境，亦不是对赔偿制度的不足而进行制度补充，而是在"共生"语境下，形成由国家作为主导力量推动社会生活共同体来对环境犯罪被害人国家补偿进行风险共担的模式，从而确保环境犯罪被害人的"命运共同体"对刑事司法正义的信赖。

3. 立法原则

（1）法定性原则。权利"是现代公民身份的核心内容，也是现代社会制度的一个结构性要素"[②]。环境犯罪被害人获取补偿，本身属于一项请求权，被害人请求补偿，而权利的行使和实现不仅需要用法律规定的方式予以明确，而且应对被害人的权利进行规范和限制，使得补偿条件、数额、程序始终有章可遵、有据可循。具体而言，一要明确补偿要件，只有符合要件的，方可申请补偿；二要在规范环境犯罪被害人补偿具体实体权利的同时，亦必须明确规定被害补偿的正当程序，具体涉及主张权利的方式、步骤、时限，以及有关补偿的信息反馈等。从规范上规制被害补偿的主体严格按照法定权限和程序依法行使权利、履行职责。

（2）及时性原则。及时性原则是被害补偿具有相当程度的危难救助的性质，因而补偿程序应尽量简化、快捷并确保公平，以保证被害人得到及时补偿。环境犯罪，特别是污染环境罪、非法处置进口的固体废物罪所造成的伤害是复杂且广泛的，若不及时救助易导致被害人病情恶化。司法实践中，案件的处理过程一般同被害人的治疗救助环节同时进行。为了尽可能减少环境犯罪被害人遭受痛苦的时间，应确立补偿的及时性，以免环

---

① ［日］大谷实：《刑事被害人及其补偿》，黎宏译，《中国刑事法杂志》2000 年第 2 期。有四种观点："一是为解除犯罪被害人生活困境的制度；二是对损害赔偿制度未能起作用的部分进行补充的制度；三是因为自由社会中犯罪的发生不可避免，因此，该制度是让社会全体平等负担犯罪被害的一种保险制度；四是为维持、确保对刑事司法的信赖，通过对一定的重大犯罪的被害人进行补偿，以缓和社会的报应感情。"

② 夏勇：《朝夕问道——政治法律学札》，上海三联书店 2004 年版，第 180 页。

境犯罪被害人贻误最佳治疗时机。

（3）补充性原则。该原则是对国家赔偿责任的补充，具体指被害人及其近亲属在未采取法律途径主张赔偿的情况下，不得申请国家补偿。我国刑事诉讼法虽然规定了被害人可以通过刑事附带民事要求犯罪人赔偿，但是只有被害人在穷尽其他可能救济手段后，方能申请国家补偿。

（4）相当性原则。国家有关机关向环境犯罪被害人进行补偿时，补偿数额应与环境犯罪被害人所遭受的犯罪侵害程度相当，即损害与补偿对等，不能无故偏多或偏少。同时，对于在具体的环境犯罪中，如果被害人自身也存在过错，促成环境犯罪的发生，这时，应考虑环境犯罪被害人责任和过错的严重程度，酌情减少或者不予补偿，以期使得补偿金所发挥的效益最大化。

二、环境犯罪被害人国家补偿制度立法的微观建构

首先，补偿范围与对象方面。在借鉴域外立法经验的基础上，并结合我国立法现状，我们建议，在国家补偿立法中对于补偿的对象应加以限定。围绕环境犯罪被害人补偿范围，学界还没有进行深入探讨，主要是从刑事被害人的整体视角进行研究。其中，有学者将补偿立法的对象大致分为：一是面临生活窘境；二是自然犯罪被害人；三是因暴力犯罪引起的生命、身体和严重精神损害；四是被害人的重大过错阻却或限制获得赔偿。[1] 环境犯罪存在其特殊性，应将补偿范围确立为因环境犯罪所遭受严重人身伤害，该伤害具体包括身体和精神伤害，并以重大损害为准。但围绕重大损害的标准，各国和地区存在差异。如《韩国犯罪被害人救助法》第一条规定，"本法以救助被害人生命或身体之犯罪行为而死亡者之遗嘱或受重障碍者为目的"，"重障碍"依其第二条第二款是指"负伤或疾病治疗后之身体上障碍"。英国法将造成二百英镑以下之损害和伤害排除在外。在我国，重伤可参照司法实践中的《人体重伤鉴定标准》，精神损害

---

① 董士昙：《犯罪被害人补偿制度及其建构》，《东岳论坛》2005 年第 4 期。"（1）被害人及依靠其生活且确实陷入生活困境的人；（2）应以我国自然犯罪被害人为限；（3）应以故意犯罪，特别是暴力犯罪所引起的对人的生命、健康以及精神的损害为重点；（4）除外情形，如有严重故意过错的被害人，被害人与加害人有近亲属关系、企图通过加害他人而获得国家补偿或排斥其他权利人获得国家补偿等。"

是否纳入，学界仍颇有争议。实践中，域外有些国家明确将精神损害排除在外，如英国1964年规定的被害方案中，强调伤害包括情绪或精神上受到的惊吓，但英国一些地方的补偿计划却将"非肉体"伤害排除在补偿范围之外，而是规定应补偿实际的身体伤害和身体疼痛、疾病或其他任何身体损伤。① 而美国部分州的补偿计划规定伤害的定义包含了精神损害和情绪伤害②。精神健康应属于身体健康的一部分，严重的精神损害应属于重伤害之范畴。同时，补偿的损失范围应为直接损失。补偿对象的确立应具备如下条件，一是身份条件，即因环境犯罪而遭受严重伤害的被害人本人或依赖被害人生前抚养（扶养）人；二是原因条件，被害人或其抚养（扶养）人陷入严重的生活、医疗救助困难是环境犯罪造成的。

其次，补偿机构方面。回顾世界其他国家，规定的补偿机构不尽相同。有的采取独立的专门机关处理，有的规定由司法机关裁决，有的则是行政机关解决。如英国设立刑事损害补偿局，对补偿申请进行裁定，对裁定不服的复查申诉可向刑事伤害补偿申诉委员会提起。德国则由地区补偿局处理补偿事务，但因争议引起的诉讼则由社会法院管辖。而我国，如何确立补偿机构则是众说纷纭，有的建议应由民政机关履行被害人补偿的职责。③ 有的认为应由检察院内部的专门委员会承担补偿工作。④ 有的主张"从我国的实际国情出发，以设置在中央综合治理委员会下的由各方面专家组成的专门委员会作为被害人补偿主管机构较为适宜"。⑤ 有的甚至认为"宜由政法委牵头，成立有关领导小组，公检法司、民政、财政等部门派人参加，负责组织、协调和审批"。⑥ 设置专门组织负责相对合理。

---

① See, E. G., Carrow, Supra note 52, at 33; Colo. Rev. Stat. 24 - 4.1 - 102 (8) (Supp. 1993) ("Actual Bodily Harm"); Me. Rev. Stat. Ann. tit. 5, 3360.2 (West Supp. 1993) ("Physical Pain, Physical Illness or any Impairment of Physical Condition ..."); Mich. Comp. Laws 18.351 (1) (1994); Tex. Crim. Proc. Code Ann. 56.32 (9) (West Supp. 1994) ("Physical Harm to a Victim").

② Cal. Gov't Code 13960 (b) (West Supp. 1994)。情绪伤害的补偿则要求伤害行为已经发生且被害人已经受到身体伤害或身体伤害的威胁。

③ 罗大华、孙政：《论刑事被害人国家补偿制度》，《河南司法警官职业学院学报》2004年第1期。"民政机关作为我国管理此类补偿性质的机关，具有丰富的工作经验，在实践中能够对救济被害人的补偿范围和标准进行较好把握。"

④ 周建华：《论我国犯罪被害人国家补偿制度的构建》，《华东政法学院学报》2004年第5期，第51页。"由设立在人民检察院内的专门补偿委员会来承担补偿工作。"

⑤ 赵国玲：《犯罪被害人补偿：国际最新动态与国内制度构建》，《人民检察》2006年第17期。

⑥ 卢希起：《刑事被害人国家补偿制度研究》，中国检察出版社2008年版，第171页。

因为，以行政机关主导的补偿模式，由于自身机关的行政特性，往往以"效率"作为首要执法性价值，执行补偿事宜时易存在干涉刑事司法案件之嫌，不利于环境犯罪案件的公正处理。而由司法机关"全权办理"时，在当前的司法资源极度稀缺的情况下，案多人少，也很难取得满意效果。为此建议，应在司法部门内部设立专门的犯罪被害人补偿委员会，从事专门的环境犯罪被害人补偿事宜。

再次，补偿程序与方式方面。其一，确立申请制度，国家补偿金的申请应由环境犯罪刑事被害人及其近亲属进行，应当在法定期限内向补偿委员会提出申请，并提交相应的证明材料等，申请的时效，应在顾及补偿正确性和证据等相关材料搜集迫切性，以免拖延时日造成补偿裁定困难的基础上，规定超过一定期限不得请求补偿，对于向哪一机关申请补偿，为了便于刑事司法机关的案情处理以及方便申请人，向犯罪地、被害人住所地和惯常居所地申请均可，若申请存在管辖争议，都有管辖权的情形下应由先受理的机构办理，管辖不明或有争议的，协商解决，协商不成，由共同的上一级机构处理。其二，形成审查机制，补偿委员会应采取合议的模式，在收到补偿金申请的法定期限内，对补偿申请进行实质审查，并对相关材料真实性、合法性、关联性进行相应调查，包括：环境犯罪被害人的行为是否构成"可归责事由"等法定的排除补偿或限制补偿要件，有无其他妥当性考虑事由，是否已经获得或应得到社会保险给付等。其三，做出处理决定，补偿委员会应采取合议制的方式根据调查结果和审核材料做出处理决定，事实清楚、符合条件的，做出给予支付补偿金的决定，如不符合条件的，驳回其申请，并规定环境犯罪补偿申请人自收到补偿决定之日起应受领补偿金额的给付，若是怠于行使该权利，造成补偿机构不必要的程序上或保管上的负担，进而在"权利上睡觉"则导致其补偿的必要性丧失。其四，对于不服补偿决定的救济，各国立法规定的救济方式存有不同，如中国台湾地区的"犯罪被害人保护法"规定由补偿复审委员会受理不服补偿委员会决定之复议事件[1]，除了前述救济途径外，还有诸如德国法律明文规定，由社会法院管辖犯罪被害补偿法之公法上争议之事件[2]。我国应明确复议程序，补偿金申请主体对于补偿委员会做出的结果

---

① 许启义：《犯罪被害人保护之实用权益》，台北：永然文化出版公司 2001 年版，第 176 页。

② 赵可：《犯罪被害人及其补偿立法》，群众出版社 2009 年版，第 314 页。

不服或有异议，可在其收到处理决定之日起一定期限内向上级补偿委员会申请复议，畅通救济流程。

复次，补偿形式与额度方面。国家补偿金应采取货币为主的补偿形式，同时根据案件情况，辅之实物、医疗补偿。另外，在充分考量当地的平均生活水准上，结合环境犯罪被害人因犯罪所遭受的实际经济损失形成有限补偿机制。由于国家补偿制度具有救济、补偿性质，有必要设定若干补偿档次，对于最高补偿金数额，有学者不赞成设立，其认为补偿的标准是随着国家的经济发展，特别是国力和物质生活水平的提高，而发生变化的，最高标准亦是同理，将最高标准纳入法律中来，为了保持法律的稳定性，不能直接明确其具体数额，而应采取浮动的标准，如以年度职工平均工资为基准。[①] 同时，该学者也认同孙谦教授的观点，一是对于部分丧失劳动能力的，支付的生活费最高限额不超过国家上年度职工平均工资的10倍；二是对于全部丧失劳动能力的，支付的生活费最高限额不超过国家上年度职工平均工资的20倍。[②] 显然这种说法混淆了补偿金计算基准与最高限额的概念。基于此，有如下建议：考虑到我国当前的社会、经济发展情况，财力有限，人口基数相对大，地域辽阔，而且经济发展不均衡，因而建议应设立最高标准，但应由各省、自治区、直辖市根据当地的经济发展状况、基本生活水平来确定。

最后，补偿金来源与管理方面。从其他国家的立法例来看，大部分的立法例均规定了政府税收作为补偿金经费来源，常实行逐年编列预算的方式。另外，还有的立法中规定由罚金、监所劳作金、没收的保释金等经费来源作为补充。例如美国部分州的补偿金来源除政府税收以外，还含有额外征收的罚金以及监狱劳作金等加害人所得或者缴纳的财产。有些国家采取建立专项基金的方式，而该基金主要来自国家财政拨款。有学者认为其

[①] 卢希起：《刑事被害人国家补偿制度研究》，中国检察出版社2008年版，第162页。"因为国家财力的增强以及社会物质生活水平的提高，补偿的最高标准亦应随之进行调整，而立法具有一定的稳定性，如果参照国家赔偿法的计算标准，以某一年度职工平均工资为计算基准，则更具一定的合理性。"

[②] 孙谦：《构建我国刑事被害人国家补偿制度之思考》，《法学研究》2007年第2期。"（1）造成被害人部分丧失劳动能力的，支付医疗费、残疾补助费以及其抚养的人必要的生活费。部分丧失劳动能力的最高限额不超过国家上年度职工平均工资的10倍；全部丧失劳动能力的最高限额不超过国家上年度职工平均工资的20倍。（2）造成被害人死亡的，支付丧葬费、受其抚养人必要的生活费。最高限额不超过国家上年度职工平均工资的20倍。"

来源："一是针对违法犯罪行为的罚金、罚款以及没收的财产变卖所得；二是犯罪人的违法所得变卖后的价款；三是监狱服刑人员的部分劳动收入。"① 有的主张补偿金来源可为：（1）依裁判对犯罪人收取的一定比例的罚金；（2）依裁判没收的犯人一定比例的财产；（3）依法提取的监狱中罪犯一定比例的劳动收入；（4）被害人身份尚不明确或其他原因未领取，但犯罪确实给其造成损害的由犯罪人支付的补偿费；（5）已经没收而又无法发还被害人的赃款赃物；（6）社会捐助②。因此，建议我国应以中央、地方两级财政共同承担政府预算的方式为基础，再吸收其他合法渠道的资金，辅之以监所劳动收入、没收的财产、罚金、追缴赃款、赃物以及社会捐助等，以此来丰富国家补偿金的来源。环境犯罪被害人国家补偿的立法设计是一项系统性工程，其涉及立法原则、实体规则、程序规则等诸多方面，应注意相关配套制度的构建，以期有效发挥环境犯罪被害人国家补偿制度的功用。对于补偿金的管理，环境犯罪被害人的补偿金应由所在的市级及以上的人民政府作为基础进行管理，中央、地方财政实行分级筹集，单独核算，专款专用。同时，被害人补偿机构统一发放、管理补偿专项资金，同级的财政、审计部门应加强对专项资金使用的财务、审计监督，规范其运作流程。

第三节　环境犯罪被害人国家补偿制度立法之路径探索

一、国家补偿的几种模式

关于刑事犯罪被害人救济制度的构建，有以下五种表现模式。一是补偿法模式。即出台专门的《刑事被害人国家补偿法》，这主要源于：统一

---

① 周欣、袁荣林：《刑事被害人国家补偿制度初探》，《中国人民公安大学学报》（社会科学版）2005 年第 2 期。

② 梁玉霞：《刑事被害补偿刍议》，《法商研究》1998 年第 4 期。

制定能够集中体现国家补偿各项相关内容的法律，有利于实际操作；被害人的权利可通过直接立法的方式向全社会宣示，树立尊重和保障刑事人权的理念；有利于让公民接受被害人权益保护的法制教育。二是保护法模式。即通过出台《被害人保护法》，把国家补偿的相关内容及被害赔偿、被害援助等写入该项法律之中。这主要源于：如果没有注意到被害人保护制度与其他密切联系的制度之间的关系，单单运用刑事被害人国家补偿制度，那么将很难达到保护和救济被害人的目的。三是混合立法模式。即在刑事诉讼法中融入国家补偿的程序性问题规定，以单行法的形式将国家补偿的实体性问题表现出来，让各地可依据本地区的实际情况对法规予以解释或说明。在国家补偿制度已经成形甚至是自成体系时，再制定统一的《刑事被害人国家补偿法》。这主要源于：刑事诉讼法在吸纳刑事被害人国家补偿所有事宜后会破坏其自身的立法结构，对刑事被害人的进一步保护也大大超出了刑事诉讼法的范围等。四是阶段性专门立法模式。当立法条件不具备时，可考虑先出台刑事被害人补偿法，等到立法时机成熟时，被害人保护法或被害人援助法就可以考虑出台。这主要源于：我国目前因被害人权利保障不力而引发的社会矛盾频出，此模式可优先落实中共中央关于构建和谐社会的倡议；同时，我国正处于经济社会转型期，改革正逐步深入，直接出台被害人保护法恐怕会欲速而不达。五是分步骤构建我国刑事被害人救济制度的模式，即按照先后顺序分段实施救助政策和补偿立法的模式。

以上几种模式中，第二种模式即通过出台《被害人保护法》，以求全面有效地保护被害人的利益，其实并没有考虑到我国当前的具体情况，与制度渐进性生长的规律背道而驰，在被害人的物质补偿机制等最基础的制度都还未建立的情况下，要想"一步到位"进行全面保护是难以实现的。例如，我国台湾地区曾制定过《犯罪被害人保护法》，虽然该法律的名字也被称为"保护法"，但通过分析其内容不难发现，该法律只规定了被害人补偿制度，其他内容则未提及。第三种的混合立法模式只是在刑事诉讼法中融入补偿法的程序内容，无形中提高了技术难度，不利于操作。阶段性专门立法模式理论上可行，但目前我国要制定"犯罪被害人国家补偿法"还面临着众多困难，而被害人需要救助的现实又摆在眼前。

前面提及的第五种方案由陈彬教授提出，该种模式立足于我国的实际情况，充分尊重了法律渐进生长的规律，提出了分阶段、分过程由"政策"向"法律"过渡的方案，是值得赞许的。但是，此方案中有些观点不能赞同：刑事被害人救助尚不能同刑事被害人补偿、国家赔偿一样被归为国家法律责任。将其看作国家对"治下"社会成员的一种"体恤"或"关心"，而这种"关心"更多是基于国家的政治责任，这样或许才更能达到维护国家利益的目的。在论者的此番表述中可清晰看到将犯罪被害人看作维护国家统治"工具"的思维，但这种观点却广受批评，最早可追溯到被害人权利保护运动，在被害人权利的研究文献中也初见端倪，同时被害人权利保护立法的重要动因也来源于此种批判，故此种论述在此显得有些格格不入。

　　同时，专家们在讨论为什么当下中国建立被害人国家补偿制度的主客观条件还不具备的问题时，陈彬、李昌林教授认为：补偿责任大多是因为相关责任主体未履行或未全部履行法定义务而造成的。在国家没有尽到保护社会成员免受刑事侵害的义务后，这时具体的"法律义务"代替了模糊的"政治义务"，那些被害人可请求国家补偿他们因刑事犯罪而遭受损失的法定权利……国家对刑事被害人补偿的法律义务反映了绝大多数社会成员的价值选择。要想国家对刑事被害人补偿的法律义务是合理且可行的，只有通过"国家依法补偿刑事被害人"是当前绝大多数社会成员的主流需要来证明。依其所见，陈彬、李昌林教授以"国家责任说"作为犯罪被害人国家补偿法的逻辑起点，但是，如果按照"国家责任说"所说，国家补偿的对象是面向所有的犯罪被害人，那又如何解释请求国家补偿的法定权利只有那些因刑事犯罪而遭受损失的被害人才享有呢？而且，针对"国家依法补偿刑事被害人"是当前绝大多数社会成员的主流需要这个问题，当前论者难以用翔实的证据证明。事实上，大多数人所能接受的只是那些因犯罪而遭受重伤和死亡的犯罪被害人可以获得国家一定物质补偿的观点。这主要源于以下三个原因：一是被害补偿立法的条件还不具备；二是被害补偿需要庞大的国家财政支出，但受到我国经济发展水平的制约；三是实行被害补偿制度所需的外部制度环境还较差，特别是我国目前的社会保障体系还在建设之中。有必要指出的是，我国有学者比较"被害补偿"和"被害救助"所涵盖的内容，认为"被害人权利保护的内涵比刑事被害人救助的内涵要宽，但没有被害人国家补偿的内涵广"的结论：司法机关或一定的社会组织给予被害人一定的救济、援助和帮助是救助的主要内容，这里的救助包括了物质上的、精神上的、法律意义上的及社会意义上的。这是没有理解"救助"之内核，将"被害人的体系保护"与"被害人救助"等同化所得出的错误结论。在我国，如此全面而具体的被害人保护制度还需等待较多时日，对被害人最基本的物质帮助才是目前首先要解决的问题。

二、可行路径：由"救助"过渡至"补偿"

制定一部法律通常需考虑以下三个方面的因素：第一，是否有必要立法？立法的需求程度怎样？第二，立法的现实条件是否已具备？第三，当立法的现实条件与立法需求不协调时，如何衡平立法需求？即先制定那些比较合适的相关法律制度，随后逐步接近和满足立法需求及目标。

犯罪被害人国家补偿法的立法目的在于切实保护犯罪被害人权利，前文中已充分论述其立法之急迫性，此处不赘。但是，从我国国情来看，犯罪被害人国家补偿法实施所需要的条件还不具备：我国是一个发展中国家，在许多方面仍远远落后于发达国家；影响国内社会稳定的因素比较多，防止敌对势力干扰破坏和化解社会矛盾的任务仍较重。所以，在这种背景下，国家只能将有限的公共财政集中用于就业、社会保障等维持社会稳定的领域内，从而达到保持经济增长、保障民生及维护社会稳定的目的；目前，《社会保险法（草案）》和《社会救助法（草案）》正处于审议和完善之中，《工伤保险条例》修正案还没有制定出来，覆盖城乡居民的社会保障体系正处于建立健全的过程中。所以，当我国目前的被害补偿法立法的各方面条件还不具备时，如果一味制定高于现有社会保障水平的被害补偿法，却无视相关因素的限制，不仅会影响当前我国社会保障制度体系的建设，而且其实施效果也会因外部因素的影响而较差。

所以，制定《犯罪被害人国家补偿法》当前在我国推进缓慢，但其立法需求又是相当急切的，所以在此种情况下，可利用"犯罪被害人国家救助制度"这种能在一定程度上满足此种需求的法律制度作为过渡阶段的制度选择，待时机成熟后，再出台专门的《犯罪被害人国家补偿法》。也就是选择由"被害人国家救助制度"逐步向"被害人国家补偿制度"过渡之路径。而对犯罪被害人这个特殊群体来说，从获得救助—获得补偿的这种内心体验，反映了特权思想到权利思想的转换，凸显了国家加大保护社会成员的力度之进程，而这种进程伴随着经济实力增强和社会文明进步。正如庞德所言："就理解法律这个目的而言，我很高兴能从法律的历史中发现了这样的记载：它通过社会控制的方式而不断扩大对人的需求、需要和欲望进行承认和满足；对社会利益进行日益广泛和有效的保护。"在我国构建"和谐社会"的大背景下，在全国建立并实行统一的犯罪被害人救助制度是《犯罪被害人国家补偿法》出台之前的重要补充。同时，我们要逐步总结和归纳在救助被害人实践中的经验，从而才能对《犯罪被害人国家补偿法》进行立法论证和制度设计。选择此种立法时机和立法路径，也是遵守法律制度生长的客观规律的结果。

需要注意的是，2008 年 8 月国家公布了《社会救助法》的修改稿，其中就涉及"临时救助"问题。所谓临时救助是指："由于受到交通事故等意外事件的侵害或者其他特殊原因的影响，县级以上地方人民政府民政部门对那些因此基本生活暂时出现较大困难的家庭以资金、物资、服务等方式的救助。"所以，如果《社会救助法》出台，与犯罪被害人国家救助制度相比，这种临时性救助是否更能满足犯罪被害人救助之需要？就目前的情况看，还有些困难：被害人国家救助制度与刑事司法制度联系密切，但又有其独特性，且对刑事政策方面有很重要的意义，这也是区别于社会救助中的"临时救助"制度的根本所在，刑事救助被害人的特别需求是难以及时、准确地被"临时救助"所了解和满足的。

因此，专项的犯罪被害人国家救助制度已然是我国当前十分迫切需要建立的一项制度。从客观的角度看，我国目前仍大量存在犯罪被害人急需救助的现象，特别是在当前大力倡导"少杀、慎杀"的死刑改革的背景下，犯罪被害人这一特殊的社会弱势群体，尤其是那些没能得到任何损害赔偿而致使其生活水平不断被拉低的被害人，他们已经积累了较多迫切改变当前状况的愿望和需求，由犯罪导致的社会矛盾逐渐增多，救助被害人已是十分迫切的事情。严格意义上说，国家能否帮助犯罪被害人"渡过难关"，与国家本身的财政收入水平高低和给付被害人物质帮助的多少其实是两个不一样的问题，因为财政收入水平的高低和物质帮助的多少决定了保障水平的高低，但与是否有权利保障关系不大。如美国虽是全球经济霸主，其政府财政收入在各国也算是名列前茅，但这并不意味着美国的社会保障制度就很完善，从奥巴马政府至今仍在艰难推进的医疗改革中我们可知一二。所以，建立犯罪被害人物质救济制度才是我们目前首先要考虑的问题，一旦制度构建进入常态，就可着手思考如何提高救济水平。因此被害人权利保障制度的怠于建立不能以经济发展水平低为理由。因为从某种意义上讲，相比于钱，制度才是最重要的。从犯罪被害人权利保护的角度看，我国的补偿水平仍远远落后于西方发达国家，但我们可以先构建起适合我国基本国情的被害人救助制度，如可补偿那些因犯罪而陷入特别贫困的群体，只要制度先行，权利保障水平的提高就只是时间问题。这个可行路径和务实做法才是我国被害人物质救济立法所需要的，亦即，由"救助"过渡至"补偿"。

三、中国环境犯罪被害人国家补偿制度的定位

考虑一项制度的性质与定位是该项制度的根本与核心，是区别其他制度的重要依据。在设计我国犯罪被害人国家救助制度之前，首先要思考的是如何确定该项制度的性质和定位？一个可行的方案是，在充分了解和掌握我国实际情况的基础上，参考那些从救助实践中总结和归纳出来的做法、经验，分析和比对与之有紧密联系的社会救助制度、犯罪被害人国家补偿制度、司法救助制度等三大救助制度，因此，可以从以下三个角度定位现阶段我国的犯罪被害人国家救助制度。

首先，从价值内涵和功能的角度看，犯罪被害人国家救助制度与一般的社会救助制度应有所差别；从救助力度和水平的角度看，犯罪被害人国家救助制度至少应达到一般社会救助制度的标准。如上述所说，犯罪被害人国家救助制度与我国的刑事司法制度及刑事政策联系密切，但其存在救助对象特殊等特点，刑事被害人的特别需求难以及时、准确地被统一的社会救助制度所救助，因此需要制定和建构单独的被害人国家救助制度。但同时，让犯罪被害人具有最起码的生存及生活能力则是法律给予被害人国家救助制度的重要任务，这一点与社会救助制度相似，所以在制定该制度的内容和规定前，可以先了解以至于借鉴我国目前社会救助的相关内容，如该制度在制定评价救助申请人经济水平和救助标准等相关规定上，至少要与社会救助制度保持一致或协调。

其次，从制度发展的角度看，犯罪被害人国家救助制度不仅是一项普通的制度，它更多承载了《犯罪被害人国家补偿法》的发展期望，所以该制度必须要显现被害人国家补偿法的一些发展"端倪"以及提供一些将来可继续"利用"的制度内容。当然，由于两者在性质、定位等方面

区别明显，被害人救助制度仅仅表现的是一种"救助"，且具有单相维度的性质。因此，被害人补偿制度中的绝大多数内容难以移植到被害人救助制度中。如被害人补偿制度中的"被害人可归责事由"的一些限制、排除或补偿的条款，就可以归为补偿机关的"代位求偿权"。行政复议或诉讼等针对补偿决定的救济程序与被害人救助制度的协调性较差。《无锡市刑事被害人特困救助条例》对这三个具体制度问题的有关规定把握较为准确；另外，被害人补偿制度中的快速便利原则、"恰当性考量"、被害人的迅速报案、履行"合作义务"以协助追诉犯罪等制度内容，大体上与救助制度的原理较为相似，可以适当融入被害人国家救助制度之中。

最后，我国犯罪被害人国家救助制度其实也可归结为一种特殊的"紧急司法救助"。因为办案机关依据刑事司法程序处理案件，必然对整个案件流程掌握清楚，所以由办案机关来做出是否救助的决定是合适的，况且刑事司法机关在以前所推行的补偿试点工作中已经积累了一些经验，假如让办案机关以外的部门来处理救助工作，可能会大大降低救助工作的效率，也与救助的急切性要求不相符。故此建议：可以将"紧急司法救助"作为具有过渡性质的我国犯罪被害人国家救助制度的定位，与目前国家已在推动的刑事附带民事诉讼制度改革及下一步即将构建的执行救助制度一起，共同作为我国"改革和完善司法救助制度"的重要措施。

从了解我国司法救助制度基本脉络的角度出发，在此，有必要简单介绍一下我国的司法救助制度的产生背景和制度内容。司法救助本质上属于司法救济制度，是为了让那些经济困难的公民或特殊案件的当事人打得起官司以维护其自身合法权益，而对他们采取减、免诉讼费用等措施的法律帮助。司法救助制度包含了扶贫助弱、保证司法公正及保障弱势群体等基本功能。2000 年 3 月，全国人大九届三次会议上提出了司法救助问题，在此次会议上，原最高人民法院院长肖扬向与会全国人大代表允诺：要让那些权利正在或已经遭受侵害但因经济困难打不起官司的人，不仅打得起官司也能打得赢官司。最高人民法院于 2000 年 7 月出台的《关于对经济确有困难的当事人提供司法救助的规定》中的第二条就规定："本规定所称司法救助，是指人民法院对于民事、行政案件中有充分理由证明自己合法权益受到侵害但经济确有困难的当事人，实行诉讼费用的缓交、减交、免交。"值得一提的是，外国法律一般没有以"司法救助"的名义专门规定法院批准当事人缓交、减交或者免交诉讼费用等问题，而是统一涵盖到广义的法律援助范畴内。也即是说，广义的法律援助包括了律师费和法院诉讼费的减免。英国、美国、日本等国家大多采用的是此种广义的法律援助制度。伴随着我国司法体制改革的进一步深化，司法救助的范围正不断扩大，救助对象从原来仅含民事、行政诉讼中的当事人，到目前已把刑事诉讼中的当事人纳入其中，对当事人的司法救助不仅包括诉前、诉中救助，还包括诉后的执行救助。最高人民法院于2009年发布的《人民法院第三个五年改革纲要（2009—2013）》，就把"建立刑事被害人救助制度"和"完善执行救济程序，建立执行救助基金"等内容作为"改革和完善司法救助制度"的重要发展方向。也因此，就有法官撰文认为："以'司法救助'的名义定性法院开展对被害人的救助活动可能更为适宜、确切。"因为，将其救助活动定性为司法救助更能与最高院出台的《关于对经济确有困难的当事人提供司法救助的规定》相衔接。根据《关于对经济确有困难的当事人提供司法救助的规定》可得知，对刑事受害人的救助和人民法院对民事、行政诉讼中的当事人的司法救助都同属于人民法院诉讼活动中的救助，应当统一称谓。而且，根据《关于对经济确有困难的当事人提供司法救助的规定》可知，人民法院开展的救助是诉前、诉中的救助，而对刑事受害人的救助是诉后救助，分属于人民法院诉讼过程不同阶段的救助，可看作是一个完整系统的救助过程，作为同系统中的一个环节，也应当统一称谓。所谓2%司法救助制度所保护的是弱势群体参与诉讼的权利，因此，理应由司法机关来运作此项制度。

虽然说由民政部门来执行被害人救助工作是与被害救助所体现的社会保障属性相对应的，但问题在于他们需要了解案件情况才能够确定是否应当对被害人进行救助，而且一般被害人救助工作都比较紧迫，让不参与办案、不了解案情的民政部门介入显然难以提供给被害人及时、妥当的救助。而以"紧急司法救助"定位的犯罪被害人国家救助制度，意味着公、检、法三大刑事司法机关是救助机关，这必然不符合刑事司法机关的职能定位，正如前文评述《无锡市刑事被害人特困救助条例》一样，这是一个"难明之题"。但将三大司法机关作为救助机关可以满足被害人紧急救助的需要，因为三大司法机关可依据熟悉案件和启动调查的优势，及时做出是否予以救助的判断，比如，犯罪被害人是否死亡或遭受重伤；被害人的医疗费用是否大大超出了被害人及其家庭所能支付的范围；死亡被害人遗属的经济收入是否受到犯罪侵害的影响；犯罪人或者其他负有赔偿责任的人难以及时赔付被害人；被害人是否因犯罪人去向不明而无法及时得到赔偿的可能性，等等。综合上述因素，单设一个专门机关来处理此项事务是没有必要的，为了促进被害救助工作之便捷、及时，救助申请之受理、审查、决定的工作，由作为救助机关的公安机关、检察机关、人民法院三机关承担。但这只是暂时的过渡，犯罪被害人国家补偿制度还是需单设专门的补偿机关——犯罪被害人补偿审议委员会，下文中将细说。

综上所述，我国的犯罪被害人国家救助制度是一项特别的"紧急司法救助"，并同时具有一般社会救助制度和犯罪被害人国家补偿制度相关联特质的制度。

第四节　中国环境犯罪被害人国家 补偿制度的具体内容

任何一部法律都有其内生的基本原则。这些原则指导着法律的整个立法过程和执法工作，并自始至终涵盖于全部法律法规，是法律的精神核心和价值内涵的表现。犯罪被害人国家补偿法的基本原则包括了被害补偿制度的价值蕴意，构建和梳理了整部被害人国家补偿法的基本逻辑和条理，为今后该部法律的立法和执法工作打下了牢固的理论基础。

一、中国环境犯罪被害人国家补偿的原则

1. 补偿法定原则

现代法治社会的显著特征之一在于权利，而权利既是现代公民的身份体现，更是构成现代社会制度的一个重要因素。从权利的角度来看，补偿请求权是国家赋予犯罪被害人的一项权利，被害人获得国家物质性补偿并非他人的随意恩赐或赏予，而是国家所应承担的一项义务。所以，被害人所享有的国家物质补偿的权利应在相关法律法规上得以体现，并要制定相应的制度辅以这些权利的行使。同时，被害人国家补偿的权利也应受到一定的限制和制约，是否补偿、如何补偿及补偿数额的多少都应以法律规定为准，这就是所谓的"补偿法定原则"。

第一，被害人获得国家补偿的各种要件应在相关法律法规上明确体现，被害人想要申请国家补偿就必须满足法律规定的要件。补偿机关不能以不正当理由拒绝被害人的补偿申请或恣意减少补偿数额，从而致使被害人获取国家补偿的权利被无故剥夺或权利实现困难。

第二，补偿申请人作为一个"自然人"所不可或缺的人格利益要得到尊重和保护，让被害人作为"自然人"所应享有的自由和人格尊严得到保障和实现，使得被害人免受"二次伤害"的威胁，犯罪人补偿法如能注意到这些，那么证明该法律则是一部高水平的立法之作。环境污损犯罪对被害人所造成的伤害巨大，致使被害人往往要承受着常人所不能忍受的"伤痛"，所以补偿机关工作人员不能"雪上加霜"似的把被害人看作"他者"或"异类"，言语要和善、态度要温和，在补偿工作中不能对被害人表现出任何的蔑视和无理。

第三，权利和救济要互生共我，当权利实现受阻时法律可为其提供救济方案以保证权利的实现是为权利的本质。所以，当被害人不服补偿决定时，应有畅通无阻的救济方式及时跟进。但由于理论和现实中的差异，在被害人补偿实践中也可能会出现操作不规范等情况而致使被害人的合法权益遭到侵害，如符合补偿条件的被害人反而没有获得补偿，或是被害人获得了补偿，但补偿数额和标准却远低于正常水平，补偿经费被挪作他用，补偿被害人的隐私等人格利益未得到有效保护等。因此，权利救济制度应在被害补偿法中明确规定，及时构建那些规范且操作简便的救济程序，如行政复议和行政诉讼等，建立责任明确的补偿经费监管制度。

第四，被害人补偿法是兼具实体法和程序法属性的法律，在其价值内涵和法律目标等实体性内容确定后，能否通过法律程序促进这些价值与目标的实现则是关键性问题。所以，应把实体性权利写入被害补偿法中，同时该法律还应明确被害补偿的相关程序。这些程序主要包括在被害人主张权利和补偿机关开展工作的过程中双方所应共同遵守的方法、步骤及时限。具体包括被害人申请补偿的做法、步骤及次序，补偿机关办理补偿事宜的程序、时间要求及反馈情况等，从而促使被害补偿双方进行补偿活动是在法律允许的范围内，最终保证被害补偿过程是公平公开的。

2. 程序正当原则

我们将国家补偿定义为一种法定权利，那么这种权利的行使必须遵守相应的程序。没有正当的程序，国家补偿权利就不能真正得到保障。我国目前与补偿相关的立法并没有很好遵循程序正当的原则。究其原因，主要是因为国家补偿制度出现在计划经济与市场经济的转型时期，在这种社会背景之下，政府对社会经济进行了全面的干预，各政府机关和部门都希望能够掌握更多的实权，控制更多的资源，而不愿意遵守程序的规定，为自己带来束缚。与国家补偿制度最相似的是国家的《国家赔偿法》，该法于1995年1月1日开始实施，对保障公民获得赔偿的权利进行了明确的规定。该部立法颠覆了中国"官贵民轻"的思想，在保障公民权利方面迈出了一大步。但是，尽管《国家赔偿法》对公民获得赔偿有着明确的规定，但是在该法的实际运用过程中却不尽如人意。在湖南、重庆、安徽等地，通过对《国家赔偿法》实施情况进行调查，发现很多案件都使用了《国家赔偿法》中的免责条款，并没有对当事人进行赔偿。其中有的是真的免责，但是也有一部分是因为地方赔偿委员会误用、滥用免责条款所致。之所以出现这种情况，主要是因为立法程序的设计存在一定的问题。如果能够对立法的保障和救济条款进行很好的设计，那么误用、滥用免责条款的情况就不会发生。在对国家补偿进行立法时，我们应当吸取教训，遵循正当程序原则，以权利保护为本位，将犯罪被害人的合法权益作为首要因素。在此前提下，提高公权力行使的效率。

3. 补偿必要原则

制定犯罪被害人国家补偿法的目的在于使犯罪被害人这一特殊弱势群体的权益得到保障，相对于其他法律，被害人国家补偿法的价值蕴涵和精神内核是独特的，它通过给予那些需要帮助的被害人物质补偿，从而达到保障被害人权益的目的，所以从补偿群体类型上讲，它是一种相对独特的社会福利。因此，它绝不能被那些没达到要求或动机不良的人泛滥使用，必须要满足一定的条件或有补偿的必要性时才能实施补偿。在此情况下，只有重伤害被害人以及死亡被害人之遗属才属于补偿对象，对于尚未失去恢复重建生活的能力的正遭受财产犯罪损失之被害人，是没有必要补偿的，不属于补偿范围之内。同时，被害人可归责的事由包括被害人自身对于被害结果的发生具有促进性作用，以及被害人未尽自我保护义务而自陷犯罪被害情境，但这些大大超出了国家和社会的承受范围，只能通过减少或拒绝补偿才能与之平衡。与此同时，犯罪人补偿制度是一种具有补充性质的法律制度，是对环境犯罪法律制度的重要补充。如果被害人仅凭现有法律制度就能得到一些或全部的对其损害的补偿，那么补偿已没必要了，国家没有必要补偿那些被害人所受之损害赔偿及其他获得给付范围外的损失，被害人已经得到的全部赔偿、补偿或其他给付理应返还。

4. 补偿及时原则

一般说来，被害补偿程序主要由申请、审理补偿案件、做出决定、不服补偿决定的救济等四个方面组成。补偿程序通常是为了实现被害人的被害补偿请求权，使被害补偿制度真正得到落实，所以该程序要尽量从简、迅速完结且体现公正公平。要尽可能使补偿申请程序简单明了。一般说来，补偿请求应由本人亲自申请；本人确因不可抗因素难以亲自申请的，可委托他人代为提出申请，如当提出申请的人为无民事行为能力人或限制民事行为能力人、有生理缺陷的人或有不便之处的人时，他们的父母、监护人或符合条件的人可代替他们提出补偿申请。为让请求权人不因申请时限的影响而使其权益遭受损失，补偿机构需自受理补偿申请之日起在规定时间内做出决定，不断提高工作效率，从而有利于犯罪被害人能及时得到帮助。设立预付补偿金制度，顾名思义则是赋予补偿机构先行垫付补偿金的制度。具体说来是在最终补偿决定做出前，让补偿机构综合考虑各方面因素特别是被害人的特别需求，按照相关程序和条件，先付一定的补偿给受害人，以便尽快地帮助解决被害人在医疗、生活上的问题，从而最大功能地发挥出被害补偿制度的作用。

二、中国的环境污染损害补偿基金的资金来源

从我国的现实情况来看，完全依靠国家财政支撑的环境污染损害补偿基金难以运行和长远发挥作用。由此，为进一步拓宽基金资金的来源途径，使基金运行能够得到足够资金的保证，主要从以下几种来源考虑。

一是排污费。我国自1978年起确立排污收费制度，到1979年将该制度引入当时最新实行的《环境保护法（试行）》，其后的环境法律法规大都涵盖了该制度，即相关部门通过对排污单位的污染排放物的类别、数目及含量比例进行检查和比对，从而要求排污单位缴纳一定数额的环境补偿费。而我国依据国内的具体情况，一直以专款专用、不得挪用的原则指导排污费的征收和使用工作，筹集到大量的资金，从而保证了我国环境保护和改良工作的经费需求。

二是环境税，是指有关机关通过检查、分析相关部门和个人在开发利

用环境资源的过程中对生态环境所造成污染与伤害的程度，从而以一定的标准向相关部门和个人征收的一种税。由于近年来全球范围内的环境犯罪事件频频发生，环境税政策已被世界上大多数国家用作保护、改善本国环境，推行本国环保政策的有利选择，而为了尊重和维护我国环境污染犯罪被害人的合法利益，也应尽快确立和构建起我国本土的环境税收政策。伴随着我国综合国力的增强，人民群众的生活水平不断提高，人们逐渐将关注点从温饱问题转移到自身的生活环境上来，身体健康是人们首要关心的问题，而这些涉及社会保障问题的理论大多来源于庇古的福利经济理论和凯恩斯经济学的国家干预理论，依据福利社会理论的要求，国家有义务也有责任不断创造条件以满足个人的需求。

但环境污损补偿基金的运行依靠于大量资金的支持，而征收的环境税和排污费尚达不到其对资金的要求，因而环境污染损害补偿基金吸纳政府一般财政收入和一部分捐助，用于向受害者提供补偿，这在情理上也是行得通的。与此同时，可考虑对不明污染关系人的收入所得进行追偿。因为基金组织对环境污染受害者补偿得到法律法规的"同意"，所以这也说明基金组织行使求偿权是无法以无因管理的名义进行的。但如果不追偿污染关系人，客观上放纵了污染者的排污行为，主观上对环境犯罪受害人不公。故法律应明文规定基金组织享有追偿权，即基金组织在对环境污染受害人补偿后，其可以追偿权的名义向不明污染关系人进行追偿，所追偿的不明污染关系人的收入及所得应统一纳入基金的资金来源渠道。

三是社会捐助。主要来源于企事业机构、公益组织及公民个人的捐赠。由于该基金是以公益为出发点而设立的，为了维护社会公益及保持社会稳定，应积极鼓励企事业单位、公益组织和个人将其部分收入所得捐赠给基金。

三、环境污染损害补偿基金制度的适用范围和标准

环境污损补偿基金制度设立之目的是当环境犯罪被害人的人身及财产遭到侵害时，让环境犯罪被害人的损失迅速得以填补并及时恢复原貌，从而尽快实现环境犯罪损害请求权。但受限于经济财力和物力，如果法律一味地扩大环境污染的范围，可能会阻碍这一制度的发展及运行。在环境污染损害补偿制度中考虑财产损失，一是可以借鉴环境民事赔偿制度在应对

财产损失时所遵循的全面赔偿原则，全面赔偿原则要求致害人全面赔偿受害人因其行为所造成的直接财产损失，并以受害人的将来必然可得利益算作其间接财产的损失。通常，环境污染犯罪致人身损害的补偿标准与以伤残、死亡而引起的财产损失相挂钩，并被划分在国家赔偿的范围内。二是最高损害补偿的数额应有所限制。主要通过衡量环境污染犯罪的损害结果、致害人可支付数额的多少和被害人具体的受损情况等三者之间的关系，并对比和归纳，最终确定实际支付标准较低的数额。

1. 环境污染损害补偿基金适用的具体情形

环境污损补偿基金是给予环境污染犯罪被害人补偿的一种救济途径，主要是为了让那些因遭到环境污损行为侵害且难以及时得到有效救济的环境污染犯罪被害人得到补偿。主要有以下两种情形：一是当污染者无法确定时，环境污损行为具有复杂性、隐蔽性及多变性，容易导致无法确定或一时难以查明致害人的情形，最终致使责任人的具体责任难以被追究；二是虽可认定致害人但不具备完全救济的条件时，如致害人被证实已失踪或死亡，一些或所有致害人不具备偿还能力，被害人难以负担环境污损鉴定费用或鉴定活动耗时较多，损害赔偿无法及时有效地弥补被害人的损失，致害人为支付数额较多的赔偿费用而导致其出现资不抵债的情况，因此从环境污染犯罪被害人的受损权益能得到快速、有效保障的角度考虑，对被害人进行救济是有必要的。

2. 环境污染损害补偿基金的范围

一般说来，环境污染犯罪除了会侵害受害人的人身、财产等经济性利益，更重要的是会破坏生态环境而造成无法衡量的损失。从损失额计算的角度来说，环境污染犯罪对生态环境造成的破坏是永久且难以恢复的，致使生态效益的水平大幅度被拉低，而无法用金钱来衡量和赔偿其对人类生产和生活造成的影响。当前，我国的经济发展水平还比较低，对环境污染犯罪行为推行全面的赔偿原则恐怕不合时宜。所以，只有受害人人身、财产的损失才能得到环境污损基金的补偿，且精神损害补偿应被排除在外。

3. 环境污染损害补偿基金使用的评估机构、评估人员及补偿的时间效力范围

由于环境犯罪评估涉及专业、技术及理论等方面的问题，所以必须成立一支由环境犯罪领域专家、学者及实务人员组成且人员合理分布的评估部门。该评估机构应符合具备独立法人资质等基本的条件，独立于任何个

人、企事业机构、公益组织及行政部门之外，同时"打铁还需自身硬"，不断提高评估专家的道德素养和专业能力，定期开展评估资格审查和绩效测评，以促使评估机构成员的专业素养和评估水平维持在较高水准。由于环境污染损害多发生于环境污染很长时间之后，假如将"法不溯及既往"原则适用于基金补偿工作，那么容易导致基金补偿的其他原则（如有利于受害人的救济原则）无法适用。但如果一味适用"全部溯及既往"原则而不考虑其他原则，则会大大超出基金承受范围。基金的补偿请求权也会受到诉讼时效的限制，这主要缘于该补偿权根植于民法上的赔偿请求权。所以，基金补偿权应自侵权行为"完成时"起二十年内行使。

四、基金补偿的监督体系

一是内部监督。一般是通过基金组织内部的机构或部门的工作制度达到监督的效果。首先，类似于企业一样的监事制度应及时建立起来；其次，要不断加强基金内部管理，如应对资金的筹集、管理、使用过程全程跟踪并及时记录，通过传播媒介定期向公众和社会舆论公开基金的收支情况和有关信息；再次，捐赠人有权了解和知晓受赠人所获基金救助资金的利用情况，如发现基金或受赠人存在不合理使用资金的情况，可依法请求有关机关对其进行核算和清查。

二是外部监督。一般是通过基金组织外部的力量进行监督的机制。主要包括三个方面。第一，社会大众监督。基金财产主要来源于国家的财政收入，本质上是社会公共财产的一部分，所以社会大众对基金的利用情况有监督的权利，要尽快建立起社会公众监督机制。第二，政府行政部门监管。国家、政府对基金的利用及管理等活动有权进行监管，相关机构可有效地解释制度，立法部门可指定涉及基金运行的法律和有关监管规定，上级主管部门也可审查相关基金的申报材料和执法事项等；不定期对基金组织开展检查活动，促使基金组织有法可依；对基金组织可能涉及的违法行为进行调查，并及时做出处罚的决定或协助司法机构处理案件。第三，司法监督。如前所述，基金财产的公共性特征非常明显，从我国相关法律法规的规定上看，检察院有时可依职权介入基金的使用及管理活动，特别是对那些损害基金财产的行为可提起诉讼。同时，基金的财务也可同时受到审计机关、中国人民银行、基金行业组织的监督。

第八章　中国环境犯罪被害人救济制度设计

本章将就环境犯罪被害人救济制度设计展开论述。在分析环境犯罪被害人救济制度价值的基础上，提出环境犯罪被害人救济制度的原则，按照事前、事中、事后三个阶段给出环境犯罪被害人救济制度构建的相关建议。

第一节　环境犯罪被害人救济制度的价值

一、环境犯罪被害人救济制度的正义价值

博登海默曾谈到正义存在变化性，认识正义，必须探究其背后的"秘密"。[①] 正义概念虽然伴随时代变迁而呈现不同的变化，但始终未离其基本要义：正义就是给予每个人以所应得。正如古罗马法学家乌尔比安在其创作的查士丁尼《民法大全》中所言："正义乃是使每个人获得其应得的东西的永恒不变的意志。"而所"应得"包含两个方面的内容，一是什么是每个人的所应得。人在社会生活中生存是与生活利益彼此互动而不断向前发展的，法律作为调整生活的重要手段，而赋予了对人们生活利益进

---

① ［美］博登海默：《法理学——法律哲学与法律方法》，中国政法大学出版社 1999 年版，第 252 页。"正义有着一张普罗透斯似的脸，变幻无常，随时可呈不同形状，并具有极不相同的面貌。当我们仔细查看这张脸并试图解开隐蔽其表面背后的秘密时，我们往往会深感迷惑。"

行保护的"使命"，而这些法律所保护的生活利益便是每个人其所应得。另一个便是怎样给每个人以其所应得。法律所保护的生活利益在现实中并非不受侵害，人们所应得的东西未获取或遭受侵害，必然面临怎样给每个人以其应得。在环境犯罪中，被害人由于受到环境犯罪行为侵害而影响其所应得，这定然会回归到怎样给每个人以其所应得的难题中来。而解决这一难题，有权利必有救济的理念得以产生，承担破题使命。犯罪行为扰乱了稳定的社会秩序，破坏了犯罪人、被害人和国家三者之间的平衡性关系，矫正正义便是矫正这一纠纷，以求恢复到应有状态。当被害人遭受侵害后，依据法律责令其承担责任、赔偿损失，让其对实施的罪行付出应有的代价。而当犯罪人缺乏赔偿能力时，构建被害人救济制度是实现正义价值的有力体现。"犯罪被害救济制度应以被害人利益为基础和出发点，以保障被害人的生存权和发展权为根本目的，由国家帮助被害人，减轻其痛苦和损失，恢复被破坏了的正义，实现被害人与加害人、被害人与国家之间关系的和谐。"[1] 环境犯罪行为给被害人带来人身、财产和其他权益损失，确立救济制度体现出维护被害人所应得的价值理念，防止因所应得的遭受破坏，引发被害人对国家、社会产生不满。因此，环境犯罪被害人的救济制度显现出正义价值，表现出制度本身的最低限度的公正性要求。

二、环境犯罪被害人救济制度的公平价值

学界有关公平的理解和解释呈现多样化，但也存有共识。诚如罗尔斯认为公平不仅指国家、民族、集体交往的彼此互利平等，而且包含对两个及以上对象的同等看待。在社会发展的今天，公平注重平衡个人劳动创造所产生的社会效应与社会提供给个体的物质、精神回报。[2] 这句话表明，公平原则是社会成员利益关系间的一种有效评价机制。社会基

---

[1]　孙洪坤：《刑事被害人国家补偿制度研究》，《国家检察官学院学报》2004 年第 6 期。

[2]　［美］约翰·罗尔斯：《正义论》，何怀宏、何包钢、廖申白译，中国社会科学出版社 1988 年版，第 3 页。"在集体、民族、国家之间的交往中，公平指相互间的给予与获取大致持平的平等互利，同时还包含有对待两个或两个以上的对象时的一视同仁。在个人与社会今天之间的关系上，公平指个人的劳动活动创造的社会效应与社会提供给个人的物质、精神回报的平衡合理。在个人与个人之间的关系上，公平指他们之间的对等互利和礼尚往来。"

本制度的主要使命在于确保两个公平原则的实现，其一为个体在社会生活中所拥有的最基础、广泛性的基本自由；其二是对于社会运作、经济发展存有不平衡的前提下，亦应承认差别和机会平等原则，但应保持一定的限度——在平等自由的前提下，确保受惠最少者获取最大利益并保持全体社会成员在社会生存、发展中都保有机会均等。① 借助罗尔斯对公平价值的阐释，我们可得到如下认知。首先，在平等自由原则中，由于现代的刑事诉讼重在围绕被告人建立和完善一系列程序、证据制度，对于被害人的权利保障而言，明显失衡。确立环境犯罪被害人救济制度，就是为了实现被害人在遭受环境犯罪行为侵犯后实现其权利救济的平等自由原则，进而使得被害人的正当权益和诉求在法治背景下得到应有的彰显。其次，在差别和机会平等原则中，被告人和被害人存在差别，必须充分考虑两者所具有的特殊性，针对被告人建立惩治犯罪、保障人权的制度体系，与此相平衡的是形成被害人损害弥补、权益保护的制度体系，面对这些，确立体现公平价值的环境犯罪被害人救济制度亦就必不可少。

三、环境犯罪被害人救济制度的效率价值

效率一词起先在经济学上使用，通常存在两层含义：一是生产效率，常指单位时间内投入与产出的比例关系；二是经济效率，即配置效率。人类管控的资源具有有限性，资源的利用存在机会成本，提高资源的利用率有利于资源的优化配置，激励理性人的行为趋向。效率反映人与自然关系的同时，也体现出人与社会的互动。另外，效率是在社会发展中人类运用智力予以造就的结果，其中蕴含着人类群体有效处理彼此纠纷、矛盾的智慧。在环境犯罪中，侵害对象的广泛和取证的繁杂，常成为诉讼不当延长的借口，进而导致被害人的正当利益得不到及时的关

---

① ［美］约翰·罗尔斯：《正义论》，何怀宏、何包钢、廖申白译，中国社会科学出版社1988年版，第237页。"社会基本制度在分配公民的基本权利和义务以及划分由社会合作产生的利益和负担时要遵循两个公正原则，第一，平等自由原则，每个人对所有人所拥有的最广泛平等的基本自由体系类似自由体系都应有一种平等的权利。第二，差别和机会平等原则，社会的和经济的不平等应该这样安排，使它们：一是在公正的储存原则一致的情况下，适合于最少受惠者的最大利益，二是在机会公平平等的条件下职务和地位向所有人开放。"

注，甚至出现不愿与司法机关相配合，产生抵触情绪，造成司法资源浪费的不利局面。同时，诉讼程序的不当推进，常常影响被害人难以及时、有效获得赔偿。树立具备效率价值的环境犯罪被害人救济制度，不仅能最大限度降低司法资源的耗费，发挥司法效率的作用，使得既有司法制度能够在最短的时间里对于进入诉讼程序的纠纷给出一个权威性的论断，以便尽快恢复应有的法律秩序，而且能尽快帮助环境犯罪被害人摆脱因遭受犯罪而产生的不利局面，安抚其失衡性的心理，反过来有利于被害人密切配合司法机关，降低被害人走向犯罪道路的可能性，充分发挥救济制度的机能与效益。

第二节　环境犯罪被害人救济制度的原则

一、理念与社会相适应

随着时代的发展，传统的自力救济已逐渐被公权力所渗透，加害人对被害人犯罪侵害的谴责和追究已然落实在公权力的行使机关上。被害人逐渐成为"弱势群体"。正如西方国家常把犯罪被害人看作"弱势集团"的组成部分，并作为独立的主体予以保护。工业化的发展、现代技术的不断更新给人们带来生活、生产便利的同时，也迎来了风险社会。恰如有人指出风险社会下，因犯罪招致被害的对象呈现不特定性，且危害性的强度、力度逐渐累加，这种局面日渐受到世界主权国家的关注，注重对"弱势群体——被害人"的关注渐渐成为法律研究和实践的重要议题。[1] 在风险社会下针对"弱势"被害人的侵害是巨大的，特别是这种伴随客观性的环境风险，其通过环境介质进行传播，给自然、被害人带来破坏、危害甚

---

[1] 李常胤：《论犯罪被害人的权利保护及救济制度的完善》，硕士学位论文，吉林大学，2009年。"鉴于现代社会以不特定多数人为对象的投毒、爆炸、放火等严重犯罪和恐怖事件的频发及其危害性的增大，对被害人的保护已提升到各国政府的重要议事日程。在对'弱势群体'的法律保护的研究中增加一项对被害人的研究，使被害人能够作为一个独立的'弱势群体'得到法律上应有的关注和保护。"

至是毁灭性后果。基于这种面对风险社会带来的"不利"副产品，必须树立系统性的救济理念，以期削减、降低环境犯罪风险引发的不利。而在法律层面上应审视环境犯罪被害人这一"弱势群体"，尽可能降低风险社会带来的副作用。回看域外，犯罪被害人的法律保护已从被害的预防、被害后诉讼权利的保障、被害的赔偿与补偿、社会援助和救助等系统性、全面性着手，逐步形成了犯罪被害人的权益保护体系。这种理念值得我们吸收与借鉴，在社会发展过程中，应学会充分利用工业化、现代化所带来的先进文明和成果，及时修补和解决风险社会带来的"负能量"。以此为指导，逐步建立多元的救济机制。一为救济主体的多元，除国家对被害人进行救济外，鼓励社会组织、团体、民间力量和自然人发扬互助精神，给予被害人帮助。二为救济形式的多元，对被害人进行货币补偿的同时，还应该综合考虑具体被害人的被害情况及现实需要，选择灵活的方式帮助其度过生活困境。

二、救济与损害相平衡

国家向环境犯罪被害人给予救济，必须与被害人遭受环境犯罪的损害程度相平衡。环境犯罪中的被害人权益呈现多种多样，功能不一，因而其所牵涉的具体权益重要程度亦有差别，这就要求在供给救济制度时，应确保手段与目的相适应、救济力度与权益的重要性程度相适应，以实现救济与损害相平衡。换言之，救济制度的推行应当准确把握既有的法律效力和所救济权益重要程度之间的关系，进行有效搭配，确保救济方式多样化、力度精细化、关系层次化，以"具体问题具体分析"的方式来提供救济，避免"大材小用"。从资源配置角度而言，环境犯罪给被害人造成侵害，造成了损失性"成本"，要弥补这一损失，首先必须对环境犯罪造成的侵害进行损害估量，为供给相均衡的救济性资源作准备，最终实现"损害填补"的收益状态，形成资源配置角度上的成本与收益相均衡。诚如有人主张明确伤害级别，如从死亡开始，逐渐递减为重伤、轻伤、轻微伤；强化伤残等级的具体性和可操作性；充分考虑伤害造成的直接性影响，包括时间成本的投入，家庭的财力支持等问题。在人身伤害范围内，致人死亡的后果最为严重；致伤有重伤、轻伤、轻微伤之分；因伤致残这些问题必须落实在立法中，应明确区分、界定。同时，还可以借鉴先进国家的做法，针对被害人因犯罪遭受不同侵害而致害应设定不同的救助条件。[①]

三、合法性与合理性相兼顾

合法性是任何一个社会管理组织体系存在、持续、稳定和发展的基础。自政治社会以来，人们便关心合法性问题，甚至可以说，政治的理性化和社会管理的规范化，都在合法性问题上贡献智力。阿尔蒙德主张政治权威的前提是社会生活中的民众心甘情愿遵守立法者制定及实施的规范，遵守的原因在于社会民众认同信守规范是服从内心的意愿，确信应该这样。只有社会生活中的所有群体，包括精英与公民都践行这种做法，合法性的价值才能得到应有的彰显。[②] 针对合理性，学界主要有三种解释，一是与正统性相近的正当性；二是与合法性相对应的正当性；三是与合理性相近的正当性，本研究倾向于第二种，而合理性又分为形式合理性与实质合理性。形式合理性，在韦伯看来是关于不同事实和现象之间的逻辑判断。形式合理性具备如下特征：一是这种合理性能够被社会生活中的人们预见，利于充分发挥社会民众的理性作用；二是合理性是个价值问题，但以形式合理性模式的推行利于把价值问题事实化、逻辑化，便于人们作精确、定量分析；三是将形式合理性的理念上升到法律规范层面，因法律是

[①]　汤啸天：《刑事被害人救助制度应当遵循的基本原则》，《河南公安高等专科学校学报》2007 年第 3 期。"在人身伤害范围内，致人死亡的结果最为严重；致伤有重伤、轻伤、轻微伤之分；因伤致残也需判明具体的伤残等级；有些伤害的结果必须长期、持续、不间断地投入治疗费用；有些人因伤致残将造成整个家庭生活失去依靠。诸如此类的问题，应当在立法时从救助力度上加以区分。按照世界各国的立法经验，我国的刑事被害人救助应限定于由犯罪引起的重大人身伤害，且应依被害人的伤残程度给予不同等级的救助。除爆炸、放火等造成被害人住房损坏的以外，财产性损失一般应不予救助。犯罪行为对被害人造成的精神损害可以由精神卫生、心理咨询等部门予以治疗指导，不宜列入救助范围。因犯罪致使被害人死亡，具有被赡（抚）养权的遗属确实发生生活困难的，可以申请救助。这样既充分体现了尊重人的生命，对危困者予以帮助的人道主义原则，又具有鲜明的公正性和公平性，还可以防止国家财政的过重负担。"

[②]　阿尔蒙德：《比较政治学：体系、过程和政策》，上海译文出版社 1987 年版，第 35、36 页。其认为："如果某一社会中的公民都愿意遵守当权者制定和实施的法规，而且不是因为若不遵守就会受到惩处，而是因为他们确信遵守是应该的，那么，这个政治权威就是合法的……正因为当公民和精英人物都相信权威的合法性时，要使人们遵守法规就容易得多，所以事实上所有的政府，甚至最野蛮、最专制的政府，都试图让公民相信，他们应当服从政治法规，而且当权者可以合法地运用强制手段来实施这些法规。"

理性化的实践思维，利于人们从规则、条条框框视角看到问题。对于实质合理性而言，一是该合理性更注重价值标准的维护与塑造，将价值从法律视角回溯其实质正当性，利于是非曲直的判断；二是实质的合理性在于从一般人或社会观念下的经验层面考虑问题，尽管存在一般群体价值观的多样性，但其离不开群体生活的既存语境，因而还是主流的、积极的。① 我们要建设法治国家，本质上便是实行规制性治理，对于救济制度而言，就必须充分兼顾好制度的合法性和合理性。对于环境犯罪被害人，无论国家、社会和个体对其进行救济和帮助，都须遵守合法性，即救济对象、条件、标准、程序和形式等内容都要合乎法律的规定，救济的开展必须在法律允许下进行。同时，我们也应考虑救济制度本身的合理性，形式上应考虑是否顺应社会发展需要、是否有足够的财力支撑和人力支持，实质上应考虑现有制度规则是否符合正义、公平和效率的价值，是否能有效地处理好应然和实然状态的紧张关系。

第三节　环境犯罪被害人救济制度的构建

一、环境犯罪被害人事前救济制度的形成

环境犯罪的出现和其社会危害性引发人们对环境问题的思考，发展环境对人类的有利方面，克服其对人类的不利方面，已成为广泛关注的议题。而在这一议题的思考过程中，有效地构建事前性的广义救济制度，尽可能维护社会、个人的权益甚为必要。对于广义的救济制度，重在围绕环

---

① 江必新：《论形式合理性与实质合理性的关系》，《法治研究》2013 年第 4 期。形式合理性具有以下特点：第一，形式合理性具有可以预见特点和可以精确计算的属性，可预见、可精确计算，这是形式合理性的一个基本属性；第二，形式合理性是把价值判断问题转换成一个事实和逻辑问题加以理性分析的规则和方法；第三，形式合理性通常用理性化的法律规范来判断事件和行为的是非曲直。实质合理性，与形式合理性相对应，从字面意义上讲是指实质方面的合理。第一，实质合理性是按照一定的价值标准、从实质正当性的角度来判断是非曲直的合理性。实质正当性是按照一定的价值标准来判断是非曲直的。第二，实质合理性通常按社会主流的价值观来评价是非曲直。尽管价值观是多元的，但实质合理性从整体上说不能离开社会主导的、主流的价值观的支配和影响。

境犯罪的预防做好准备，以最大限度减少、消除环境犯罪形成的致罪因素。面对环境犯罪被害人事前救济制度，提出如下构建思路。

首先，确立环境犯罪社会预防型的救济制度。社会预防作为第一层次的预防，属于初始阶段，环境犯罪并未发生，被害人并未出现。由于被害人并未完全界定，所以采取的应对措施主要是面对一般社会民众，对象广泛。具体而言，一要明确预防的指导思想。对环境犯罪产生的原因深入剖析，结合原因多渠道、多途径地广泛宣传，提高民众对社会预防的认识。二要树立民众的环境道德意识。环境道德是社会发展中新型道德的重要组成部分，对于民众的生存、发展而言，良好的自然环境是至关重要的条件，也是拓展人们活动范围和满足自我需求的重要手段。在正确处理好人与自然和谐关系的基础上，以"生态中心主义"为核心培育民众的环境道德意识，争取使每个人、每个单位或组织参与环境保护，以内化的环境道德要求自己，规范自身行为。三要充分发挥家庭和社区社会预防的作用。家庭作为社会的细胞，其职责是教育子女，使社会民众普遍认同道德规范并将行为准则内化为自身的人格结构之中。在家庭中，宣传环境保护的理念，培养自觉爱护环境的意识亦很有必要。社区，作为人们日常生活和交流的主要活动地，是社会控制的基础单位，在环境犯罪预防上，形成"以小治安带动大治安"的方式，能够建立犯罪预防的坚固防线，确保环境犯罪的概率尽可能降低。

其次，形成环境犯罪情境预防型的救济制度。这种预防是第二层次的预防机制，起着承上启下的作用。情境预防针对的不是一般社会民众，而是潜在的犯罪人和潜在的被害人。环境犯罪学理论、理性选择理论、日常活动理论以及破窗理论等为预防理论的发展供给了养分，预防理论的基础重在通过改变环境本身来作用于潜在犯罪人和潜在被害人。情境犯罪预防有两大特点，一是将预防的重点从犯罪人转向了环境本身。该理论主张，情境比个体更容易预测。因此，情境犯罪预防关注的重点是犯罪本身以及犯罪所发生的情境，而并非犯罪人。二是情境犯罪预防具有强有力的针对性①。具体措施包括，其一，通过对目标物设置物理性障碍，使得潜在犯罪在接近被害目标时望而却步。建立离场示证机制，如国家级自然保护区

---

① G. Mesko et al. (eds.). Understanding and Managing Threats to the Environment in South Eastern Europe, NATO Science for Peace and Security Series C: *Environmental Security*, pp. 41 – 45.

的进出口处对进入、离开的游客进行检查和设置严格的监控来预防破坏该区环境资源的行为。严格管控环境犯罪所需的工具或武器，如定期对森林周边居民进行检查，发现疑似捕猎的工具应予以没收，对一些生产、销售该类设备的厂家进行严厉打击等。其二，强化环境资源保护力度，增强自然监控，及时配备充足的监管人员来提高环境犯罪的风险。其三，在国家重点保护的环境区域划定核心区，限定人员进入，及时移除可能受害的环境型目标，以打击环境犯罪牟利的黑市等来降低犯罪回报。其四，加大对可能发生环境犯罪领域的技术性投入，确保实施犯罪的成本提高，减少环境犯罪的刺激。其五，借鉴"破窗理论"，及时消除轻微环境违法行为的不良影响。例如，对随意堆放被丢弃的废弃物进行及时清理处置，防止其他人在周边继续堆放；对被破坏的保护区围墙进行修复，以防止其遭受进一步的更为严重的侵害；对偷猎者进入森林的道路进行封锁，防止后来的偷猎者再次进入森林等，进而减少环境犯罪行为的模仿。

最后，完善环境犯罪法律预防型的救济制度。加大立法的资源投入，形成多元的立法模式。我国现行《刑法典》涉及环境犯罪的条文共有 9 个，总共仅规定了 14 种环境犯罪罪名，特别是，现代化、工业化文明程度的步伐加快，生态环境的恶化引发诸多新的威胁与风险，科技带来文明的同时也带来新的犯罪手段。因此，必须加大环境犯罪立法，同时在立法过程中协调好刑法典、单行刑法和附属刑法之间的关系。换言之，刑法典总领全局，对典型的环境犯罪行为进行梳理，清晰界定各种犯罪行为的罪状和法定刑；单行刑法可对特定、专项问题进行单独环境犯罪立法，将其作为刑法典的补充，不仅做到形式上灵活，而且可以做到整个刑事法的统一；附属刑法应顺应时代潮流，根据环境犯罪的特殊性进行变革，及时应对风险社会里的新情况、新问题。以此为指导，逐步形成刑法典为主干，单行、附属刑法为两翼的格局，力求既保证实体法的稳定，又能应对诸多种类的环境犯罪，在"惩治犯罪、保障人权"立法目的指导下，适时调整罪圈，充分发挥刑法这一保障法的作用。

二、环境犯罪被害人事中救济制度的确立

环境犯罪被害人的事中救济制度重在诉讼环节进行落实构建。这一环节，主要体现在对刑事附带民事诉讼制度的改革。《刑法》第三十六条和

《刑事诉讼法》第九十九条分别从实体法和程序法的角度赋予了被害人提起刑事附带民事诉讼的权利。该项制度是我国诉讼环节的一项重要制度，是解决犯罪行为引起的损害赔偿问题的主要方式，是被害人权益保障的主要途径。但该制度本身目前存在管辖机关不明确、启动主体不明、赔偿范围受限等诸多不完善之处，对受环境犯罪侵害的被害人权益保护极为不利，饱受学术界诟病。目前，关于我国刑事附带民事诉讼制度的改革，学界主要存在"完善说"①、"选择说"②、"有限保留说"③ 和 "彻底分离说"④ 四种学说⑤。对于上述四种主张，"完善说"比较符合我国的实际情况。面对我国刑事附带民事诉讼制度的不足，应在考察域外先进经验的基础上，力求主张附带形式的诉讼赔偿模式，在完善相关诉讼制度的同时，兼顾附带民事诉讼的独立性，以确保有效改革环境犯罪被害人的事中救济制度。具体改革措施包括以下内容。

第一，观念层面的改革。一要明确该制度的性质，刑事附带民事诉讼本质上是民事诉讼，是解决包括环境犯罪行为引起的刑事责任和民事责任聚合问题的有效途径，不能因其程序上的附带性而忽视其私权保护的制度本质；二要注重对被害人权益的保护，从一定程度上讲，致害人的犯罪行为侵害的最大受害者属于"弱势群体"，若其权益得不到充分的制度性保障和重视，不仅引发被害人对社会的不满，而且易降低司法公信力，影响民众对司法公正的感知；三要树立"公正优先、兼顾效率"原则，被害人的权益遭受侵害，有侵害必有救济，在救济中确保被害人得到其应该得

---

① "完善说"认为刑事附带民事诉讼制度不但具有鲜明的诉讼特点和优越的诉讼价值，而且更符合我国现实国情。虽然该制度存在一定程度的缺陷，但还是可以弥补的。

② "选择说"强调虽然刑事附带民事诉讼具有一定的诉讼经济优势，但对保护被害人的权利而言并不是最佳的方式，因而，在某些条件下，应给予被害人程序选择权，由被害人选择提起附带民事诉讼抑或单独提起民事诉讼。另一种观点却认为，给予被害人刑事选择权不是很妥当，而由法院行使选择权是实现程序简易的最佳方式。

③ "有限保留说"认为全盘否定刑事附带民事诉讼确有不公平，而且在现行法律框架内很难做到。我国在实行刑事附带民事诉讼过程中，已积累了一些成功经验，特别是在处理一些简单的由被害人提起的无争议的民事赔偿案件中，附带民事诉讼的确具有减轻诉累、提高司法效率的功效，因而，应在有限范围内保留刑事诉讼中一并解决小额民事赔偿的诉讼机制。

④ "彻底分离说"赞同刑事诉讼和民事诉讼是两种截然不同的诉讼，体现在程序价值目标、诉讼原则、证据规则等方面有很多不一致的地方，强行将两种诉讼结合在一起，不但不能提高诉讼效率，反而影响了司法公正，因此，主张将刑事附带民事诉讼彻底取消。

⑤ 王丽华：《犯罪被害救济制度》，社会科学文献出版社 2013 年版，第 182 页。

到的东西，但同时也应注意，"迟到的正义非正义"，在附带民事诉讼过程中，必须做到公正、及时、高效，尽可能地发挥刑事附带民事诉讼制度应有的法律效果。

第二，诉权层面的改革。诉权是诉讼环节当事人的一项主要权利，而诉权层面的改革主要是被害人程序选择权的完善。通过域外的立法，我们可以看到无论是实行平行式诉讼模式的国家还是实行附带式的国家，都赋予了当事人程序选择权。赋予刑事附带民事诉讼当事人该项权利，能够使得犯罪行为造成的损害救济路径多元。而对于该项权利的行使也必须在法律框架内运行。一是对环境犯罪中刑事附带民事诉讼受案类型以外的案件，当事人只能选择通过单独的民事诉讼程序寻求救济；二是当事人一旦在该诉讼过程中选择了该项权利，原则上不得随意更改，防止因拖延不利案件的查明；三是赋予法官对当事人程序选择权是正当行使的审查权限，避免选择的随意性。

第三，赔偿层面的改革。目前针对刑事附带民事诉讼的赔偿范围仅限于物质损失，赔偿犯罪相对狭窄，建议适度扩大至对精神损失的赔偿。首先，废除刑事立法中限制精神损害赔偿条款；其次，采用列举式方式对侵害被害人生命健康权的犯罪行为予以赔偿；最后，确立精神损害赔偿数额的参考因素。在环境犯罪中，须严格明确犯罪行为人的主观过程程度、侵害的程度、犯罪人的经济能力和因环境犯罪所获得利益情况等。

第四，执行层面的改革。根据刑事诉讼法第一百条的规定[1]，人民法院在必要的情况下有权查封、扣押或冻结被告人财产，被害人符合条件进行申请的，人民法院亦可以采取相应的保全措施。由此观之，该条明确了民事诉讼中的财产保全制度。同时该条的司法解释规定了被害人在紧急情况下向被保全财产所在地、被申请人居住地或对案件有管辖权的法院所在地有权申请财产保全[2]。分析该条解释规定，我们可看出，被害人可在刑

---

[1] 《中华人民共和国刑事诉讼法》第一百条规定："人民法院在必要的时候，可以采取保全措施，查封、扣押或者冻结被告人的财产。附带民事诉讼原告人或者人民检察院可以申请人民法院采取保全措施。人民法院采取保全措施，适用民事诉讼法的有关规定。"

[2] 该条司法解释第一百五十二条规定："有权提起附带民事诉讼的人因情况紧急，不立即申请保全将使其合法权益受到难以弥补的损害的，可以在提起附带民事诉讼前，向被保全财产所在地、被申请人居住地或者对案件有管辖权的人民法院申请采取保全措施。申请人在人民法院受理刑事案件后十五日内未提起附带民事诉讼的，人民法院应当解除保全措施。"

事案件侦查立案后随时提出财产保全申请，无疑有利于保障被害人权益，但司法实践中基于该条的解释，往往出现刑事附带民事"空判"的现象，使得执行机制出现缺漏。因此，应将先予执行限定在刑事审判程序启动后、判决做出前，细化先予执行紧迫性的适用条件，规范诉前财产调查，比如在环境犯罪中，可以参照赔偿标的额、案件类型等因素来确定财产调查的适用范围，清晰界定转移、隐匿登记财产的赔偿责任等。同时，在执行阶段也可以考虑犯罪行为人积极、充分赔偿对减刑、假释的影响。建立赔偿与减刑、假释的配套、衔接制度，以刑罚的人性化执行来对犯罪人形成有效的激励机制，进而促进执行环节的完善。

三、环境犯罪被害人事后救济制度的建立

环境犯罪被害人的事后救济制度，主要存在两大方面，一方面是环境犯罪被害人的国家补偿制度，这一制度已在前文作了探讨，本章不再赘述。另一方面便是环境犯罪被害人社会援助制度。作为社会稳定的调节器——社会援助制度需要国家、政府、社会的多方参与，方能更好地发挥环境犯罪被害人事后救济的功用。在考察我国《法律援助条例》的不足，和借鉴域外社会援助有益经验的基础上，提出如下思路。

首先，环境犯罪被害人社会援助的主体须明确。特别是法律援助主体的明确化。援助主体，指为环境犯罪被害人提供法律援助的单位组织或者个人。目前，我国对环境犯罪被害人的援助主要体现在司法层面的律师、公证人员和基础法律工作者的援助，援助力度有限。我们认为，国家应在社会援助中发挥主导性作用，拓展为法律援助筹集资源的渠道，组织专门的机构负责对法律援助工作进行指导、监督与管理，严格规范遴选流程，选出能够胜任援助工作的律师、公证人员和法律服务者。

其次，环境犯罪被害人社会援助的对象须限定。援助需要大量资源的供给与投入，若所有被害人都成为援助性对象，必然稀释有限资源所能发挥的救济性作用。因此，若在社会援助的对象上做好限定，必须规范援助的条件。具体可以从两个角度考虑，一为经济上的条件，由于当前我国处于经济转型时期，社会总体的福利供给幅度有限，经济"蛋糕"有待进一步扩大，考虑到环境犯罪被害人隶属于"弱势集团"的同时，也必须当其收入水平低于当地政府的最低生活保障水平时，才予以充分援助，确

保事后救济资源利用最大化。二为案件本身的条件。在环境犯罪中，大部分犯罪行为主体是企业，本身具有一定的经济实力和资源支配能力，而环境犯罪的被害人基于自身的弱势性和局限性，难以有力地维护自身合法权益，这便需要我们综合考虑环境犯罪行为对被害人的影响程度以及企业所能承受的具体范围来予以确定。

再次，环境犯罪被害人社会援助的程序须规范。被害人社会援助一般分为申请援助和主动援助。在申请援助环节，一般应以环境犯罪被害人提出申请为援助的启动条件，援助机关依照法定条件和程序对援助请求进行审查方可实施援助工作。若在纠纷裁决过程中缺少对环境犯罪被害人权利进行应有的关注，存在影响公正处理的不正当因素，援助机构应积极与被害人沟通，给予其相应的物质上和精神上的帮助，对于不符合援助条件的，或者弄虚作假的必须严格处理。对于主动援助的，援助机关应在主动服务的同时，规范其援助流程，防止不问原因、条件就实施援助，相应监督机关须做好对援助机关人员的援助工作，防止滥用职权或渎职情形的出现。

复次，环境犯罪被害人社会援助的方式须多样。在提供物质援助的同时，社会援助的方式必须多样化，具体体现在：一是提供咨询、法律服务，为环境犯罪被害人提供诸如诉讼、执行各阶段可能出现问题的信息咨询，以及代为报案、申诉、出庭、申请国家补偿、代写各种法律文书等。二是提供心理救助和情感支持，在实际救济过程中，可以通过营造宽松的社会氛围以缓解环境犯罪被害人心理压力，在重大的环境犯罪中规范报道流程，平衡好保护被害人的隐私权和舆论媒体言论表达自由的界限，尽可能地为被害人创造一个充满爱心、宽容且轻松的生活环境。三是提供医疗救助与服务。环境犯罪中，被害人往往受到毒害性、放射性、传染性病原体等物质的侵害，身体健康检查、身体或心理康复医疗及治疗需要持续的护理和照顾，在这种情况下，有必要加大医疗资源的投入，医护人员应摈弃心理上的冷漠、歧视，从人道主义出发，给予环境犯罪被害人及时的救助，形成优惠的政策扶持和医疗待遇，让环境犯罪被害人尽快地摆脱身体和心理上的创伤。

最后，环境犯罪被害人社会援助的资金来源须多元。缺乏稳定、多途径、可靠的资金来源，环境犯罪被害人的社会援助制度便难以发挥其应有的制度效益。对于拓展资金来源渠道，可以从如下角度考虑。

（1）保险制度，对于该制度，有学者建议确立刑事保险制度，便于环境犯罪被害人进行权利救济。[①] 具体可以由政府先行出资投保一定程度的人身伤害保险，确保当地政府辖区内产生的环境犯罪案件能够获得一定程度的犯罪被害保险，当保险理赔事宜发生后，政府可从犯罪行为人处获得一定的资金来充实保险财产。

（2）专项基金制度，针对环境犯罪设立援助基金，各地区依据当地经济发展状况和其他地区的先进经验，实施科学、透明、规范的基金管理、适用制度，确保基金的充足，以便及时地救助那些因环境犯罪行为的影响而不能进行生产和生活的被害人。

（3）社会捐助制度，对于该具体性制度，相关的政府、社会团体与组织应加强宣传，让社会民众、组织对其有更深入的了解，从而让更多的群体关心和支持环境犯罪被害人的事后救济工作。同时，大力推行有利于捐助主体的激励机制，对于积极捐赠的单位和个人，政府和协会组织应给予一定的物质性或精神性奖励，以期促进社会援助资金渠道的多元化和资金获取的稳定化。

[①] 乔中国、张媛媛、刘宁：《建立刑事被害人社会保险制度的思考》，《长安大学学报》（社会科学版）2008 年第 1 期。"我国可以建立刑事保险制度，即在公民或单位因犯罪而遭受损失时，被害人可以向保险公司索赔，保险公司在赔偿后，有权向犯罪人追偿。"

结　语

　　1992 年世界各国齐聚巴西里约热内卢召开联合国环境与发展大会，此次大会是人类环境保护与可持续发展进程中的一个重要标志性事件。自此之后，环境问题逐渐成为国际社会关注的焦点问题。不仅是发达国家，发展中国家也积极行动起来，采取了众多有效的措施以应对环境问题。环境犯罪作为性质最严重的破坏环境的行为，必然也成为各国应对的重要问题。中国作为世界上最大的发展中国家，在承受经济发展的巨大压力下，对环境犯罪采取了一系列行之有效的打击措施。环境刑事法治作为打击环境犯罪的重拳，在近些年得到有效运用和稳步发展。在刑事立法方面，2011 年 2 月 25 日全国人民代表大会常务委员会第十九次会议审议通过了《中华人民共和国刑法修正案（八）》，环境刑法也因此进入了继 1997 年之后的"第二春"。《中华人民共和国刑法修正案（八）》通过拓宽污染环境罪的适用范围、降低入罪的标准、改变介入的时机，极大增强了《刑法典》对环境犯罪的威慑力。可以说，我国在环境犯罪惩治方面取得了一定的成效。

　　尽管环境犯罪逐渐引人关注，但与之相反的是，作为环境犯罪中弱势群体的环境犯罪被害人仍未引起人们重视，没能得到很好的保护，以至于环境犯罪被害人长期被看作"无犯罪人"。这主要是因为环境犯罪的危害结果并不是即时性的，在很长一段时间内都很难被发现，而且环境犯罪人很难自动落入警方的侦察范围，需要公安机关积极地侦查和搜集证据。此外，环境犯罪所造成的危害结果需要复杂的调查、取证才能证明其中的因果关系，作为弱势群体的环境犯罪被害人则很难完成这个任务。更为重要的是，环境犯罪对社会所造成的危害比其他犯罪更隐蔽，其对法益造成的损害也比对其他法益造成的损害轻，尤其是经济利益。大多数情况下，环境破坏行为是在得到社会许可的情况下实施的。分辨环境犯罪同时也是一个复杂的过程，这需要人们平衡工作以及收入的利益需求、生态系统维护、生物多样性和可持续发展之间的关系。但随着我国社会经济的快速发展，该方面一系列的问题正逐渐暴露出来，这迫使我们在今后的刑事立法司法实践中必须加大对环境犯罪被害人的保护力度。目前，我国不少地方已开始探索对犯罪被害人实行国家救济，但总体上看，我国在犯罪被害人法律保护方面尚处于起步阶段。尤其是在环境犯罪被害人这一特殊领域，对其的法律保护还处于空缺状态。

犯罪被害人的权利伴随刑事法以犯罪（人）为中心进行体系构建而被长久忽视，时代变迁、人权事业向前发展，被害人重新回到"发现"和"承认"的关口。学界围绕犯罪被害人的权利研究开始"欣欣向荣"，然而，热情下的研究事业却显得"粗犷"而非"细腻"，作为犯罪被害人中特殊的一环——环境犯罪被害人的权利研究却显得"苍白"，以环境犯罪被害人权利侵害而引发权利救济的研习"异常无力"。在强调人性尊严尊重和权利体系保障备受重视的今天，加强环境犯罪被害人的法律保护和救济制度研究，完善被害人救济体系显得格外必要。

本研究报告在了解目前环境犯罪被害人法律保护的现状及不足的基础上，通过借鉴国外环境犯罪被害人法律保护的相关经验及做法，从诉内和诉外两个角度出发构建我国环境犯罪被害人法律保护体系，从而达到保护自然环境资源和保障公民合法权利的双重目的，促使刑事诉讼的公正，最终推动我国环境法律制度的发展。

救济环境犯罪被害人的正当权益，给予其不同形式和不同来源的物质帮助与精神安慰，消除犯罪侵害的不利后果，乃是当今世界各国刑事司法和社会政策推行被害人权益保护的趋向与潮流。通过梳理我国环境犯罪被害人救济现实状况发现：在以国家公权力主导的公力救济上频频出现环境污染案件鉴定困难、因果关系证明负责与标准易变、法定刑偏低、公益诉讼救济不足等问题；依靠自身力量进行权益补救的私力救济上行为的合法性评价低、社会民众事前积极参与的动力受阻等困境亦日渐显现。在诉讼权利保障的现状下，立法侦查阶段环境犯罪被害人报案、举报、控告权和对不立案决定的申请复议权，审判执行阶段的委托代理人参加诉讼权、自诉权，对检察机关不起诉决定不服的救济性权基于既有规定的不足导致应然与实然的"离散空隙"凸显。

在风险社会的背景下，环境犯罪被害人的精神和心理因遭受环境犯罪而受到"重创"，其面临犯罪侵害得不到及时的赔偿，应确立由国家为主导力量推动社会生活共同体进行风险共担的补偿模式给予其应有的帮扶，弥补其"第一次被害"。详而言之，从基础性理论视域出发，梳理：国家对被害人承担责任与否？社会成员分担被害人遭受犯罪风险是否必要？提供补偿是否能够增进社会福利水平？施予补偿能否增加被害人对刑事司法的信赖及平复其"报复"心态的可能？带着问题出发，逐步确立以国家为主导力量推动社会生活共同体进行风险共担的补偿模式，并以此为基础，回溯国家、地方层面的法律保障现状，探究当前环境犯罪被害人补偿立法的必要性与可行性，形成以宏观架构为大局、微观建构为基石的立法框架，充分做好被害人补偿立法的制度设计。

被害人补偿制度的立法路径探索与设计虽在一定程度上能够缓解其生活困难与心灵创伤，但并非是解决救济问题的全部。一定程度上而言，补偿属于权利损害进行填补的救济机制。面对被害人遭受环境犯罪侵害的事实，践行"有权利，须有救济"理念，有必要审视、重新解读救济制度中的正义、公平、效率价值，平衡应然与实然的关系，坚守理念与社会相应、救济与损害相平衡、合法性与合理性相兼顾的原则，针对事前、事中、事后层面进行系统构建，进而促进被害人权利侵害下社会保障的续接和弥合。

处理好一个问题不能仅仅靠一部法律，而是需要多个部门法相互配合，在环境犯罪问题上，我们需要完善环境刑法、环境民法，环境保护法等相关法律、法规，正如宪法是维护公民权利的一把利剑，完善的环境刑法、环境民法，环境保护法等相关法律、法规也是环境犯罪被害人维护自身合法权益的有力武器。而且完善的部门法规定有助于环境犯罪被害人救济制度的建构，从而全方位维护环境犯罪被害人应有的合法权益，也能间接督促政府和企业履行好自己保护环境的职责，如政府有关部门严格项目审批流程，做好环境监督工作，让企业的污染物处理系统积极采用环保技术等。另外，挖掘环境犯罪被害人被害预防和救济措施，弥补保护环境犯罪被害人过程中的不足，也是体现人文关怀的一种方式，不仅能构建环保社会，也使得社会更加和谐稳定。

　　综上而言，事关环境犯罪被害人权利保护体系的确立、发展与落实，除了本报告所述环境犯罪被害人救济制度的完善之外，不论现在抑或将来，无论既有的制度还是其他配套的机制，均仍存在巨大的努力可用空间。建构更为完善的环境犯罪被害人权利保护体系，丰富被害人权利研究视野、思想与内容的求索之路，漫长且远矣。

参考文献

［美］博登海默：《法理学：法律哲学与法律方法》，邓正来译，中国政法大学出版社 2017 年版。

陈泽宪：《刑事诉讼法修改建议稿与论证：以人保障为视角》，中国社会科学出版社 2012 年版。

陈泽宪主编《刑事法前沿（第 8 卷）》，社会科学文献出版社 2015 年版。

樊崇义：《刑事诉讼法学（第四版）》，法律出版社 2016 年版。

高铭暄：《中华人民共和刑法的孕育诞生和发展完善》，北京大学出版社 2012 年版。

高铭暄、马克昌：《刑法学（第八版）》，北京大学出版社 2017 年版。

环境保护部、公安部、最高人民检察院：《环境保护行政执法与刑事司法衔接工作办法》，2017 年 1 月 25 日。

环境保护部环境监察局：《环境污染犯罪司法解释图解案例手册》，中国环境出版社 2017 年版。

李希慧，董文辉，李冠煜：《环境犯罪研究》，知识产权出版社 2013 年版。

吴大华等：《反贫困：社会可持续与环境可持续》，社会科学文献出版社 2015 年版。

吴大华主编《2015 - 生态文明与开放式扶贫 - 生态文明贵阳国际论坛》，社会科学文献出版社 2016 年版。

吴献萍：《环境犯罪与环境刑法》，知识产权出版社出版 2010 年版。

习近平：《习近平谈治国理政》，外文出版社 2014 年版。

杨兴培：《反思与批评：中国刑法的理论与实践》，北京大学出版社 2013 年版。

易延友：《证据法学：原则、规则案例》，法律出版社 2017 年版。

赵红艳：《环境犯罪－定罪分析与思考》，人民出版社 2013 年版。

《中华人民共和国环境保护法》，2014 年 4 月 24 日第十二届全国人民代表大会常务委员会第八次会议于修订通过。

《中华人民共和国民法总则》，2017 年 3 月 15 日十二届全国人民代表大会常务委员会第五次会议通过。

《中华人民共和国侵权责任法》，2009 年 12 月 26 日第第十一届全国人民代表大会常务委员会第十二次会议通过。

《中华人民共和国刑法修正案（十）》，2017 年 11 月 4 日第十二届全国人民代表大会常务委员会第三十次会议通过。

《中华人民共和国刑事诉讼法》，2012 年 3 月 14 日第十一届全国人民代表大会常务委员会第五次会议第二次修正。

周峨春：《环境犯罪立法研究》，中国政法大学出版社 2015 年版。

邹川宁：《刑事受害人救助制度的构建与探索》，法律出版社 2008 年版。

索　引

X

Y

Z

后　记

本书稿的完成首先要感谢我从事博士后研究期间的两位合作导师。

感谢我在中国社会科学院法学研究所博士后流动站的合作导师中国社会科学院国际法研究所所长、博士生导师陈泽宪研究员。陈泽宪老师在百忙中对本书稿的写作予以全程关注，对本书稿的选题乃至整体架构都予以了耐心细致的指导，特别是对本书稿中有关理论问题的梳理提供了十分具体而中肯的意见。

感谢我在贵州省社会科学院博士后科研工作站的合作导师贵州省社会科学院院长、博士生导师吴大华研究员。吴大华老师在繁忙的行政和科研工作中，始终关心本书稿的写作并及时予以指导，乃至对我所引用的每一个参考文献和法律条文都进行了思考和确认，保证了我写作中能够保持正确的方向，进一步加深了对有关立法的理解。

衷心感谢中国社会科学院法学研究所以及贵州省社会科学院科研处的诸位老师，为本书稿的写作提供了优美舒适的工作环境和文献查阅等方面的便利。

最后，要特别感谢我的家人，对本书稿的最终完成给予的所有支持和鼓励。

第七批《中国社会科学博士后文库》专家推荐表 1

推荐专家姓名	陈泽宪	行政职务	所长
研究专长	刑法学	电　话	13001124641
工作单位	中国社会科学院国际法研究所	邮　编	100720
推荐成果名称	环境犯罪被害人法往保护研究		
成果作者姓名	郑　志		

（对书稿的学术创新、理论价值、现实意义、政治理论倾向及是否达到出版水平等方面做出全面评价，并指出其缺点或不足）

　　郑志博士所著《环境犯罪被害人法律保护研究》一书，针对当前司法实践中环境犯罪中对被害人关注不够的问题，提出从诉讼内和诉讼外两个角度来构造环境犯罪被害人法律保护的体系，并对构建广义的适应我国国情的环境犯罪被害人救济制度和国家补偿制度进行了探索，具有重要的理论价值，对推动我国环境犯罪受害人权利保护的立法和司法实践具有积极意义。突出的主要创新点有二：一是从有利于切实保障环境犯罪被害人的合法权益和有利于实现法律效益的角度出发，提出构建环境犯罪被害人法律保护体系；二是从环境犯罪被害人的角度开展研究，不仅注重保障环境污染犯罪被害人权利，也有助于保障人权和惩罚犯罪双重目的之实现。

　　书稿结构系统完整，数据详实可靠，论述条理清晰，结论观点明确，补强了国内相关研究的薄弱环节，具有较高学术水准，已达到出版水平。

　　书稿中对国家已有补偿制度实施的绩效评估略显单薄，可适当加强。

签字：陈泽宪

2017 年 12 月 15 日

说明：该推荐表由具有正高职称的同行专家填写。一旦推荐书稿入选《博士后文库》，推荐专家姓名及推荐意见将印入著作。

第七批《中国社会科学博士后文库》专家推荐表 2

推荐专家姓名	吴大华	行政职务	院长
研究专长	刑法学	电　话	13603558073
工作单位	贵州省社会科学院	邮　编	550002
推荐成果名称	环境犯罪被害人法律保护研究		
成果作者姓名	郑　志		

　　（对书稿的学术创新、理论价值、现实意义、政治理论倾向及是否达到出版水平等方面做出全面评价，并指出其缺点或不足）

　　《环境犯罪被害人法律保护研究》全书在学术方面有多项创新。首先，是对环境犯罪被害人保护提出了新的见解，如以保障环境犯罪被害人诉讼权利和完善环境犯罪刑事司法为目标构建环境犯罪被害人诉内保护体系、从完善不境犯罪刑事法和构建环境犯罪被学人国家外偿制度出发，构建环境犯罪被害人诉外法津保护体系。其次，是对环境犯罪被害人保护不足问题发掘了新材料和新证据。第三，是从环境犯罪被害人的角度研究打击环境犯罪，视角新颖，填补了国内相关研究的空白。

　　书稿有关研究的目的在于使环境犯罪被害人能够依法享有并行使自己的合法权利，获得应有的补偿，对于明确有关司法概念具有重要的理论价道。随着国家对环境问题的重视以及依法对治国的推进，书稿研究内容和成果对推动司法实践进步有十分重要的现实意义。

　　书稿政治理论倾向正确，写作规范，论述清晰，资料详实，已达到出版水平。

　　在制度设计部分还可结合环境民法、环境深护法相关法律等进行更广泛的论述。

签字：吴大华

2017 年 12 月 15 日

说明：该推荐表由具有正高职称的同行专家填写。一旦推荐书稿入选《博士后文库》，推荐专家姓名及推荐意见将印入著作。